本书受国家自然科学基金面上项目"基于农户收入质量的农村正规信贷约束模拟检验及政策改进研究"（项目编号：71373205）、山西省哲学社会科学一般项目"山西省玉米价格波动规律及影响因素研究——基于'去库存'背景"（项目编号：2017247）资助。

中国"三农"问题前沿丛书

农民收入质量对消费和投资的影响

INFLUENCES OF FARMERS
INCOME QUALITY ON
CONSUMPTION AND INVESTMENT

任 劼 孔 荣 著

社会科学文献出版社
SOCIAL SCIENCES ACADEMIC PRESS (CHINA)

目　录

CONTENTS

第一章 ▶

导 论

　　"三农"问题是我国社会转型过程中面临的严重问题，既是约束社会发展的瓶颈问题，也是社会关注的焦点问题，同时也是我党工作的重中之重。破解"三农"问题的重要途径是促进农民增收，但是如今我国农民的收入水平较低，这不但影响了我国全面建设小康社会，也阻碍了农村经济甚至整个国民经济的持续、快速、稳定、健康发展。理论研究和实践均表明，收入是影响农民参与经济活动的关键原因，影响渠道极多。学术界已有理论认为，农民的收入水平已经不再适合使用单纯的收入数量进行衡量。收入质量概念的提出，为评价收入水平提供了一条新的途径——以收入质量理念为思路构建合理的评价体系，其将成为影响我国经济运行的重要指标。基于以上分析，本章主要阐述本书的研究背景、研究目的和研究意义、国内和国外文献综述与评价以及本书的创新之处。

一　研究背景

（一）提高农民收入水平是解决"三农"问题的关键

　　党中央始终对"三农"问题保持关注，从 2004 年至 2016 年，中共中央历年首份文件均以"三农"为主题，这一传统已延续了 13 年。2015 年的中共中央一号文件核心思想为，"三农"问题是我国经济和社会转型期间面临的重要问题，农业现代化成为新"四化"的重要组成，并且进一步明确和部署了下一步农村深化改革的主要工作。2016年的中共中央一号文件核心思想为，对待"三农"问题在任何时刻都不能放松，在进行有关"三农"问题的工作时要保持高度责任心，党员干部必须提高对"三农"问题的认知和重视程度，要把"三农"问题作为全党工作的重中之重。由此可见，"三农"问题是当前亟待解决的紧要问题，不仅关系到我国经济的健康稳定增长，而且有利于社会稳定与国民素质的提高。"三农"问题虽然涉及农业、农村和农民三个方面，但由于农民在农业增长与农村发展过程中发挥着重要的主观能动性，欲解决"三农"问题，首先需要解决农民问题，而农民问题的核心便是收入。习近平总书记指出："中国要富，农民必须富。富裕农民，需要充分挖掘农业内部的增收潜力。"党中央、国务院亦从多角度全方位出台促进农民增收的指导意见。综上所述，提高农民收入水平是解决"三农"问题的关键。

我国农民收入数量虽然增长迅速，然而仍然处于中低收入水平。城乡收入差距虽有所下降，但是绝对差距依然很大。自2010年起，农村居民纯收入的年增长率均突破10%。2013年我国农村居民纯收入达到8896元，年增长率为12.37%，收入数量与增长率均创历史新高。然而，相对于城镇居民收入，该收入数量依然极低。由于中央政策的调整，城乡收入差距自2010年达到3.23∶1的历史极值之后逐步下降，但下降幅度十分有限。2014年城乡收入差距依然在2.97∶1。农民的收入结构同样发生了巨大变化，2014年我国农村居民人均现金可支配收入中工资性收入已超越经营性收入，比例达到了约42.66%。转移性收入比例也上升至约17.69%，也成为收入的重要组成部分。

（二）农民收入水平低是农村经济增长的不利因素

在我国农民收入增长迅速的同时，经济增长也发生了巨大的变化。自2007年GDP增幅高达14.2%以来，受我国宏观政策及金融危机等因素的影响，2008年至2011年经济增长基本保持在9%左右，2012年和2013年增长率均为7.7%，2014年为7.3%，2015年降至6.9%。我国经济增长的降速，是推进经济结构调整和经济转型升级的结果，是为了我国经济更加健康稳定增长。农村经济的增长，是我国国民经济增长的重要构成，但我国农民收入水平低的现状成为制约我国农村经济以及国民经济增长的不利因素。

首先，我国农民收入水平低、增长率低限制了农村消费市场的发展。2014年我国拥有6.19亿农村居民，占总人口的45.23%，蕴含巨大的消费潜力。然而，农民收入水平低下，严重影响了对其消费潜力的挖掘及农村消费市场的活力。2014年，农村居民的人均生活用品服务消费、教育文化娱乐消费、食品消费以及交通通信消费仅为同期城镇居民各类消费的40%左右。农村居民服装消费甚至仅有城镇居民的30%左右。农村居民仅在医疗保健消费方面与城镇居民接近，这也仅得益于"新农合"等政策的推广。通过数据可知，我国农民收入水平低下，这造成了城乡居民消费严重失衡。这种失衡甚至可能影响我国未来的经济走势。其次，农民收入水平低限制了农民投资和农业再生产。该限制体现在农民在家庭经营费用和购置生产性固定资产支出不足两个方面。2004年至2014年，我国农民家庭经营费用人均支出仅增加了1694.5元，购置生产性固定资产人均支出仅增加了161.4元。资本在我国农业转型过程中的重要作用毋庸置疑，然而农民收入水平低下导致资本形成受阻，不利于农业技术的推广和生产力的提高。农业生产水平直接关系到农民的务农收益，低收益引发农民务农的低积极性，从而形成恶性循环。因此，为了提高农民投资尤其是农业方向投资，促进农业和农村经济的快速健康发展，提高农民收入是必要条件。最后，农民收入水平低、增长率低影响社会的和谐发展，进而影响农村经济增长。我国农民收入增长缓慢，城乡间、区域间以及农民内部的收入差距不断扩大。该情况不但不利于构建社会主义和谐社会，而且影响了城乡统筹发展及农村经济增长。因此，增加农民收入、缩小收入差距，才能保证社会的和谐发展和农村经济的健康增长。

（三） 收入质量是衡量收入水平的合理体系

农民的收入水平经常由收入数量直接进行衡量。传统观念认为，收入数量越高，收入水平越高。在农业经济管理方面的已有研究中，有关"三农"问题中农民的收入水平变化也经常以简单的收入数量变化作为衡量标准。然而，随着我国经济、政策、收入结构、外部环境等的变化，农民收入水平已不再适合仅用收入数量衡量。农民的收入水平，不仅仅是一项关系到民生的数据，更是一个重要的反映经济增长的指标。例如，农民收入结构不合理，面临收入减少的风险较大，该农民的部分收入将作为预防性储蓄，限制了农村消费市场和再生产。同理，收入成长性较差、成本较高的农民，即使拥有相同的收入数量，对农村经济增长的贡献也较低。经过上述分析可知，在收入数量大致相同的情况下，收入结构更合理、收入成长性更高、获得相同收入所消耗成本更低的农民，其真实的收入水平越高。因此，农民收入水平已不再适合只用收入数量衡量，亟须寻找一种新的评价体系和方法对其进行衡量。

孔荣、王欣（2013）认为，农民工的收入不仅有量的规定性，也应有质的规定性。两位学者以充足性、稳定性、结构性、成本性、知识性五个维度为视角，考察了农民工的收入质量内涵，分析结果证明，农民工收入质量水平亟待提高。在另一篇文章中，王欣、孔荣（2013）提出，已有关于农民工收入差异的研究存在不足之处。农民工收入的数量对比仅是研究该问题的一个角度，其收入结构的差异，获取收入过程中所运用的知识和消耗的成本差异，定期定量获得收入的差异同样是农民工收入的区别和代表性元素。这些元素共同构成了收入质量的概念。此类研究打破了传统研究中从工资数量和工资差异角度研究农民工收入问题的局限性。收入质量概念的提出拓展了收入的研究领域，为学者研究收入提供了新方向，收入的绝对数量已不再是唯一关注点。通过借鉴收入质量的核心思想，笔者认为，在研究宏观视角下农民收入对消费及投资影响的过程中，农民收入的数量、增长情况、收入来源比例、消耗成本和知识含量均应纳入同一体系进行系统研究。

根据上文的分析，农民收入数量不再适合衡量收入水平，农民收入数量的增长与经济增长的趋势也体现出不同步的现象。笔者认为，应以收入质量思想为核心构建衡量收入水平的新体系，在这个体系中，综合考察和测算收入充足性、结构性、成长性、成本性和知识性的总体进步。为了与传统"收入增长"概念进行区分，本书将依托收入质量概念的农民收入总体进步定义为"农民收入质量"，将衡量收入质量的指标理论体系定义为"农民收入质量体系"，将衡量农民收入质量的具体数值定义为"农民收入质量指数"。

（四）收入质量与农民贷款行为紧密相关

金融深化与发展对改变落后地区面貌的作用，已得到广泛认可。在中华人民共和国成立初期，我国涉农贷款业务一经开设，便受到政府的高度重视。几十年来，政府不断改革农村金融体制、调整农村金融政策，对农村金融的发展做出重大部署，努力寻找农村金融与农村发展、农民增收之间的有效契合点。特别是2003年以来，十六届三中全会和十七届三中全会的决定均要求以"三农"问题为根本出发点，加快发展多层次、广覆盖、可持续的农村金融服务体系。但至今我国涉农金融机构在制度、结构和功能等方面依然存在较为明显的缺陷。农村金融市场对农户的资金扶持力度和扶持效果一直饱受争议，正规贷款覆盖率在地区间分布不平衡、贷款发放"目标偏移"现象严重、农民贷款需求得不到满足等问题仍客观存在。政府通过金融机构（我国主要是通过农信社）发放贷款补贴来直接干预和影响农村金融秩序，虽然投入很大，但收效甚微，广大农村地区尤其是中西部地区金融发展滞后的状况没有根本改变，很多农民仍然面临资金短缺的问题。农民长期面临生产、生活信贷抑制，导致技术更新步伐减缓、生产效率持续降低、城乡差距不断拉大以及社会矛盾激化等负面效应。因为贷款的偿还来源主要为收入，所以现有研究普遍认为，农民贷款行为与其收入数量关联性极大。但邓锴（2014）指出，农民贷款行为的影响根源是农民的收入质量。在贷款过程中农民的行为不仅受到收入数量的影响，亦受到收入结构性、稳定性、成本性和知识性的影响，即收入质量与农民贷款行为紧密相关。

（五）本研究的选题基础和方向

本研究为国家自然科学基金课题"基于农户收入质量的正规信贷约束模拟检验及政策改进研究"的子课题。国家自然科学基金课题为本选题奠定了研究基础和方向，并给予了本研究支持和资助。

基于以上研究背景，本研究以收入质量理念为基础构建农民收入质量体系，测算农民收入质量指数，探究农民收入质量对农村居民的消费及投资的影响。秉承理论与实践、定性分析与定量分析相结合的学术宗旨，本研究主要使用宏观统计资料，参考国家自然科学基金项目的实地调研数据，运用二阶段验证性因子分析、熵值法、正态云模型、平稳性与协整分析、VAR模型、面板数据线性回归模型、门槛模型和结构方程模型等数理方法，评估我国农民收入质量及其变动趋势，在准确合理评估的基础之上剖析农民收入质量对农民消费及投资的影响，分别挖掘农民收入质量对农民消费及投资之间的影响途径及程度，为我国农民增收、农村经济健康稳定增长提供参考。

二 研究目的和意义

（一）研究目的

如上文所言，解决"三农"问题的核心是提高农民收入，农民的收入水平直接影响着农民的消费和再生产等，从而对农村经济产生影响。然而，近年来我国农民消费和投资增长率均在逐步放缓，而农民收入数量依然保持高速增长，这预示农民的收入水平已不再适合单纯使用农民的收入数量进行衡量。这说明，应以收入质量理念为依托，建立农民收入质量体系。相比于收入数量的增长，收入质量应是影响农民经济活动的更加有效合理的指标。本研究的研究目的在于。

（1）提出宏观视角下的农民收入质量概念以及构建农民收入质量体系。以收入质量核心思想为基础，借鉴微观视角中对收入质量的研究，分析微观与宏观视角下收入质量研究的异同，进而提出宏观视角下农民收入质量的概念。根据农民收入质量中维度的特点，选取适当指标，构建并验证农民收入质量体系。

（2）测算农民收入质量指数。以宏观统计数据为基础，参考国家自然科学基金项目的调研数据，运用熵值法等数理方法对农民收入质量体系进行量化，测算较为合理的农民收入质量指数。通过使用该指数，运用正态云模型等评价方法，评价我国各地区农民收入质量的优劣及差异，发现各地区农民收入质量的分布规律及差异原因。

（3）探究我国农民收入质量对农民消费的影响。在理论分析和研究假设的基础上，运用数理方法剖析农民收入质量与消费的关系，农民收入质量体系中各维度的影响程度，以及考察农民收入质量对农民消费的门槛效应、滞后效应和贡献度。

（4）探究我国农民收入质量对农民投资的影响。在理论分析和研究假设的基础上，运用数理方法剖析农民收入质量与投资的关系，农民收入质量体系中各维度的影响程度，以及农民收入质量对投资的门槛效应。验证信贷配给对农民收入质量影响投资的中介效应，并引入信贷变量，考察农民收入质量、信贷和投资之间的路径影响。

（5）根据以上研究结果，简要考察农民收入质量与经济增长的关联性，主要从消费和投资角度为学者和政府部门提供客观可信的数据以及政策制定的事实依据，并根据结论提出相应的政策建议。

（二）研究意义

1. 理论意义

首先，衡量收入水平在学术界一直缺乏一个合理的综合体系，尤其现在我国处在经济转型的关键时期。本研究以微观的收入质量理念为依托，建立宏观视角下农民收入质量体系，可以改变公众对收入只限于数量的传统认知，更加重视除却收入数量之外的维度。其次，收入质量的现有研究存在着一些不足：以往研究虽然提出了收入质量有高有低，部分研究还初步构建了微观视角下收入质量的评价体系，但是缺乏收入质量的量化和综合评价；收入质量应为客观评价收入的概念，收入数量的变化体现的是量变，收入质量的变化体现的是质变，使用自我感知的满意度进行评价过于主观；现有研究对收入质量的研究方法较为单一，多数研究将衡量收入质量五个维度的所有指标全部作为自变量置入回归方程观察是否显著，没有凸显收入质量是一个单独概念的特点。最后，收入问题和消费、投资问题，特别是发展中国家农民的消费及投资问题的研究始终是国内外学者感兴趣的热门话题，是经济理论体系的重要组成部分，包括收入分配理论、消费理论、投资理论和经济增长理论。本研究在收入分配理论的基础上，分析我国农民的提升收入质量的问题，并在消费理论、投资理论和经济增长理论的基础上对农民收入质量对我国农民消费及投资的影响展开分析。

2. 现实意义

对农民收入质量及其影响消费及投资进行研究，从我国当前的现实出发存在如下四个方面的意义。首先，韩长赋（1999）、陈锡文（2001）和林毅夫（2003a）等学者均认为，农民增收是解决"三农"问题的前提。掌握和明晰我国农民收入质量及各维度的现状，了解当下农民收入水平，是解决"三农"问题的关键。其次，农民收入质量指数测算依托于农民收入质量体系构建，通过横向比对，评判各地区农民收入质量的优劣与差异，通过区域间农民收入质量差异的表象分析其深层原因，有助于解决"三农"问题和新型城镇化的推进。再次，近年来农民收入水平和收入增长率低下，消费和投资能力弱，这已经成为制约我国农村经济增长的重要影响因素。尤其是2008年金融危机爆发以来，世界经济依旧没有完全复苏，我国继续依靠投资和出口规模扩大拉动经济增长的模式将带来极高的风险，因此一方面需要推进供给侧结构性改革，另一方面需要通过适当扩大内需以保证国民经济的健康增长。农业经济管理学普遍认为，农民实际拥有极大的消费潜力，但提高农民收入质量是发掘农民消费潜力的根本。最后，面临我国经济增长速度减缓的现状，本研究将探讨农民收入质量通过消费及投资促进农村经济增长的深层关联，以期解决在经济平稳增长的同时，农民收入能够保持高速增长这一问题。综上所述，本研究对农民收入质量及其对消费及投资关联性的研究，将有助于明晰农民收入质量提升在消费及投资于农村经济增长中的作用，对于保持我国农村经济持续健康增长，促进农民增收具有重要的现实意义。

三 文献综述及评价

（一）农民收入研究文献综述

1. 国外研究文献综述

西方已有文献很少有对"农民"这个群体进行收入方面的研究，因为该群体的构成十分复杂：既包括拥有土地但不从事农业生产的土地所有者，以地租为主要收入；也包括拥有土地同时从事农业生产的农场主，以经营利润为主要收入；亦包括没有土地的农业雇工，以工资为主要收入。由于该群体的收入来源和生产性质各不相同，因此难以一同研究。西方文献中提到的农民

（farmer）是指农场主，而有关农民收入的研究也指的是农场主的收入研究。

由于西方与中国学术界关于农民收入的研究主体不同，因此当研究影响收入的因素时，其研究方向与国内研究差异较大。西方学者较为关注土地自身情况，如土地购置价格、资源禀赋和供求关系等，这些均会影响地租的定价。Mathijs 和 Noev（2004）的研究证明，耕地面积是农场收入的重要影响因素，除了耕地之外，机械和畜力的投入对促进农场收入的提高同样具有显著作用。Iddo Kan、Ayal Kimhi 和 Zvi Lerman（2006）通过对格鲁吉亚农业发展现状的研究，同样得到了耕地面积与耕地质量等对农场收入具有积极作用的结论。土地的要素投入同样备受关注，因为要素成本与利润息息相关。Balint 和 Wobst（2006）通过研究认为，土地、资本以及劳动力的投入对农场收入均有极重要的正向作用。此外，农产品价格是西方学术界研究农民收入的重要影响因素，因为农产品价格直接关系农场主的收入。西方经济学常常把有关农产品价格问题的讨论视为农民收入增长问题的讨论。Headey 和 Fan（2008），Gilbert（2010）等分析了农产品价格水平的影响因素。Meyer 和 Cramon-Taubadel（2004），Frey 和 Manera（2007）研究了粮食价格的传导机制。Dawe（2008），Ivanic 和 Martin（2008）分别对农产品价格波动对国民经济的影响进行了研究。还有很多研究从农产品供应链、供求关系、空间价格均衡等方面出发，使用高级的计量模型得到了一系列成果。除以上因素之外，政府政策作用对农民收入的影响同样是西方学者关注的话题。其中，Barro（1981）对主要有效的政府政策，如税收、利率和补贴等进行了分析与总结。发达国家的实践表明，结合各自国家农业的特点，政府所采取的扶持政策对于促进农民增收取得了明显成效。Brian Briggeman 和 Wilson（2007）研究了政府的农业补贴与农户收入之间的关系，结果表明，政府通过增加补贴可以显著提高农场收入。政府补贴不但降低了农民"脱农"的可能性，而且平均每个农户可增加 4000—5000 美元的收入。

近十年来，西方学者对农民收入的影响因素进行了新的思考。Lerman（2004）通过研究认为，农民进行规模经营是提高农民收入的重要因素，农场进行规模经营可增加农产品销售量，降低生产成本，从而提高农民收入。Iddo Kan，Ayal Kimhi 和 Zvi Lerman（2006）的研究发现，农民受教育程度与其非农收入呈正相关。经历高中教育对农民非农收入的影响为负，弹性为 −0.35；但接受过高等学历教育对农民非农收入的影响显著为正，弹性达到了 0.97。然而，教育虽然会对农民的非农收入产生正向影响，却对农业收入产生了负向影响。

由于我国农民收入问题的独特性，西方学者对我国农民收入的研究热情日益高涨。Gregory Veeck 和 Clifton Pannell（2015）对江苏省四个地区进行了入户调查，他们通过分析调研数据认为，农民收入结构与城市距离关系密切：苏州等城市附近的农民主要收入来源为非农收入，偏远地区农民的主要收入来源为农业收入。John Giles 等（2003）对我国农村劳动力非农化转移过程中的信息重要性进行了研究，并指出制度性障碍是我国劳动力转移过程中面临的主要问题。Johnson（2002）通过研究我国国情后认为，在小城镇发展企业的方式，其成本比农民向大城市流动所需要低。Li 和 Steven Zahniser（2002）则认为我国的农村人口进行转移的目的之一是在未来获取更多的资本。

在西方经济学的已有文献中，统一用来解释、分析农民收入增长问题的经济理论框架并不存在，仅有发展经济学从农业部门和工业部门如何演化的角度，提出了农民增收需要经历的必然阶段。刘易斯在其著作中提出了"二元经济理论"，发展中国家向发达国家转变的过程实质上是工业部门的发展过程。工业部门的发展必然需要大量劳动力，因此工业部门将依靠高报酬吸引农业部门的剩余劳动力。当剩余劳动力全部转变为工人时，发展中国家就已经跨入了发达国家行列。20 世纪 60 年代初，拉尼斯和费景汉对"二元经济理论"中工业部门的报酬进行了详细的研究。两位学者发现，工业部门的报酬实际上与农业部门剩余劳动力在农业生产中的边际劳动力有关。当边际劳动力为零时，工业部门的报酬保持不变。随着剩余劳动力大量转移，转移的剩余劳动力边际不再为零，他们的转移影响了农业产出，进而带动社会发生连锁效应，提高了原工业部门的报酬。随着剩余劳动力的转移完成，工业部门报酬将由市场决定。该理论给出了农民收入的最终趋势。钱纳里认为，工业部门的发展过程需要不断积累。在工业化初期，工业积累能力较弱，需要农业部门在多方面给予支持。随着工业化进程不断加快，工业积累能力较强，工业较农业更为发达，此时需要工业部门对农业的发展给予支持。在"工业反哺农业"的过程中，农民收入结构将发生变化，成为增收的动力之一。缪尔达尔认为不但农业部门和工业部门之间存在二元结构，不同地区之间也会存在二元结构。发达地区能够吸纳更多的生产要素，导致落后地区经济发展状况更加恶化。因此，政策应向落后地区倾斜，实现各地区均衡发展。该理论为缩小城乡收入和农民收入地域差异提供了理论依据，对政府制定相应政策以减少农民收入差距等方面具有启示意义。

2. 国内研究文献综述

国内相关研究主要注重在收入分配理论和制度分析的基础上，以农民收入作为被解释变量，以农民收入的影响因素，例如土地、资本和劳动要素以及农业和农村政策制度等作为解释变量，分析农民占有的资源禀赋对我国农民收入的影响。在有关传统的因素——土地和资产等的研究中，劳动力的数量和耕地面积是决定我国农民收入的最主要原因（王雅鹏、郭犹焕，2001），其中土地资源的作用更为明显（郭正模，2001）。韦鸿等（2003）从耕地面积、生产性固定资产、人力资本、金融等几方面研究了农民占有的禀赋对其收入的影响，结果发现，农民占有禀赋与其收入显著相关，农民收入水平低的根本原因是农民占有禀赋的稀缺。随着土地产权制度改革在我国的实行，刘俊杰等（2015）发现，参与农地流转是显著提高农民的工资性收入和财产性收入的契机。

促进农民增收必须依靠金融支持。金融发展可以促进农民增收，但其影响方式较为复杂，两者并不是简单的线性相关。我国农民收入增长的现状表明，金融发展影响农民收入增长的机理，与金融发展影响经济增长的方式不尽相同（温涛等，2005）。许崇正、高希武（2005）认为，信贷和投资的不足，是农民收入水平持续低下的主要原因之一。唐礼智（2009）研究了不同渠道的农村金融与农民收入总量与增量的关联，结果发现，农民参与农村正规金融对其纯收入具有积极影响，但与其增量不存在因果关系；而农民参与农村正规渠道金融和非正规渠道金融与农民纯收入之间均存在正向协整关系，但是农民参与农村非正规金融对其纯收入和增量之间，尤其在短期内，均具有正向显著影响。该研究部分印证了农村非正规金融的积极作用。方金兵等（2009）认为，增加农村金融覆盖面，与提高农民收入和农村经济增长均存在双向影响。目前我国农村信贷配给现象十分严重，增加乡镇企业贷款对提高农民收入有所裨益。任劼、孔荣、Calum Turvey（2015）从风险配给的角度证明，缓解农户风险配给，有利于鼓励农户进入信贷市场。该研究表明，不同信贷配给类型农户的收入数量、农业收入比例、债务及其户主的受教育程度均有较大差异。

自我国加入 WTO 之后，学者们开始对我国一些农民收入的新兴影响因素进行研究。很多学者认为，我国的二元经济结构、农村产权制度不明晰、农民权益不完整以及农产品价格受到干预，是政府政策对农民收入造成影响的主要原因（张英红，2002；周其仁，2004；杜旭宇，2003；盛洪，2004）。张晓山（1999）从农产品消费角度进行研究后认为，城镇居民对农产品消费的弹性极小，农民对农产品的消费的贡献又低，因此农产品消费量相对稳定反而是农民收入停滞不前的重要原因。Walder（2002）考察了年龄、受教育程度、劳动能力、企业家才能以及是否为村干部等诸多农民个人特质因素，发现村干部和具有企业家才能的农民收入显著较高。于潇、Peter Ho（2014）认为，村委会的政治行为与经济行为能够显著影响农民收入，农民所在村的村干部个人特质同样与农民收入有较大关联。尚进、王征兵（2012）从非农就业角度进行研究认为村干部因素具有显著影响。潘维（2003）提出，家庭联产承包制的实施，虽然提高了农业生产效率，但是由于农户间缺乏联系，农业生产无法实现规模经济和适应市场变化，农民群体的风险应对能力不足，因此农民收入水平始终停滞不前。岳军（2004）认为农民收入也受到农村公共产品供给的影响。由于我国农村公共产品较为缺乏，供给不足，农民极难受到农村公共产品消费中的正外部性影响。农民一方面面对供给严重不足的农村公共产品，另一方面面对其私人产品的高额生产成本，这两方面极大地制约了农民收入的增长。还有学者从农民健康角度研究农民收入是否会受到家庭成员患病影响。该影响不但体现在短期和中期，其长期影响甚至可长达 15 年。大病对于中低收入的农民影响更为严重（高梦滔、姚洋，2005）。易福金、顾煜乾（2015）同样从医疗和健康角度进行了分析，发现歧视性的新农合报销比例对农村劳动力流动带来了负面影响，这项医疗保障政策并没有显著提高农民收入。

在国内众多有关农民收入的文献中，学者们主要考察的是农民的收入数量，即收入的充足性。然而随着时代的发展，农民的收入数量已经不能较好地反映农民的收入水平。因此，为了拟合农民真实的收入水平，国内学者开始从其他角度对农民收入进行研究。

在农民收入结构性方面，受到城乡交流日益频繁、务工收益大于务农收益的现状以及农民工之间的"示范效应"等影响，我国农民的工资性收入突破式增长，因此成为学者们的关注和研究热点。农民收入结构变化是历史趋势，何种收入结构是合理的尚存争议。但在现阶段，农民增收的重要支柱是务工收入已被学者们普遍接受。虽然因政策调整，部分地区的农业收入比重有所回升，但从长远看，农民收入结构中最主要的收入来源依然是工资性收入（盛来运，2005；张凤龙、臧良，2007）。与其他收入来源变动形式不同，工资性收入变动具有其独特规律（杨云善，2011）。张占贞、王兆君（2010）将农民个人主观因素和农村客观条件同时纳入主成分回归模型，结果显示，农民人均交通和通信支出比重、农民的文化程度、城镇化率、劳动力转移安置情况、该地区财政支农情况和农民投资情况均为农民工资性收入的显著影响因素，其影响程度依次降低。农村人均乡镇企业贷款额对农民的工资性收入影响为负且影响程度微弱。也有学者将工资性收入与其他形式收入进行了对比，孔祥利、张欣丽（2014）通过研究发现，在农民消费决策过程中，工资性收入的主导地位较低。随着我国农民收入结构的不断优化，转移性收入和财产性收入逐渐成为农业经济管理学术界研究的热门话题。黄祖辉等（2003）通过研究认为，我国当时的转移性收入不但没有达到二次分配的本意，部分转移性收入政策的实施，反而很可能成为扩大城乡收入差距的制度工具。农民的转移性收入对农村居民的消费和收入再分配都有十分重要的影响（胡兵等，2014；彭海艳，2014）。张乃文（2010）认为，我国农民的财产性收入依然存在较大提升空间，是农民共享我国经济增长成果的重要渠道。但事实是我国主要中低收入群体构成的农民依然对我国资本市场持观望态度。刘淑清（2014）认为，提高财产性收入是促进农民增收和缩小城乡收入差距的有效手段和方法。我国农民财产性收入比重偏低的主要原因有：土地产权制度不全面、农村金融市场不发达、收入结构不完善、政策实施不合理以及农民素质较低导致缺乏该方面意识。

在农民收入成长性方面，大部分学者倾向于认为我国农民收入呈阶段性增长。王荣、张宏升（1999）指出，在1998年之前，农民收入增长的规律呈斜梯状，即增长至停滞再到增长的过程。停滞主要原因是生产成本上涨等，停滞时间段为20世纪80年代末至90年代初，其可作为农民收入增长的分水岭。由于改革开放解放了生产力，分水岭之前的一段时间是农民收入增长最快的时期。分水岭之后受到"邓小平南方谈话"及政策倾斜等影响，农民收入恢复增长趋势，但再未到达分水岭之前的增长水平。范小建等（1999）对农民收入成长性的分析与王荣的划分方法类似，他们测算了各个时期的农民收入增长率。1978 年至分水岭之前、分水岭时期以及分水岭至 1998 年的农民收入年平均增长率分别为 28%、6% 和 25%。该测算结果完全印证了王荣和张宏升的结论：停滞阶段前增长最快速，停滞时期农民收入基本处于徘徊水平，停滞阶段后恢复增长。收入是否稳定增长主要取决于收入的不确定因素，罗楚亮（2008）认为由于不确定性不易直接观测，因此需要使用工具变量代替不确定性。该学者将城镇居民面临的不确定性分为收入、医疗与教育三个方面。其中，收入的不确定性主要体现为收入的波动性与失业概率两个方面。根据中国社科院的针对城镇居民的住户调查数据，自 20 世纪 90 年代后期以来，由于城镇居民面临"下岗潮"，收入波动性加大，失业概率急剧增加，医疗和教育支出增长迅速，均对城镇居民的消费水平产生了极为严重的负面影响。但同时该学者也发现，如果城镇居民能够预期到收入下降或医疗教育支出增长，则其对消费所产生的负面影响极小甚至不显著。虽然该研究针对的是中国城镇居民，但是相关研究还是对农民收入成长性的研究有所裨益。农民收入成长性也可从宏观视角进行研究。任劫、孔荣（2015）使用 VAR 模型研究了国际原油价格对我国农产品价格波动的影响，结论认为，国际原油价格大幅变动影响了我国农产品价格，进而影响了农民收入成长性。

在农民收入成本性方面，收入质量中的成本性主要体现在获取收入的过程中所产生的花销。然而，该成本性的测算面临困境。经济学的成本中有大量组成部分无法直接观测。以机会成本为例，农业生产中存在的机会成本主要包括劳动力从事农业生产放弃其他行业的成本和耕地承载农作物种植而放弃其他用途的成本。然而在实际调查中，农民认为生产成本仅为农业生产过程中购买的实物，如化肥、农具、农用机械等（田新建，2005）。所以，现有关于农民成本性的研究均低估了农民实际面临的成本。

同理，在宏观统计资料中，由于不完整的成本核算，我国农作物收益率被高估。因此，我国学者在追求测算成本准确性的同时，更加注重我国农业生产中产生的成本与国外的比较。黄季焜、马恒运（2000a）通过对稻谷、小麦、玉米、大豆、油菜籽五种农作物产品的生产成本进行研究后发现，我国农作物的生产成本被严重低估。相对于我国，除稻谷外，美国和加拿大的其他农作物基本已实现了机械化耕种与规模化经营，生产成本极低。我国稻谷生产成本低廉主要应归结于廉价的劳动力成本。黄季焜、马恒运（2000b）在另一篇文章中对此做了进一步阐述。我国的小麦、玉米、大豆、油菜和棉花的生产成本均比世界主要农业生产和出口国高。其中，我国每公斤小麦、玉米和大豆的生产成本分别为美国的 1.2、1.1 和 1.2 倍，为阿根廷的 1.4、1.2 和 3 倍。而我国小麦的生产成本为法国和加拿大的两倍左右。在主要的农作物中，我国仅在稻谷生产成本上比美国和阿根廷的低，但明显高于亚洲其他稻谷生产国家，如泰国和越南。我国主要农产品生产成本高于西方农业大国，究其原因在于我国农业仍以细碎化经营为主，没有形成规模效应。但也有学者认为，美国玉米的生产成本实际高于我国，其主要依靠单位面积产量和价格占据市场（刘爱民、阎丽珍，2002）。

在农民收入的知识性方面，随着人才强国战略的实施、信息时代的来临以及我国教育水平的提升，教育成为农民收入的重要衡量维度之一。Du、Park 和 Wang（2005）研究认为，放开教育和劳动力市场，则能够体现出教育的高回报率，因此较高的受教育水平能够在未来获得更高的收入。学者们对此基本认同，现阶段农民人均纯收入提升的最显著因素是农民的受教育水平和农村剩余劳动力是否进行转移（王亚娜等，2007；王敏娟，2008）。收入知识性的另一个重点考察目标为农民是否接受过培训。李晓楠等（2015）发现参加非农业职业技术培训能够显著增加农民的收入，参加农业技术培训也会增加农民的收入但是影响不显著。白菊红、袁飞（2003）从教育和培训两个角度探讨了其与农民收入的关联。结果发现，对农民个人而言，是否参与过培训或职业教育，直接影响农民的收入情况。对农村家庭而言亦然，家庭收入随家庭劳动力接受培训的人数而增加。教育对收入的影响并不直接体现，而体现在突发事件下收入能否保持平稳。此外，农民的教育收益回报率与其接受的教育年限有关，亦即受教育水平越高，今后的收入曲线越陡。

（二）收入质量研究文献综述

在以上有关农民收入的研究基础之上，孔荣、王欣（2013）在研究农民工收入时提出了"收入质量"理论，收入质量由以下五个维度构成：收入充足性、结构性、稳定性、成本性和知识性。收入质量是"基于农户收入质量的正规信贷约束模拟检验及政策改进研究"自然科学基金项目组的当下研究课题和主要研究对象，研究认为，已有关于农民工收入差异的研究存在不足之处。农民工收入的数量对比仅是研究该问题的一个角度，其收入结构的差异、获取收入过程中所运用的知识和消耗的成本的差异、定期定量获得收入的差异同样是农民工收入的区别和代表性元素。这些元素共同构成了收入质量的概念。王欣、孔荣（2013）通过对农民工收入质量的研究表明，收入充足、结构合理、收入稳定、获取成本低、知识含量高的农民工自我感知的收入质量满意度高。相较于城镇居民，农民工的收入公平感严重失衡，收入质量满意度低。收入质量概念的提出拓展了收入的研究领域，为学者研究收入提供了新方向，收入的绝对数量已不再是唯一被关注点。随后，收入质量的研究对象从农民工转为农户，研究内容也从单一研究收入质量本身发展为研究收入质量与其他经济现象的关系。邓锴、霍婷洁、孔荣（2014）从收入质量的稳定性维度出发，研究表明工资性收入不稳定的农户较工资性收入稳定的农户贷款意愿更强烈。在此基础上，邓锴（2014）通过分析认为，收入质量是通过借鉴人力资本理论和经济增长理论，以收入数量为评价基础，从收入的充足性、结构性、稳定性、成本性以及知识性五个方面考察收入的优劣程度。收入质量对贷款行为的起始阶段、决策阶段和实施阶段均有着显著影响，应将收入质量概念纳入贷款风险评级体系中。于淼（2015）从信贷员和农户两个角度比较了二者在信贷过程中对收入质量各维度的重视程度，结果发现，信贷员和农户均重视收入的充足性、结构性和稳定性，均忽视了成本性。信贷员更加重视农户收入的知识性。通过借鉴收入质量思想，在研究农民收入从消费和投资角度对农村经济的影响时，将收入数量和收入质量其他维度纳入同一体系下综合考察农民收入水平，具有一定的全面性和前瞻性，同时也拓宽了本基金项目的研究领域。

（三）农民收入与农民消费文献综述

1. 国外研究文献综述

西方经济学在创建伊始并不十分关注收入与消费的关系。由于西方经济学的创立目的之一是促进经济增长，而古典经济学认为只有资本积累才是促进经济增长的唯一手段。消费与资本积累是相互替代的，因此，早期古典经济学家认为，在收入分配过程中，应尽可能地将资金运用在投资而不是消费上。例如，威廉·配第认为，消费者应该节制不必要的消费，而将收入尽量用于发展生产和资本形成。亚当·斯密和李嘉图基本持相同观点。只有魁奈认为，在收入一定的情况下，进行生活必需品的消费是有利于发展生产的，而对奢侈品的消费不利于生产。但是，与其他古典经济学家意见不同，魁奈并不是一味限制消费，而是鼓励适度消费，尤其鼓励农业发展以及农产品的消费。

在西方经济学发展史上，首次将收入与消费直接联系起来的是凯恩斯。在其 1936 年的著作《就业、利息与货币通论》中，凯恩斯提出，消费是由绝对收入决定的，亦即消费是收入的函数。该理论为西方经济学日后的消费研究奠定了基础。凯恩斯为收入与消费引入了边际的概念，边际消费倾向在 0—1，平均消费倾向随收入的上升而下降。但是很快，该理论受到"库兹涅茨反论"的质疑。库兹涅茨通过实证研究认为，平均消费倾向很可能是一个固定常数。由于绝对收入理论存在一定的问题，收入与消费的研究呈现了"百家争鸣"的态势。

在凯恩斯的绝对收入理论之后，主要有相对收入假说、持久收入假说和生命周期假说。杜森贝利于 1949 年提出了相对收入假说，其主要内容为，个人消费水平取决于消费者过去最高收入时的消费，即"棘轮效应"；同时周边环境的消费水平会带动个人消费水平，即"示范效应"。收入对消费的作用并不是决定性的。由于消费会受到自身影响，收入的波动并不能完全体现在消费的波动上，因此短期和长期收入影响消费的机理不尽相同。弗里德曼的持久收入假说认为，消费者的收入中暂时收入对消费基本不存在影响，持久收入的作用反之。因此，收入的波动也分为暂时收入的波动和持久收入的波动。如果消费者的暂时收入发生波动，对消费的影响较小。而莫迪利安尼等提出的生命周期假说认为，消费者会在更长时间范围内计划他们的消费，使得消费者整个生命周期内的消费达到最优配置，即消费的效用最大化。

近 30 年来，西方经济学家对收入与消费的关系研究有较大的突破。利拉德最早对预防性储蓄进行了较为系统的分析。依照生命周期理论，消费者进行储蓄是为了将财富平均分配到整个生命周期。但是预防性储蓄理论认为，消费者储蓄的另一个重要原因是防止未来的不确定性而进行的预防性储蓄。但是 Deaton（1991）发现，美国少数消费者占有了绝大多数的财富，这与预防性储蓄的理论有所不同。因此，Deaton 认为，收入与消费的关键中间变量是流动性约束。当消费者存在流动性约束时（无法从金融机构获得贷款），消费会受到限制。在此基础上，坎贝尔和曼昆（1987）提出了 λ 假说。λ 是消费决策仅取决于当期收入的消费者占全部消费者的比例，被称为"超敏感系数"。λ 越大，说明全社会受流动性约束的消费者比重越高。实证研究发现，在美国该值在 50% 左右。

2. 国内研究文献综述

国内有关收入与消费的研究方向与我国经济结构存在较大关联。由于我国属于"二元经济结构",城镇和农村居民收入水平、收入结构、消费水平和消费结构均存在着较大差异,并且差距仍在扩大。因此,国内有关收入与消费的研究较为关注城乡差距以及低收入人群的主要代表——农民的收入与消费研究。

在城乡收入与消费差距方面,王敏(2011)通过研究认为,收入差距扩大会抑制消费需求。如果农村居民收入能够提高10%,则城乡收入差距对消费需求的影响能够降低2.69个百分点,并可以刺激居民消费提高1.05个百分点。王小华和温涛(2015)采用非线性最小二乘法(NLS)研究了我国居民的边际消费变动规律。他们认为,城镇居民和农村居民的边际消费倾向变动不一致:由于消费观念的转变和生活水平的提高,农村居民的边际消费倾向始终保持增加态势;城镇居民的边际消费倾向呈倒U型变化,转折时期为20世纪90年代末。由于收入水平提升,我国城镇居民的边际消费倾向已逐渐出现递减态势,符合边际递减规律,而农村居民的边际消费倾向变动呈现非线性的增长态势。研究还发现,该倾向与城乡居民的收入来源情况直接相关。农村居民的转移性收入和财产性收入比例过低,因此对边际消费没有影响。而农民主要收入来源数量的提升,均有利于推动农民消费,繁荣农村市场。因此,在当下农民经营和工资"双管齐下增长"的背景下,应适当增加其他收入来源。转变经济发展的首要方式是扩大内需,提高居民消费水平是一大着力点。金振宇(2011)通过研究我国居民收入分配及其对消费的影响发现,农村居民的消费问题应侧重于对效率的激励,城镇居民的消费问题应侧重于收入差距的缩小。农村居民消费更具有潜力,但该潜力未得到有效的体现。韩海燕(2010)在持久收入假说的理论上,对我国城镇居民的消费进行了研究,研究表明,我国城镇居民的暂时收入和持久收入均会对消费产生影响,但是持久收入对消费的边际效应略大于暂时收入对消费的边际效应。但边际消费倾向整体较低，说明了城镇居民对未来转型期存在着不确定性的感受。

农民收入如何影响消费，是农业经济管理亟须解决的重大问题。白暴力（2008）认为，导致我国消费需求不足的重要原因之一是乡镇企业和外出农民工的所获收入远远低于其对经济增长的贡献。因此，欲解决我国消费需求不足问题，就必须先提高农民收入。杨雪和于冷（2009）从投资视角研究了农民收入与消费结构的关系。结果表明，我国农民消费结构正在由生存主导型过渡为投资主导型。农村居民消费的增加与其工资性收入增长有极大的关联。除了农民收入，农民所在的消费环境、农民自身消费结构甚至农村社会保障体系是否健全均会影响农民消费水平（李跃，2009）。方松海、王为农和黄汉权（2011）探究了制约农民增收和农村消费扩张的共同原因：教育费用、基础设施和信贷约束。此外，农民增收面临着外部环境变化的考验，农民消费扩张受到农村社会保障和人口结构的制约。胡愈和王雄（2006）采用灰色关联分析方法对湖南省1995年至2005年的农民收入和消费进行了量化分析。结果显示，湖南省农民收入对文教娱乐消费的关联度最高，其次是衣着和居住，食品消费仅排在第五位。徐振斌等（2008）从劳动力转移角度研究了四川省农民收入和消费的关系。农民收入的提高主要依靠工资性收入，但如果政府公共支出存在缺位，收入的增加并不能显著促进消费。李秀红（2007）研究了我国西部农民的收入与消费的关联性，研究发现，西部地区农村居民消费结构正在发生重大变化。随着收入水平的提高，主要的传统消费，如食品和衣着支出比重在下降，这从侧面证明了西部农民的恩格尔系数降低，生活水平逐渐提高。居住支出的增长逐渐减缓。新兴消费，如交通通信和文教娱乐支出显著上升，医疗保健支出也随着越来越受重视而增加迅速。总体而言，西部农村居民收入的平均消费倾向较高，但边际消费倾向变动剧烈，这说明消费结构尚处于寻求稳定的过程之中。

近年来，我国学者对农民收入和消费中的新的影响因素进行了探索性的研究。如葛继红（2012）探讨了农民收入与文化消费的关系。在农民收入水平较低时，农民不会考虑进行文化消费。而该收入水平不但包括其真实收入，也包括农民对自身收入的主观感受。以务农为主的农民由于各种原因，文化消费比较少。马晓旭（2015）从宏观角度探讨了农民收入对文化消费的影响。该学者以江苏省统计数据为基础，发现农民收入与其文化消费间存在联动影响和动态均衡机制。王健宇和徐会奇（2010）从收入性质的角度研究了农民收入与消费的关系。他们认为，收入值和收入的变动同等重要，因此他们将收入的增长性、永久性和不确定性因素统称为收入性质，反映收入变动情况。在 10 年全国各地区数据的支持下，验证了收入性质的前两个因素有利于农民消费，后一个因素不利于农民消费的假设。因此需要通过政策引导，增加农民收入的增长性和永久性，降低收入不确定性，促进农民消费。还有学者从收入风险机制的角度研究了农民收入与消费的关系。马小勇（2008）考察了中华人民共和国前后若干年我国农户风险管理的实践，以该实践透析出的经验为基础讨论了我国经济转型时期的农户收入方面的风险管理。研究证明，虽然我国已处于现代社会，但农民应对收入的风险管理依然依托于以亲友为主的社会网络。该依托虽然较为传统，但不失为应对收入风险的一种保障。亲友的数量是农户社会网络的规模，来源于规模的支持力能够实现农民的稳定消费。农村金融在改革开放后虽然得到了快速增长，但依然存在着对"三农"问题瞄准性不强、覆盖面较窄、缺乏监管等问题。这就导致金融市场无法发挥其保障农户应对收入风险过程中实现平滑消费的作用。农户收入风险管理中，正规风险应对机制发挥的作用迥然不同：农业用地和政府救济确实可以保障贫困农户基本生活，但是农村保险业与金融业的不同步发展，导致商业保险在农户收入风险管理方面收效甚微。

（四）农民收入与农民投资文献综述

1. 国外研究文献综述

正如上文所言，西方经济学创建伊始更加重视投资而非消费。西斯蒙第和李嘉图分别从总供给和总需求两个方面进行了研究。他们认为，收入的基本表现形式为地租、工资和利润。其中利润由生产创造的价值减去成本（主要为工人工资）而得，是资本家的主要收入来源。资本家利用利润进行再生产，形成资本积累，进而促进经济增长。因此，古典经济学中收入与投资的关系主要是指从获得利润到资本形成的过程。斯密在其著作中也探讨了该问题。经济增长依赖于生产创造的财富。从劳动者的角度而言，创造的财富仅与劳动者的数量以及劳动者的生产效率相关。劳动者的数量问题可以通过招收工人解决，而劳动者的生产效率主要由资本积累决定。资本积累达到一定程度后可以扩大生产规模，继续增加劳动者数量。随后，新古典主义经济学的索洛模型中，提高储蓄率的关键在于收入分配中资本和工资的重新调整，这一调整是提高经济增长率和资本－产量比的主要手段。

　　与西方经济学并立于世的经济学理论的提出者是伟大的革命先驱马克思，他对资本的积累与形成进行了细分。首先，马克思创造性地提出了"剩余价值"理论，资本家获取的利润是压榨工人获得的剩余价值，资本积累实质上是剩余价值的转化。而对资本形成的过程——投资而言，马克思认为投资具有两种方向，主要取决于剩余价值的流动去向。如果剩余价值仅用于扩大生产规模和继续投入生产要素，则属于外延式的再生产。这种再生产不会提高生产效率，新创造的财富与投入的资本直接相关。如果剩余价值运用于提高生产要素的使用效率（例如引入新技术）或提高工人的劳动生产率（例如提高工人的劳动素质），则属于内涵式的再生产。这种再生产提高了生产效率，新创造的财富将高于投入资本，但见效较慢。从马克思的投资理论中可以看出：首先，资本家的收入来源是工人的剩余价值，资本家的投资具有两种方向；其次，马克思同样注意到了投资在技术进步过程中的重要作用；最后，马克思描绘的两种投资方式实际对应了两种经济增长方式——只重视产量的落后经济增长方式和重视技术的先进经济增长方式。面对我国曾经粗放型的经济增长模式和农民投资中生产型固定资产比重过低的现象，马克思这些理论在实践中依然可以作为指导思想。

如上文所述，西方学术界的"农民"定义与国内不同，其更倾向于职业的统称。因此，西方农业经济管理界专门对农民投资进行的研究较少。较早专一研究农民投资行为的学者是 Chayanov。他认为，农民并不完全符合西方经济学的"经济人"假设，农民的经济行为是为了满足自身家庭的消费而不是利润最大化。所以农民的投资行为并不适合使用成本 – 收益衡量方法，他们更多关注的是能否减轻劳动辛苦程度而不是投资资金的主要来源——收入是否充足。Scott Latourette（1958）在研究了东南亚的农民之后同样认为，农民的经济行为，如投资，并不是基于理性，而是基于道德。他们不会刻意追求利润最大化，而是将稳定产出作为主要目标，能够让家庭生计得到保障即可。但是，其他经济学家依然坚信农民的投资是理性的。舒尔茨（2009）认为，一旦农民能够认知到投资能够在现有的收入水平下获得利润，并且该投资成本是合理的，那么农民会毫不犹豫地追逐利润最大化。这实际上是国外学者对不同历史阶段、不同地域、不同经济条件下的农民进行研究产生的不同结论。但是随着经济的发展、农业技术的进步和农民素质的普遍提升，农民投资将逐渐理性化。

近 30 年来，国外有关农民收入与投资的关系研究逐渐细化。Ahn 等（1981）、Mellor 等（1990）、Adulavidhaya 等（1984）分别研究了东亚、南亚以及东南亚部分国家的农产品价格与农民投资的关系。由于农产品价格直接关系到农民收入，因此这些学者得出一个共同结论：农产品价格上升会提高农民收入，进而提高农民投资的积极性。然而，Singh 等（1985）在其著作 Rural Development in India 中指出，农产品价格提升固然会提高农民收入，但同时也改变了农民的消费习惯，从而对部分农民投资产生不利。Barnum 和 Squire（1979）通过对马来西亚农民投资的研究同样发现，农产品价格提高，投资出现了下降趋势。他们认为是收入的提高增加了农民对闲暇的需求。还有研究（Rozelle，1999；

Brauw，2002；Turvey，2012）关注了农民的潜在收入来源，如劳动力转移和土地所有权问题与农民投资的关联。研究结果表明，劳动力转移会增加农民收入，但会造成其他社会问题影响农民投资；土地使用权的抵押可以较好地解决农民投资过程中的融资问题。但土地所有权抵押仍然需要等待政府的进一步政策的出台。随着对农民收入影响投资研究的深入，信贷逐渐成为农民收入影响投资的关键中间变量。Sial（1996）探究了利率对农民借款的影响，Turvey（2010）进一步研究了收入影响信贷的信贷配给机制，结果均表明，信贷受农民收入影响较大，有助于农民投资。

最新有关农民收入与投资的研究进一步细化。Kebede 等（2016）讨论了东非农民收入与沼气生产投资的关系。在现有利率下，沼气生产投资替代传统能源并能给予农民较高的利益。收入影响沼气生产投资，但在低利率条件下，沼气产量的提高同样能够提高家庭收入、保障粮食安全、保护生态环境。Tang 等（2015）研究了农民收入与减缓气候变化的投资之间的关系，结果表明二者之间存在着不对称的关系。短期之内农民收入单方面影响减缓气候变化的投资，但长期之内该投资会显著影响气候变化，进而提升农民收入。因此，政府应加大长期投资规模，减少政策对农民收入的影响，鼓励农民积极参与减缓气候变化的投资。Ameli 和 Brandt（2015）研究了农户在清洁能源方面投资的情况，认为其主要影响因素不但包括农民收入，也包括农民的房屋所有权、社会背景以及家庭信息等。

2. 国内研究文献综述

国内有关农民收入与投资关系的研究起步于家庭联产承包责任制的推行，农民成为投资的重要主体之一，并以家庭为主要单位，农户投资是农民投资的主要表现形式。但是，农户投资占全社会投资的比重从 1989 年的 21.6% 锐减至 2014 年的 2.1%，并且用于农业生产方面的比重过低，这激发了众多学者对此研究领域的兴趣。有关农民投资影响因素的研究已有大量成果。文贯中（1988）对湖南省南县和江苏省苏州市昆山县及吴江县的土地制度进行了调查研究，结果显示，土地制度是影响农民投资的重要因素。对张家港和兴化两地农户的调查显示，政府对农业生产具有一定管制，这种管制限制了农民获取收入的能力，虽然取消这种管制将不利于某些农产品的生产，但是能够打破农民收入的桎梏，总体而言，农户生产与投资受政策影响较大，但也能够影响到政策的实施，此种情况在经济不发达地区比较发达地区明显（张林秀、徐晓明，1996）。肖小虹（2010）和尹文静（2010）分别从提高财政投入和农村公共投资探究了农民投资，结果均显示，良好的制度环境有利于农户投资的增长。王敏杰和应丽艳（2007）认为，我国农业投资不足成因主要有：农业信贷资金的供给函数和需求函数的变动决定了农业贷款额较低；利率管制扩大了涉农资金的供需缺口。但农业经济管理学术界公认，决定农户投资的根本因素是资金。农户投资资金来源主要为收入和信贷，但由于农业的弱质性和高风险性，农户较难从金融机构获得充足的投资资金。因此，收入水平是决定农户投资的关键因素。郭敏和屈艳芳（2002）认为，农户投资水平是现在及未来影响农业发展的重要问题。农户投资行为分析具有极强的现实意义。两位学者分析了影响农户投资行为的关键因素：农户收入、农地收益、农地规模、农业贷款、承包期等，并对这些因素对农户投资的影响方向和影响程度进行实证研究。结果发现，农户收入在农户投资所有正向因素中最为关键，现阶段农户投资额低，边际投资变动不明显。考虑到短期内无法改变边际投资的既定现实，提高农户收入是次优决策。农户的贷款资金是农户投资资金的重要来源之一，并且贷款和投资相互促进。农户投资决策部分取决于金融机构批准的贷款额度。农户土地使用权是否稳定对农户投资具有显著影响。土地承包权的稳定将增加农户对土地投入的安全感，进而提高其对土地的投资。王建洪等（2009）对我国农民投资的时间序列和区域差异进行了实证分析，他们认为，对农民投资产生决定性影响的是收入结构而非收入，农民收入对农户投资的影响在西部地区、低收入地区和农业大省较为明显。农业收入基本能够支撑农民投资，1996 年之后农民的工资性收入也对投资产生了较大贡献，但转移性收入对投资的影响不显著。因此，一味追求收入的增加，对投资的影响并不明显，而应注意收入结构的优化和减小区域性的差异。辛翔飞和秦富（2005）认为，我国农户决策农业投资的主要影响因素为农户总收入、工资性收入、税费支出、家庭经营非农支出和地区差异。但是土地规模对投资的影响并不显著。农民收入是投资的最主要因素，当年收入决定了下一年的投资规模。非农就业机会的增加，有助于农民工资性收入的提升，从而促进投资。在该研究中，两位学者还发现，农民收入与投资间存在相互促进的现象。因此，很多学者也开始注重投资对收入的影响研究。史清华（1999）从农户家庭耕地规模、年龄结构、人力资本积累等视角，探究了农户家庭经营中的资源配置效率、投资结构变化和产业分化与农户收入的关系，证明了农业技术的推广与应用、投入要素质与量的提升均为农户收入增长的关键。史清华（2000）对山西省和浙江省的农户投资行为进行比较分析后发现，农户家庭内部的资源利用势差决定了农户投资额。浙江省农户的资金资源利用势差显著高于山西省农户，而且随着时间的推移，资源利用势差越来越大，结果导致浙江省农户家庭经营非农化程度显著高于山西省农户，表明了农户的投资理性与收入最大化目标的一致性。陈凯（2000）从农户的生产要素和生产力整合的角度，提出了资本整合进行长期开发性投资的理念，以加快农村经济发展。

（五）农民收入与农民贷款行为研究综述

目前农民贷款行为的研究主要有农民贷款需求和贷款用途两个方面，而这些研究中农民收入是重要的影响因素。

1. 国外研究文献综述

西方有关农民贷款行为的研究中，常不单独讨论收入，而是综合考虑农民的经济水平或收益。Long（1968）运用微观经济学模型，在假设生产机会等外部条件不变的情况下，认为实现收益最大化是农户最主要的贷款动机。Stieglitz（1981）运用联立方程，发现农户的经济水平是影响其贷款需求的主要因素。Iqbal（1981）运用计量经济模型，发现在生产技术更新换代快的地区，农户的贷款意愿普遍较高；当农户获得贷款后，其当期的预算约束线外移，消费水平和投资水平较之未获得贷款时均有所提升；随着投资行为的持续开展，其收入和消费水平均会呈现稳步增长态势。Wenner（2003）从制度经济学的角度进行研究，发现农村金融政策与农户贷款需求之间具有很强的联动性。西方学者普遍认为，农民的年龄、性别、受教育程度和收入是显著影响贷款需求的四大因素。男性农民和受教育程度较高的农民更具有贷款需求。年龄对于贷款需求的影响呈现倒 U 型。年龄较低和年龄较高的农民均不易产生贷款需求，年龄在 30—55 岁的农民是有贷款需求的主体人群。但收入对贷款需求的影响较为复杂，高收入农民很可能因为风险规避而造成风险配给现象。Binswanger 和 Siller（1983）较早研究风险配给，发现尽管能够使用土地作为抵押品，但如果贷款无效率，小农很可能因为不愿意承担风险而完全放弃贷款。由于需求不足，面向小农的信贷市场可能会消失。与 Boucher、Carter 和 Guirkinger 三人的研究视角不同，Binswanger 和 Siller 更加关注风险配给与资产规模的相互影响，认为抵押物和利息是可以相互替代的。风险规避、谨慎性和资产之间的关系也日益成为学术界研究的重点。Eswaran 和 Kotwal（1990）运用两个时期的消费模型检验信贷约束，结果表明信贷市场可以平衡不同收入阶层消费的能力，然而过度的风险规避是因为农户无法承受收入下降的影响，即风险配给的出现与谨慎性无关。风险配给作为信贷配给的一种形式，对农户信贷需求存在一定影响。Bell 等（1997）通过研究信贷需求与信贷供给，发现信贷需求会随流动资产的增加而增加，这种积极影响意味着存在风险配给行为，因为流动资产会缓冲抵押固定资产带来的影响。此外，该研究还表明由于正规借贷需要使用土地作为抵押物，拥有较多土地的农户选择非正规借贷多于正规借贷，这说明无管制的市场对信贷需求具有积极影响。Barham（1990）研究发现，金融机构的宣传、位置、工作效率等会影响农户贷款需求的产生。在贷款业务宣传力度大的地区，农户产生贷款需求的可能性较大。农户与金融机构之间距离的远近也会影响其贷款需求。居住地附近金融机构数量较多，或距离金融机构路程较近的农户，容易产生贷款需求。利率水平较低、放款及时、担保要求简单、还款期限灵活的贷款更容易受到农户的青睐（Ghate，1992）。学者们对中亚地区农户的贷款行为的研究结果也表明，贷款手续烦琐、放款周期过长、当地市场环境恶劣、没有良好的投资项目、基础设施建设的不足等会导致农户不产生贷款需求。Akram（2008）认为，正规贷款资金渠道主要有国家或私人建立的商业银行、经济合作社、政策性银行、非政府组织设立的扶贫基金会等。非正规贷款资金渠道的表现形式主要有高利贷方式的借贷、亲戚朋友间的资金借贷现象等。农户贷款中的交易费用是影响其选择何种贷款渠道的重要影响因素。Udry（1994）认为，由于规章制度和社会力量的关注和监督，加之还款压力小于非正规金融市场，正规金融市场的交易成本远低于非正规金融市场。Kochar（1995）对南亚地区农户贷款行为的研究结果表明，非正规金融组织贷款交易费用更少，因而农户更倾向于向非正规金融组织贷款，特别是向亲属、朋友贷款，这种类型的贷款不仅交易费用较少，还具有放款及时、利息水平低等特点，为很多农户及时解决了资金困难。收入影响贷款渠道的机理较为复杂：收入较高的农民既有可能规避风险倾向于正规金融渠道，也有可能规避交易成本倾向于非正规金融渠道。

2. 国内研究文献综述

我国多数学者认为，当前我国农户普遍存在贷款需求。霍学喜（2005）通过对陕西渭北地区农户借贷行为的研究发现，以务农收入为主要经济来源的农户中，70%以上存在贷款需求。吕青芹（2007）对不同地区农户的贷款需求进行了调查，发现经济发展水平落后的地区农户贷款需求更为强烈。黎翠梅等（2008）通过对华中地区农户及当地正规金融组织的研究后发现，七成以上农户存在贷款需求。农户家庭中从事非农业生产人员的比例、农户户主受教育水平、家庭耕地面积、家庭收入水平等会影响其贷款需求。李颖等（2008）在东北地区进行调研后发现，当地有信贷需求的农户数量在短时间内有较大幅度增长。史清华等（2002）针对山西等地农户贷款需求的研究结果表明，户主受教育程度、年龄及家庭收入状况对农户贷款需求影响显著。周晓杰等学者也提出相近观点。李锐等（2004）认为农户家庭拥有的土地面积，尤其是上等土地面积会影响农户贷款需求，利率越低、还款期限越灵活的贷款越受到农户欢迎。宫建强等（2008）认为农户收入水平、可支配资金是农户贷款需求的影响因素。秦建国等（2011）认为家庭人口数量和家庭可支配资金的主要流向是影响农户贷款需求的重要因素。罗剑朝等（2012）认为农户受教育程度、对贷款业务的认知程度以及耕地面积对农户贷款需求具有显著的正向影响，户主年龄、家庭总收入水平和家庭储蓄余额对农户的贷款需求具有显著的负向影响。周小斌等（2004）、何广文（2005）等学者也持相似观点。张树基（2006）对东部地区农户贷款行为的研究表明，是否有过成功的贷款经历、非农收入数量及家庭成员的平均受教育年限对其贷款需求有显著正向影响，户主政治面貌、家庭日常花费对其贷款需求的影响不显著。曾学文和张帅（2009）运用 logit 模型分别对我国东、中、西部地区农户贷款需求进行研究，发现农户纯收入、贷款利息、与金融机构的距离等对其贷款需求影响显著。韩宁（2010）认为，农户家庭生活中的实际决策人性别及受教育程度对于贷款需求的影响要大于户主性别及受教育程度对贷款需求的影响。

（六）农民收入与经济增长关系综述

1. 国外研究文献综述

西方经济学在创建伊始就非常关注收入与经济增长的关系。斯密在《国富论》中指出，决定国民财富增长的主要因素，一是分工引起的劳动生产率的提高，二是生产劳动的数量，即生产劳动在全部劳动中所占比例，而生产劳动的数量又依存于资本的数量。国民收入中用于生产劳动的比例越大，劳动生产率越高，则国民收入的增长就越快，反之，结果亦然。在新古典主义经济学的索洛模型中，对任何既定的经济增长率和资本－产量比率，可以通过改变储蓄率来达到充分就业的稳定增长，而储蓄率的改变则是通过收入与改变资本（利润）和劳动（工资）在国民收入中的份额来实现的。在 20 世纪 50 年代到 70 年代，西方经济学家研究经济增长与收入之间的关系时，主要的理论成果是库兹涅茨的"倒 U 型假说"。库兹涅茨通过对英、法、美等 14 个国家近百年经济增长的统计资料进行分析，提出了著名的"倒 U 型假说"。他认为，持久收入结构不均等的长期变动特征是：经济增长的早期阶段，持久收入结构的不均等会不断扩大，当一个社会从前工业文明向工业文明转变的时候，不均等的扩大更为迅速，随后出现一个稳定时期，在后一阶段不均等缩小。"倒 U 型假说"的要点是，在经济进入增长阶段之前，收入分配较为平等。而在经济增长的初始阶段，收入分配不均等程度会逐步扩大，当一个经济社会从前工业文明向工业文明转变的时候，收入分配不均等的扩大更为迅速。但随着经济的继续增长，这种情况会逐步缓解。当经济增长达到一定程度，各部门的劳动生产率的差距逐步缩小，收入分配不均等开始缩小，直至趋向于收入分配的均等化。

近 30 年来，西方学者集中关注了收入与经济增长关系中收入分配的重要性。Ram（1988）指出，由于一些早期支持库兹涅茨"倒 U 假说"的实证研究或者对人均收入的测算有误，或者在衡量收入差距时选择的指标不可靠，因此影响了实证结果的可信度。目前，多数经济学家认为"倒 U 型假说"并不是一条铁的定律，经济增长与收入分配的关系可以有多种组合。一方面，一些经济增长指标仍然对一国的收入分配状况具有一定的解释力。例如，法国经济学家 Bourguignon 和 Morrission（1995）的一项研究证明，一个国家农业和非农业的二元化越明显，其收入分配的差距就越大。因此，发展中国家应提高农业部门劳动生产率，减少经济二元化程度，减少收入分配差距。另一方面，部分研究表明，收入不平等与经济增长之间的负相关关系比"倒 U 型关系"显著，而且这些实证研究均认为收入分配不均使收入差距扩大，导致大多数"中间选民"会选择高税收的决策者，而高税收不利于经济增长。因此，收入分配不均对经济增长有着明显的负面影响。在实证研究取得丰硕成果的同时，一些收入分配不均对经济增长产生负面影响的机制也被提出。法国经济学家 Bourguignon（1993）认为，收入向富人集中虽然有利于提高社会的物质资本积累的水平，从而给经济增长带来正面的影响，但是收入分配不均又可能会导致一些穷人不能接受教育，从而对人力资本的积累产生负面影响，最终不利于经济增长。其进一步通过对不同国家的截面资料进行分析，发现收入分配的不平等对经济增长的总影响显著为负，这说明了教育和人力资本是决定收入分配和经济增长关系的核心因素。在关注收入分配对经济增长影响的同时，国外学者也从其他方面探究了农民收入与经济增长的关系。速水佑次郎和拉坦（2000）从农产品需求和效用的角度分析认为，由于以食品为主的农产品需求价格弹性较低，随着一个国家经济快速增长以及生产力的大幅提高，农产品供给的增加会导致农产品价格下降。然而，需求变化相对滞后于供给变化，农产品产量的增加不足以弥补价格下降的损失，从而引起农民收入下降。普雷维什和辛格尔（1950）提出的"贸易条件恶化"观点指出，发展中国家必须在争取和保证国际经济环境改善条件下实现经济增长，才能提高农民收入。赫尔希曼（1991）的"不平衡增长理论"认为，应该集中资源优先促进对国民经济有较大带动作用的产业的发展。只有保证经济增长，农业部门中的劳动者收入水平才会被经济带动，才能提高农民生活水平。Alesina 等（1991）通过研究发现，收入可以促进经济增长，然而随着收入差距的扩大，其对经济增长有着负向影响。该研究建立了一个考虑公共投资的内生增长模型来分析收入对经济增长的影响渠道。该模型发现，不同收入阶层会通过投票来决定税率，进而影响到经济增长。在这一分析框架下，收入差距越明显，经济增长率就越低，收入差距过大不利于经济增长。

2. 国内研究文献综述

国内学者有关收入与经济增长的研究主要基于收入的分配或不平等。周文兴（2002）较早研究了我国城镇居民收入分配与经济增长的关系，结果表明，经济增长与城镇居民收入分配具有共同的影响因素：资本、教育、城市化、通货膨胀、财政收支、税收、工资率及货币控制等。我国城乡差距较大，城镇居民收入分配的库兹涅茨倒 U 型曲线在近期内不会出现，因此，目前城镇居民收入分配的不平等对经济增长并不必然有害。王少平、欧阳志刚（2007）度量了反映我国城乡收入差距的泰尔指数，他们认为城乡收入差距对经济增长的长期效应取决于城乡收入差距水平和经济发展阶段，地区差异十分明显。改革开放初期，城乡收入差距促进了经济增长，而现阶段城乡收入差距的扩大对经济增长有阻滞作用。而且，这种长期效应抑制了短期经济增长，导致城乡收入差距进一步扩大。在此研究的基础上，国内学者运用不同的计量方法对二者关系进行了实证研究，但结论不尽相同。刘江会、唐东波（2010）使用面板协整和面板误差模型，得出缩小城乡财产性收入差距是影响我国未来经济增长的一个重要因素，并且经济增长会抑制财产性收入差距的扩大。曹裕等（2010）从城市化角度入手，认为我国城市化水平、城乡收入差距和经济增长之间存在着长期稳定的面板协整关系。城乡收入差距不利于经济增长。饶晓辉、廖进球（2009）运用平滑转换回归模型（STR），研究发现我国城乡收入差距与经济增长之间的关系是非线性的。当经济发展水平处于高区制状态时，城乡收入差距对经济增长的影响效应为负；当经济发展水平处于低区制状态时，城乡收入差距对经济增长的影响效应为正。吕炜、储德银（2011）同样得出我国城乡收入差距与经济增长之间的非线性关系的结论，东部地区城乡居民收入差距与经济增长正相关，但中部和西部地区城乡居民收入差距均与经济增长负相关。此外，国内学者还对收入差距与经济增长的影响机理和传导机制（陈昌兵，2008；陆万军，2012），收入差距和经济增长与城市化（李宪印，2011）、税收（何其春，2012）、教育不平等（龙翠红，2011）等现象的相互影响进行了研究，取得了一些学术成果。

关于收入分配及其不平等与经济增长的研究成果丰硕，但是对于收入增长与经济增长关系的研究较少，尤其是农民收入变动对经济增长的影响更是被现有研究忽视。国内现有研究主要认为农民收入增长主要通过消费影响经济增长。刘艳（1999）提出，中国经济走出低谷的动力源在于增加农民收入，增加占中国人口70%的农村人口的消费支出，从而促进国民经济走上健康、稳定、协调发展的轨道。而农民消费需求不足的根源在于农民收入增长缓慢甚至停滞。谢恒（2000）认为，由于农民收入过低且不稳定制约着农村市场的扩张，其对国民经济增长的支撑作用并未显现出来。因此，稳定增加农民收入成为当前国民经济增长的一个关键和动力源。王秀杰（2002）同样认为，农民收入影响着农民的消费，进而影响国民经济增长。白菊红等（2003）研究了农民收入分配对农村经济的增长作用，其认为，由于目前我国农村处于经济发展早期阶段，所以农民收入分配不均等刺激了农村物质资本积累，从而促进整体经济增长，但对人力资本的积累影响较小。李道军、胡颖（2004）研究发现，农民收入增加与经济增长之间存在着显著相关关系。增加农民收入是拉动经济增长的重要力量，提高农民工资性收入又是增加农民收入的主要路径。徐贻军、周莹（2009）计算了2009年全国各省区市的农民收入与地区经济增长的弹性值。结果表明，所有地区的弹性值均大于1，即农民收入增加一个百分点将会拉动地区生产总值增长超过一个百分点，其中广东省的弹性值最大，辽宁省弹性值最小。关浩杰（2011）和王丽丽等（2014）分别根据我国和齐齐哈尔市的数据，使用VAR模型，探究我国农民收入与经济增长的互动关系。结果均表明，农民收入的提高能够促进经济持续增长，并且是经济增长的长期因素，但农民收入的提高对经济增长的作用相对较弱。经济增长在短期能够促进居民收入的提高，该影响在短期存在波动，而长期内具有明显的拉动作用。范念龙和徐红（2011）同样使用 VAR 模型分析新疆农民收入与经济增长的关系，结果发现，新疆的经济增长不能直接促进农村居民收入的增长，而新疆农村居民收入也不能有效促进经济增长。其根本原因在于新疆的人均 GDP 和农村居民人均纯收入没有保持同步增长。

（七）国内外研究现状的总体评价

通过回顾已有的国内外相关研究可以发现，现有文献对农民收入的研究可总结为：农民收入决定问题，通过农民个人特质、资源禀赋、外部环境和其他特征判定农民收入的主要决定因素并从增收角度给予政策建议；农民收入结构问题，通过农民收入来源的构成及变化判定其影响因素和变化规律并从优化角度给予政策建议；城乡收入差距问题，通过收入分配理论研究城乡收入差距原因及变化并从制度改革角度提出政策建议。有关农民收入与消费关系的研究主要从消费理论基础出发，其一是从我国全部居民视角出发研究城乡收入与消费水平和结构，其二是从消费影响因素和区域差异方面探讨农民收入与消费的关系。有关农民收入与投资关系的研究同样从西方经济学中的投资理论出发，国外学者的有关研究较为微观，主要为农民收入与具体生产性投资的关联；国内学者则将农民收入作为农民投资的重要影响因素。贷款是农民投资的重要资金来源，而农民贷款行为显著受到其收入影响，而农民收入亦与宏观经济增长存在较大关联。从以上文献综述中可以看出，国内外学者从不同角度研究了农民收入、收入与消费、收入与投资信贷、收入与经济增长的关联性，取得了相当丰硕的成果，为本书的研究提供了重要的参考依据。

然而，在以下几方面还有待进一步深化研究。第一，现有研究往往着眼于收入的某个角度，缺乏对农民收入的总体思考。现有文献对农民收入的认识还不够全面。大部分已有研究依然将农民收入的数量增长作为研究对象，而忽略了农民收入其他维度的重要性。以收入质量理念为依托建立的农民收入质量概念，更全面地涵盖了收入的属性，可以更好地衡量农民的真实收入水平。因此，一个能够全面有效衡量农民收入的指标可以弥补现有文献研究的不足，而获得该指标的前提是合理构建有效的农民收入质量体系和测算农民收入质量指数。

第二，相较于收入、消费及投资问题的研究成果，现有研究中涉及农民收入与消费及投资关联性的较少。由于农民的经济贡献程度直观性和社会地位较差，因此该群体对经济增长的贡献作用往往被忽视，验证农民收入通过消费和投资对农村经济贡献的研究较为匮乏，这更加不利于此种情况的改观。然而，我国农民人口比重较大，收入水平不断提高，对我国经济增长尤其是农村经济增长的贡献不容小觑。我国政府将提高农民收入作为头等问题。在农民生活水平不断提升的背景下，农民对经济增长的贡献十分重要。因此，研究农民收入对消费及投资的影响具有必要性。

第三，在研究收入对消费及投资影响的有关实证研究中，绝大部分研究通过时间序列或面板数据直接探讨收入如何影响消费及投资，由模型得到两者的关联及影响程度。然而，这种实证研究缺乏对影响过程的思考。消费及投资受到收入影响仅为收入质量的外在表现，核心原因是收入的充足性、结构性、成长性、成本性和知识性的共同作用。因此，本书在测算农民收入质量指数的基础之上，研究农民收入质量以及各维度对农村居民消费及投资的影响，有助于深入探究农民收入质量对消费及投资影响的机理、渠道并提出相应的政策建议。

四　研究思路、内容和方法

（一）研究思路

本书基于现有国内外研究背景，从农民收入着手，首先界定农民、农民收入质量、农民消费和投资的概念。其次，在收入分配、经济增长、消费及投资理论回顾的基础上，借鉴收入质量核心思想，通过回顾收入质量在微观领域的研究，将收入质量概念引入宏观领域，分析收入质量在微观和宏观领域中的异同，然后以收入质量理念为依托，从收入的充足性、结构性、成长性、成本性和知识性五个维度提出宏观视角下的农民收入质量概念，构建农民收入质量体系，并通过使用验证性因子分析验证农民收入质量体系的正确性。根据农民收入质量体系，使用线性加权计算方法，运用熵值法测算体系中各指标权重以及农民收入质量指数。本书通过使用农民收入质量指数横向比对我国各区域的农民收入真实水平情况，同时纵向分析我国农民收入质量的变化情况，从而总结我国农民收入质量的时空变化规律并使用正态云模型进行评价。再次，以经济增长核算方法中的支出法为理论依据，将农民对农村经济的贡献划分为消费和投资两个方面。使用1997年至2014年各省（区、市）的年度面板数据，通过构建面板回归模型、面板VAR模型和门槛模型，分别探究农民收入质量以及各维度对农村居民消费及投资的影响，以期得到农民收入质量影响消费和投资的作用机理。此外，在农民收入质量对投资的研究基础上，引入信贷变量，使用结构方程探究农民收入质量与农民投资间信贷的重要作用。在探究农民收入质量对消费及投资影响的基础上，简要讨论农民收入质量与经济增长的关联性。然后，通过农民收入质量影响消费及投资的初步分析结果，本研究提出基于促进消费及投资的农民收入质量提升的政策分析。最后是本书的研究结论和研究展望。本研究的具体思路如图1－1所示。

（二）研究内容

本书共有十章。

第一章是本书的导论部分，主要阐述本书的研究背景和研究意义，对国内外有关农民收入以及对消费及投资影响的重要文献

研究背景

理论基础和文献综述 ─┬─ 概念界定
                    ├─ 收入相关理论
收入质量微观研究基础 └─ 消费和投资理论

充足性 ┐
结构性 │
成长性 ├ 宏观视角 ── 农民收入质量
成本性 │
知识性 ┘

农民收入质量体系构建 ─┬─ 指标选取
                      └─ 体系验证 ── CFA

农民收入质量评价   农民收入质量指数测算 ─┬─ 测算方法：线性加权法
                                              └─ 权重获取：熵值法
评价方法：正态云模型

农民收入质量影响农村经济途径：消费与投资 ── 与经济增长关联性探究

农民收入质量对消费的影响分析 ── 面板回归模型、门槛模型、面板VAR模型

农民收入质量对投资的影响分析 ── 面板回归模型、门槛模型

农民收入质量、信贷与投资 ── 中介变量检验模型、结构方程模型

基于促进消费和投资的农民收入质量提升政策分析

结论与展望

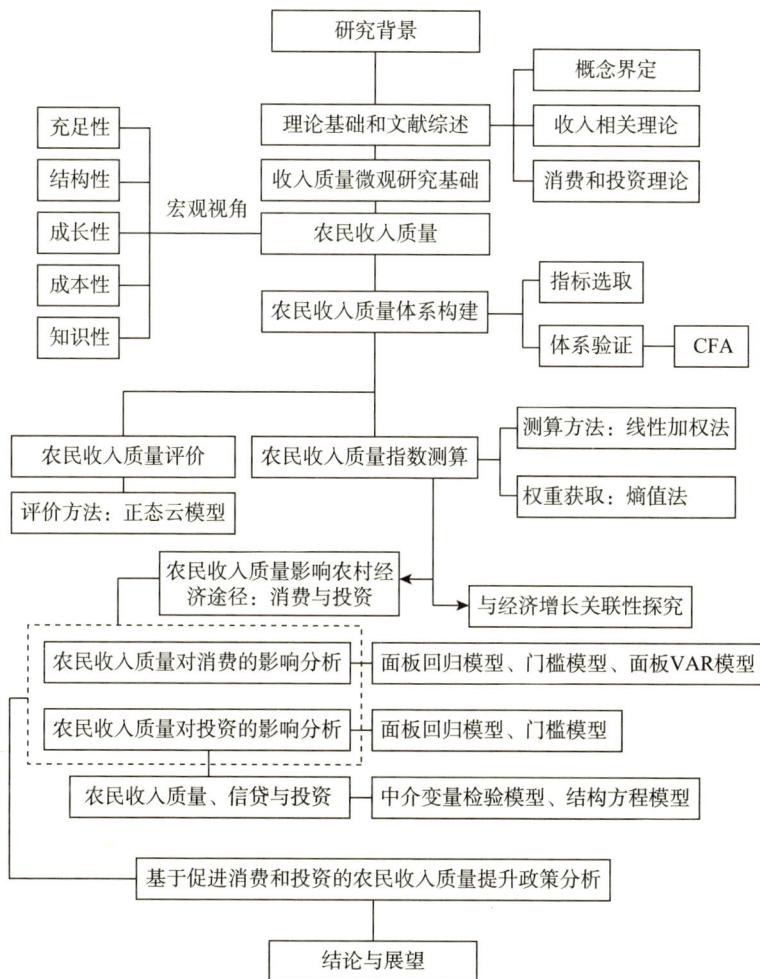

图 1-1　研究思路

进行梳理分析，提高本书研究理论深度的同时发现现有研究的不足，并对本书的研究思路、研究内容和研究方法进行概括总结，最后提出本书的创新之处。

第二章为理论章节，首先对本书涉及的概念：农民、农民收入、农民收入质量、农民消费和农民投资进行界定，并对收入分配理论、消费理论、投资理论、经济增长理论和人力资本理论进行回顾。在此基础上，规范分析证明农民对农村经济增长的贡献

途径为消费和投资，并对农民收入质量影响农村居民消费及投资的过程进行机理分析，构建本书的理论框架，为研究提供理论基础和依据。

第三章为收入质量的微观研究基础，通过回顾农民工收入质量评估、农户收入质量对贷款行为的影响，以及农户收入质量体系验证，明晰收入质量研究的发展脉络，为后续宏观研究奠定基础。

第四章依托收入质量概念，分析收入质量从微观领域到宏观领域变迁过程中的异同，提出农民收入质量的概念，确定农民收入质量的维度。随后，选取合适指标，构建农民收入质量体系，并使用验证性因子分析方法对该体系进行验证，从数理上确定农民收入质量体系的合理性。

第五章是在构建的农民收入质量体系的基础上，使用熵值法等数学方法，获得各指标权重，并使用线性加权测算出农民收入质量指数。在农民收入质量指数的基础上，一方面纵向对比我国农民收入质量的变化趋势，探究农民收入质量变化与农民收入数量变化的异同，横向对比我国各地区农民收入质量的区域差异，总结我国农民收入质量的时空变化规律；另一方面使用正态云评价模型，对我国农民收入质量进行定性评价，了解我国农民收入质量现状。

第六章阐述我国农民收入质量对农村居民消费的影响。在对我国尤其是农村消费进行统计性描述以及分析农民收入质量对农民消费影响的理论基础上，推导我国农民收入质量影响农民消费的模型，使用面板回归模型探究二者之间的关系，探究我国农民收入质量以及各维度对消费的影响程度和方向；使用门槛模型探究二者之间是否存在非线性关系及门槛效应；使用面板 VAR 模型探究二者之间的滞后影响、冲击变动情况以及贡献度。

第七章阐述我国农民收入质量对农村居民投资的影响。首先对农民收入质量影响农民投资进行理论分析。其次采用面板回归模型分析农民收入质量以及各维度对农民投资的影响。然后建立门槛模型，观察农民收入质量指数超越门槛值前后农民投资是否存在显著变化。最后，分析农民投资过程中的必要环节——信贷，从理论上分析农民收入质量、信贷对投资的影响，验证信贷配给的中介效应，并通过将信贷作为中间变量，建立结构方程模型，探究三者之间的关系。

第八章简要论述我国农民收入质量与经济增长的关联性。在理论分析的基础上，通过国家统计年鉴数据获得农民收入质量各维度指标和经济增长数据，通过单位根检验农民收入质量指数与我国经济增长的平稳性，并考察二者之间是否存在协整关系。在此基础上构建面板 VAR 模型，分析两者关联性，并通过脉冲响应函数确定我国农民收入质量指数对经济增长的冲击。

第九章是在以上研究结果的基础上，基于促进农民消费和增加农民投资进而拉动农村经济增长的思想，针对提升农民收入质量进行政策分析。

第十章凝练全书，总结主要研究结论，并根据结论进行研究展望。

（三）研究方法

1. 历史文献法

历史文献法属于非接触性研究方法，即不接触文献记载的人与事，而通过文献中所载内容科学地认识已有问题，并在现有文献中挖掘科学问题。本书在撰写过程中通过查阅大量文献，凝练现有文献思想，归纳已有观点，察觉学术缺憾，寻觅理论支撑，提升本书高度。

2. 比较分析法

在科学研究中，经常使用通过控制其他可变因素，对比某事物特征，发现其差异并总结其规律性的方法，其被称为比较分析法。本书以农民收入质量体系构建为基础，测算农民收入质量指数，以此进行横向和纵向比较分析，了解我国农民收入质量自改革开放以来的变化，以及现如今农民收入质量的区域差异，并对农民收入质量指数与农民收入数量进行比较，验证农民收入质量更加适合衡量农民的收入水平。

3. 验证性因子分析

验证性因子分析又称为验证性因素分析，与探索性因子分析构成因子分析法。相对于探索性因子分析，验证性因子分析的过程与经济学研究范式相同，即首先在一定理论基础上提出假设，后使用数理分析验证该假设是否成立，因此验证性因子分析主要用于验证某理论的正确性或合理性。该方法借助于结构方程模型，计量上具有先验性。验证性因子分析主要处理潜在变量与观测变量，甚至潜在变量与潜在变量间的构念效度及该效度存在的合理程度。本书研究的农民收入质量中各维度均为不可观测的潜在变量，因此使用验证性因子分析验证农民收入质量体系的合理性。

4. 熵值法

熵值法的思想来自物理学，是学科交叉的新兴求权方法。其核心思想是某指标应赋权重系数与该指标取值的信息量大小有关，即差异程度越大，该指标获取的权重越大。在确定权重系数的过程中，熵值法完全根据数据特征，从而避免了人为因素的干扰。在信息论中，熵表示事物出现的不确定性，也表示一个系统内部的混乱程度。熵值法即运用了熵的基本思想以及运算方法，计算指标的权重。本书使用熵值法计算农民收入质量体系各指标的权重，为农民收入质量的测算奠定基础。

5. 正态云模型

正态云模型属于定性评价模型，主要功能为将某定量指标通过一定原则转换为文字描述的定性评价。该模型由我国人工智能专家李德毅院士于 2004 年提出，相对于传统的模糊评价法，云模型保留了评价指标和评价结果等级判定中的模糊性和随机性。云是一个隶属度的分布，因此在该分布下每一个组成元素都被称为"云滴"。云滴是对定性概念的定量描述，而该定性概念的整体特征即为正态云的形状。正态云是最常用的云模型之一，因为很多社会指标都显示出正态特征。某个正态云的分布特点与传统正态分布类似，但由下列三个参数反映：期望（Ex）、熵（En）和超熵（He）。其中，期望（Ex）与正态分布中的均值意义相近，主要功能为确定某个正态云的位置。熵（En）与正态分布中的标准差意义相近，反映了该模型功能中不确定性转换的不确定性。在上文中也提到，熵实际上是混乱度的度量。因此该参数的主要功能为限制某个正态云的范围，即高度和广度。超熵（He）是该模型中的独特参数，代表熵的不确定性，其主要功能为确定云的厚度。超熵越大，云层越厚。在一般情况下，云的中心位置、高度和广度基本可以确定某正态云的基本形态。正态云模型计算指标值在不同云的隶属度，然后根据隶属度最大原则进行评价。本书使用正态云模型对我国农民收入质量进行评价，得到相应评语，探究农民收入质量的直观分布现状。

6. 面板门槛模型

门槛模型属于非线性模型，主要用来研究变量间影响的阶段性变化。门槛自变量对因变量的影响为非线性。当自变量超过门槛值时，其对因变量的影响会产生显著变化。该影响的直观表现为函数斜率的变化。斜率的变化反映了变量间影响的结构变化。因此，该模型的重点为寻找门槛值。变量间影响的结构变化被称为门槛效应。本书使用面板门槛模型探究农民收入质量对农民消费和投资的非线性影响，探索门槛值，以期为农民消费和投资结构性增长的政策提供佐证。

7. VAR 模型

VAR 模型又称向量自回归模型，主要充当于时间序列研究工具。VAR 模型中因变量为所有变量当期组成的向量，自变量为对所有变量若干相同滞后期组成的向量。VAR 模型的约束条件较少，常用于探究内生变量间的动态关系。它属于 AR 模型（自回归模型）的扩充形式。由于该模型可以包含多个内生变量，并且短期预测十分准确，因此学者使用较为广泛。

VAR 模型的特点包括如下几点。第一，VAR 模型不以严格的经济理论作为依据,在建模过程中只需确定内生变量和外生变量,确定滞后期 p 需要借鉴一定准则。第二,VAR 模型对参数不施加零约束,即 VAR 模型得出后 t 检验值不通过的变量依然保存,不需要分析回归参数的经济意义。第三,由于 VAR 模型中解释变量中不存在任何当期变量,所以 VAR 模型适合应用在预测方面,该预测的优点是不必对解释变量在预测期内的取值做任何的预测。第四,VAR 模型参数的个数由滞后期 p 和变量个数 N 决定,参数个数为 pN^2,所以样本容量必须足够大。第五,VAR 模型的变量都需要具有平稳性。如果是非平稳性,则必须具有协整关系。

本书使用面板 VAR 模型探究农民收入质量对农民消费的滞后影响及方差分解分析,以期获得滞后期内农民收入质量影响农民消费的方式以及贡献程度。

五 创新之处

1. 提出了农民收入质量的概念

本书以收入质量为依托,从收入的充足性、结构性、成长性、成本性和知识性五个维度对农民的收入进行综合考察,提出农民收入质量的概念:在宏观视角下以农民为研究对象的依托收入质量理念的收入的充足性、结构性、成长性、成本性和知识性的总体衡量。本书将衡量农民收入质量的理论体系称为"农民收入质量体系",将通过农民收入质量体系量化的衡量农民收入质量的具体数值称为"农民收入质量指数"。研究对象属于微观与宏观的结合,研究对象较为新颖。

2. 测算与评价了农民收入质量指数

在农民收入质量体系的基础上,使用熵值法计算农民收入质量体系指标权重,进而测算了我国农民收入质量指数。同时,以正态云模型为评价方法,对 2014 年全国各地区的农民收入质量进行评价,得到相应的评语等级。农民收入质量指数与农民纯收入变动和分布均存在一定的差异。近几年我国农民纯收入呈现了直线上升的趋势，而我国农民收入质量指数呈现了增长速度减缓的趋势。我国农民纯收入呈现较为清晰的"东高西低"的阶梯状分布，而农民收入质量指数呈现沿海及毗邻地区较高、边境地区较低、西部内陆地区最低的辐射状分布。2014 年我国各省、自治区、市的农民收入质量评价为：收入质量为"好"的包括北京市、天津市、上海市、江苏省和浙江省 5 个地区；收入质量为"较好"的包括河南省、湖北省、广东省和重庆市 4 个地区；收入质量为"中等"的包括河北省、山西省、辽宁省、吉林省、安徽省、福建省、江西省、山东省、湖南省、广西壮族自治区、海南省、四川省、云南省和陕西省 14 个地区；收入质量为"较差"的包括内蒙古自治区、黑龙江省、西藏自治区、甘肃省和新疆维吾尔自治区 5 个地区；收入质量为"差"的为贵州省、青海省和宁夏回族自治区。

3. 农民收入质量显著促进农民消费

我国农民收入质量指数每增长 0.1 个单位，农民人均消费增加 1510.4 元，为 2014 年农民人均消费的 18.02%；农民收入质量各维度中，收入的充足性、结构性、成长性和知识性均显著影响我国农村居民消费，收入的成本性仅当引入上一期农民消费后显著。我国农民收入质量对消费的影响均存在门槛效应，门槛值为 0.4508。我国农民消费存在较为明显的"惯性消费"。

4. 农民收入质量显著促进农民投资

我国农民收入质量指数每增长 0.1 个单位，下一年农民人均固定资产投资增加 489.3 元，为 2014 年农民人均固定资产投资的 28.34%。农民收入质量各维度中，收入的充足性、结构性、成本性和知识性均显著影响我国农民投资。我国农民收入质量对投资的影响同样存在门槛效应，门槛值为 0.3464。信贷配给是农民收入质量影响农民投资的关键中介变量。农民收入质量的提高是提升农民消费及投资，促进农民对农村经济增长贡献的核心因素。

▶ 第二章
研究理论基础

农业经济管理学术界普遍认为，农民的收入数量依然是衡量农民收入水平、影响宏观经济的重要指标。因此，收入质量概念中其他维度得到的重视程度不足。本书借鉴收入质量核心思想，提出农民收入质量概念。本章为理论章节，首先，界定本研究所涉及的相关概念；其次，回顾收入、消费和投资的相关理论，为下文构建和验证农民收入质量体系，以及农民收入质量指数的计算和实证分析奠定理论基础。

一　相关概念界定

（一）农民

由于国内外学术界在"农民"概念上存在差异，因此需要首先将农民的概念界定清楚。上文提到，西方的农民是一个构成十分复杂的群体。英国人类学学者 M. 布洛克在研究"农民"问题时就"面临困难"。在西方发达国家，农民（farmer）主要指农场主，即从事农业生产和经营农业的群体，是职业之一。如上文所述，农民包含土地所有者、自耕农与半自耕农、租地农场主和农业雇工等，是一个有不同利益关系的群体。但是在许多发展中国家，农民（peasant）一般被认为是通过农业糊口的人，其生产规模较小，更多讲的是一种生活状态。我国对农民的界定更加复杂，因为我国存在特殊的"户籍制度"：农业和非农业户口，而这种划分标准主要是居民的主要生活区域和家庭成员关系。现有研究主要将农民定义为具有农业户口的人。这种做法在中华人民共和国成立初期曾起到积极作用。在改革开放前，拥有农业户口的人绝大部分在从事农业生产，因此该定义在当时比较符合农民的职业特点。但随着城乡交流的日益广泛，该制度已引起愈来愈严重的矛盾和问题。尤其是随着大量农民工的出现，农民的定义受到了挑战。2015 年高达 1.69 亿拥有农业户口的人以农民工身份外出务工而不是从事农业生产。但是，我国法律上依然认定，"农民"是拥有农村户口的居民，户籍制度仍为唯一标准。从2005 年起，我国改革户籍制度的进程进入起步阶段。截至 2015年 5 月，全国至少已有 16 个省、自治区、市正式出台了该地区的户籍制度改革意见，合并或准备合并现有的农业户口与非农业户口，从而建立统一的城乡户口制度。我国的户籍制度改革，使得我国农民的概念在将来一段时间可能会出现进一步的变化。参照我国宏观统计数据，本书所使用的农民概念为农村居民家庭中的常住居民，主要是指全年持续在农村家庭或在该家庭中居住六个月以上，并且经济生活与其家庭无法分离的人；部分农民工和农村公务员：在外工作超过六个月但其收入补贴家用的农民工，以及在农村工作并生活的国家公务员或职工。

（二）农民收入

在统计数据中，有关农民收入的指标包括总收入、现金收入以及纯收入。农民的总收入是指一定时期内农村住户以及其家庭居民从所有渠道获取的收入之和。农民的现金收入是指一定时期内农村住户以及其家庭成员从全部渠道以现金形式获取的收入。农民的纯收入是指一定时期内农村住户以及其家庭成员从所有渠道获取的总收入扣除其获得收入过程中发生的费用后的收入，发生费用主要包括家庭经营支出、生产性固定资产折旧、税费支出和赠送亲友支出。农民纯收入主要用于生活与再生产，如消费、投资、储蓄以及其他转移性支出等。农民纯收入属于农民净收益衡量指标,该指标主要用来衡量农村家庭对收入的可支配能力,例如购买和扩大生产的能力。因此,现有研究中的农民收入,以及前文提到的农民收入数量一般是使用纯收入作为指标。根据现有农民收入统计方法,第一产业中所有收入,第二产业中建筑业与工业收入,以及第三产业中交通运输、服务、餐饮、文卫等收入均属于家庭经营性收入;在本地或外地的企业或非企业组织中通过劳动获得的收入等属于工资性收入;利息、股息、红利、租金、出售财物及转让无形资产等均属于财产性收入;农民在二次收入分配过程中的所得主要属于转移性收入,包括国家粮食直补等补贴资金以及救济金、保险赔偿、退休金等。

(三)农民收入质量

随着对农民收入的研究深入,部分学者发现收入数量已经不能确切反映农民的收入或者生活水平的变化。2013 年,孔荣、王欣在研究农民工收入时最早提出了"收入质量"的概念。该概念指出,农民工收入不仅有量的规定性,同时也有质的规定性。收入质量涵盖收入的充足性、结构性、稳定性、成本性和知识性五个维度。收入质量决定收入数量,收入质量的提高是收入数量增长的前提。收入充足、结构合理、增长稳定、获取成本低、知识含量高的农民工自我感知的收入质量满意度高。相比于城镇居民,农民工的收入公平感严重失衡,收入质量满意度低。随后,收入质量的研究对象从农民工转为农户。这不仅因为农户是农业生产、农产品销售和剩余产品消费的基本单位,而且随着时代发展,农户农业收入比重急剧下降,工资性收入大幅提升,与收入质量的概念契合。此外,随着户籍制度改革,农民工将逐渐成为一个历史称谓。农民将不再被城乡"二元"经济和户籍制度所束缚,成为一个真正的职业——从事农业生产的行为人。因此,收入质量的研究对象从农民工到农户的转移,具有一定的必然性。综上,通过借鉴人力资本理论和经济增长理论,收入质量以收入数量为评价基础，从收入的充足性、结构性、稳定性、成本性以及知识性五个方面考察收入的优劣程度。

农民收入质量是本书为研究农民收入提出的新概念。该概念以收入质量为依托，借鉴收入质量的维度思想、收入分配理论和经济增长理论，从宏观上综合考察农民收入的多个维度，判断其收入的优劣程度，用以代替传统的收入数量概念。由于收入质量的早期研究对象为农民工，他们的收入数量、获取收入周期、工作地点等是否稳定与其生活质量息息相关。但在宏观研究中，农民收入成长性能够反映农民收入的增长情况，体现收入质量的增长情况，比稳定性更具有考察的意义。因此，宏观视角下的农民收入质量具有如下五个维度：充足性、结构性、成长性、成本性和知识性。目前主流的收入增长研究均将收入数量作为衡量标准。然而，根据上文分析，农民收入数量不再适合衡量收入水平，收入数量的增长与经济增长的趋势也呈现了不同步的现象。而在收入质量概念中，不但考虑了收入的数量，也考虑了收入的结构性、成长性、成本性和知识性的总体进步。本书为了与传统"收入增长"概念进行区分，将在宏观视角下以农民为研究对象的依托收入质量理念的收入的充足性、结构性、成长性、成本性和知识性的总体衡量定义为"农民收入质量"，将衡量农民收入质量的理论体系称为"农民收入质量体系"，将通过农民收入质量体系量化的衡量农民收入质量的具体数值称为"农民收入质量指数"。

（四）农民消费

消费是生产的最终目的和动力，也是产品的最终流向。消费是指通过社会产品满足消费者需求的过程。消费包括生产性消费和个人消费（生活性消费）。生产性消费是指生产过程中对劳动和生产资料的消耗，个人消费是指满足消费者在生活需求方面的消耗。在宏观经济学中，消费是指一定时期内某人或某国在消费品方面的总支出。统计学与经济学不同的是，经济学中的消费概念限定于一定时期内完全消耗了的（不再存在的）消费品，但在统计学以及我国宏观统计中，消费是指购买所有消费品的过程，但是很多消费品的使用时间已经超越考察时期，如家具、衣物和汽车等。本书使用的"消费"定义更倾向于统计学概念。

由于本书研究的对象是农民和农民收入质量，因此本书涉及的消费，特指农村居民消费。本书对农民的定义为农村居民家庭常住人口，所以农村居民消费亦可简称为农民消费。根据上文对消费的定义，农村居民消费是指农村居民为满足物质、文化和精神生活需要所购买的货物和服务支出，是农村经济重要的组成部分。农民消费的对象被称为消费资料，农民为了补偿维持生存必须劳动进行消费的对象为农民消费生存资料；为了投资和扩大再生产中进行消费的对象称之为农民消费发展资料（与投资不同，消费资料将被消耗）；为了提高农民生活水平、满足农民闲暇享受需要而进行消费的对象为农民消费享受资料。生存资料是消费资料中的基本。但是，随着农村经济发展和农民生活水平的改善，这三种消费资料类别所涉及的消费资料也会出现范围扩大和相互转换，因此生存资料、享受资料、发展资料的内涵始终在变化之中。

（五）农民投资

通俗地讲，投资便是通过一定投入而形成资本的过程。具体来说，投资是通过购买资本（该资本并未被消耗掉）用来未来生产，亦即资本形成的过程。在西方经济学的理论中，资本属于生产过程中的一部分投入，是生产的基本要素，如资金、厂房、设备、材料等。传统的资本即指物质资本。但随着经济学对资本研究的深入，资本的分类逐渐详细。如今，能够广为认同的资本分类为：物质资本、人力资本、自然资源和技术知识。其中，物质资本和人力资本是资本的主要构成形式和研究热点领域。但是，在我国的国民经济核算中，投资的概念较为宽泛。我国的资本形成总额统计，是指常住单位在一定时期内增加的固定资产和存货，并不重视固定资本形成总额和存货变动是否用于未来生产，而关注的是资本形成的总额和存货的市场价值。因此，如农民的住宅等与生产无关的投入，也均算在资本形成总额之中，亦即农民的住宅投入，算作农民的固定资产投资。

本书研究的投资特指农村居民投资，以下简称为农民投资。根据资本形成特点以及我国统计口径，本书将农民投资定义为，农民为了获得一定收益投入一定资金并形成资本的过程。国家统计局在统计农民投资过程中虽然以户为最小单位，主要是考虑了我国农民在投资过程中主要以农户为单位的现状，在宏观统计中二者并无差异。

根据本书研究思路，农民收入质量通过农村居民消费和投资影响农村经济。本书认为，农村居民消费及投资能体现农村经济状况。关于农村经济目前尚未有一个准确的概念，本书认为，农村经济是指以农村居民为主体的经济活动与经济关系的总和，与农业生产有着较为直接的关系。与农业经济不同的是，农业经济仅涉及农、林、牧、副、渔的总产值，而农村经济可以包含农村所有经济部门和行业。因此，农村经济增长是国民经济增长的重要组成部分，农民收入质量对农村经济的贡献直接体现在农民收入质量对农民消费及投资的影响上。

（六）经济增长

经济增长通常是指在一个较长的时间跨度上，一个国家产出（或收入）水平的持续增加。经济增长率的高低体现了一个国家或地区在一定时期内经济总量的增长速度，也是衡量一个国家或地区总体经济实力的标志。决定经济增长的直接因素包括投资量、劳动量、生产率水平。用现价计算的GDP，可以反映一个国家或地区的经济发展规模，用不变价计算的GDP可以用来计算经济增长的速度。因此，在一定意义上讲，经济增长可以等同于GDP的增加。GDP是国内生产总值的缩写，是一个国家（国界范围内）所有常驻单位在一定时期内生产的所有最终产品和劳务的市场价值。GDP 是国民经济核算的核心指标，也是衡量一个国家或地区总体经济状况的重要指标。GDP 核算有三种方法，即生产法、收入法和支出法，三种方法从不同的角度反映国民经济生产活动的成果，理论上三种方法的核算结果相同。生产法是从生产的角度衡量常住单位在核算期内新创造价值的一种方法，即从国民经济各个部门在核算期内生产的总产品价值中，扣除生产过程中投入的中间产品价值，得到增加值，即增加值等于总产出减去中间投入。收入法是从生产过程创造收入的角度，根据生产要素在生产过程中应得的收入份额反映最终成果的一种核算方法。按照这种核算方法，增加值由劳动者报酬、生产税净额、固定资产折旧和营业盈余四部分相加得到。支出法是从最终使用的角度衡量核算期内产品和服务的最终去向，包括最终消费支出、资本形成总额与货物和服务净出口三个部分。本书在农民收入质量对经济增长的具体影响研究中，将经济增长按照支出法分类。

二　相关理论回顾

根据本书研究思路和研究对象，农民收入质量体系构建及测算依托收入分配理论和经济增长理论，农民收入质量对消费及投资的影响依托于消费理论和投资理论。从西方经济学创建伊始，收入问题、投资问题和经济增长问题是西方经济学关注的重点问题。无论是古典经济学，还是新古典经济学，以及如今的现代经济学，均对收入、投资和经济增长进行了详细的研究，提出了很多理论和假说，尝试总结其一般规律，对一个国家或者地区的国民收入、分配和投资等给出指导性意见。而消费理论起步较晚，仍然缺乏较为统一的理论体系。本节对农民收入质量研究中涉及的收入分配、经济增长和人力资本理论，以及农民收入质量影响消费及投资中涉及的消费和投资理论进行回顾。

（一）收入分配理论

1. 古典经济学收入分配理论

1776 年，标志着西方经济学产生的著作——亚当·斯密的《国民财富的性质和原因的研究》诞生，该书被誉为"西方经济学的圣经"，又被简称为《国富论》。斯密的收入分配理论建立在他对商品的价值观之上。他总结概括出资本主义社会存在三种收入形式：地租、利润和工资，其分别对应的收入主体是土地所有者、资本家和劳动者。斯密通过收入分配理论明确了资本主义社会的阶级构成，属于跨时代的创举。斯密详细地分析了这三种收入形式。他认为，与商品拥有价格相对应，劳动者出卖自己的劳动同样拥有价格，该价格通过市场竞争最终确定，以此为基础形成工资，由资本家向工人支付。作为资本家的收入，利润实际上与资本家自身的劳动无关。它等于在资本家监督下劳动者创造出的新价值减去劳动者的工资，这部分价值后来被马克思称之为"剩余价值"。而地租是由土地所有权产生，属于垄断价格。斯密的研究奠定了西方古典经济学的研究基础。

李嘉图提出的理论的核心思想是，资本家并不能创造价值和财富，新价值的产生在于工人的直接劳动，工人的间接劳动同样不能创造新价值，只是转移了旧价值。此外，他发展了斯密收入分配理论中有关劳动和价值的观点，虽然直接劳动才能创造新价值，但生产商品必须同时存在直接劳动和间接劳动，因此商品的价值取决于工人生产商品时付出的总劳动。

李嘉图对三种收入形式进行了进一步的分析。在工资方面，李嘉图首次提出了"相对工资"的概念，其认为，劳动者的工资即劳动价格等于自然价格与市场价格之和。自然价格是能够维持劳动者及其家庭生存的最低价格，市场价格是买卖双方自由竞争达成的价格。在利润方面，李嘉图认为利润率计算方式如下：

$$R = m/(c+v) \qquad\qquad 公式\ 2-1$$

其中 R 为利润率，m 是剩余价值，c 是预付固定资本，v 是预付可变资本。根据该公式和当时的情况，李嘉图认为从长期看利润率应该下降，工资与利润也呈负相关。在地租方面，李嘉图认为地租存在是由土地的有限性和私有性导致的，他还提出了两种形式的级差地租。

2. 新古典经济学收入分配理论

马歇尔的理论属于新古典经济学，与古典经济学主张使用劳动衡量价值不同的是，新古典经济学认为价值应通过数学工具计算的边际效用来衡量。边际概念的运用解决了古典经济学中生产要素的投入问题。生产要素如何合理地投入在此之前悬而未决，新古典经济学认为，当边际生产力下降到与生产要素价格相等，且所有要素均如此分配时，市场达到均衡状态。正是在自己的局部均衡价格理论基础上，马歇尔提出了他的收入分配理论。他认为，劳动的需求实质上取决于劳动边际生产力，工资是劳动力的价格，当边际生产力下降到与最低工资相同时达到最优。但与斯密和李嘉图的传统理念不同，马歇尔将利润拆分为利息和正常利润，其他收入分配形式与前人一致。在有关利润的讨论中，资本得到的是利息，而正常利润的获得是由于企业家的才能。马歇尔认为，企业的边际生产力有高有低，其根本原因在于该企业中企业家才能的发挥。企业家才能包括合理地制订计划、安排生产和配置资源等，企业对企业家发挥才能的报酬为正常利润，是企业家的个人收入。但由于企业家才能的发挥对企业运营创造出的价值一般远远高于企业家才能的供给价格，因此通常情况下由其需求价格决定正常利润。马歇尔还从供需角度讨论了地租问题。他认为，由于土地面积的不变和有限性，其供给弹性呈完全刚性，所以地租价格应等于土地所提供的总产量减去其边际产量，即仅与土地需求相关。

美国经济学家克拉克的有关收入分配的思想和理论体现在其著作《财富的分配》一书中。他从边际生产力的角度详细阐述了边际劳动生产力递减和决定工资的过程。在不考虑技术进步和工人素质的情况下，能够使用更多资本进行生产的工人劳动生产力更高。因此，在维持正常生产的前提下，工人人数越少，劳动生产力越高，反之亦然。因此劳动生产力会出现边际递减。当降低到边际劳动生产力时，最后加入的工人劳动力价格就是决定工资的标准。因为该工人只能达到边际劳动生产力，类似于自由竞争市场，如果提升自身劳动力价格（要求加薪）就会被市场淘汰。决定利息的过程与决定工资的过程类似。利息由资本得出。能够让更多工人进行使用的资本达到的产量更高。因此，如果在劳动力不变的情况下资本增加，资本使用率降低，会导致产量降低。该学者认为，资本实质也存在边际生产力。当资本增加，使用资本得到的产量降至边际生产力时，对应的最后一单位资本的价值便是利息。

3. 现代经济学收入分配理论

西蒙·库兹涅茨是美国著名经济学家，曾荣获诺贝尔经济学奖。其收入分配理论核心思想即著名的倒 U 型曲线，这是最早的对收入分配与经济增长关系进行剖析的理论。库兹涅茨使用多个国家的收入差距与经济增长资料，潜心研究长时期内收入差距的变化规律。他在《经济增长与收入不平等》一书中揭示了该规律：经济增长与人类进入工业文明早期，居民收入差距不断扩大，在拐点处经过短时间停留后，随着经济继续增长，工业化程度继续提升，居民收入差距呈现逐渐缩小的趋势。库兹涅茨的倒 U 型表明，经济增长早期必然处于收入不平等的境况，该境况会导致愈来愈恶化的贫富差距现象。诚然，轻度贫富差距有益于经济增长。我国"共同富裕"政策亦体现了这一点。但是随着社会整体收入水平提升及保障制度的完善，贫富差距终会消减。该曲线的经济意义在于反映了收入和经济增长的关系，即随着经济增长，收入差距先增大后缩小。库兹涅茨的理论对发展中国家的经济发展有着十分重要的启示。我国居民收入差距与经济增长基本符合倒 U 型。库兹涅茨有关收入分配的理论在文献综述中有详细介绍，这里不再赘述。

凯恩斯对宏观经济学做出了卓越的贡献。他在《就业、利息和货币通论》一书中分析了 1929 至 1933 年大萧条的根本原因——有效需求不足。在此背景下他提出了自己的收入分配理论。凯恩斯指出，大萧条的重要原因在于收入分配不均衡，这影响了居民消费倾向，进而影响了经济增长。而提高消费的主要方式是形成较为平衡的收入分配机制。经济走出萧条需要加快资本积累，其重要举措是提高消费，缩小收入差距。相反，如果收入分配差距较大，高收入家庭占比过高，他们的基本消费需求已经满足，则更倾向于储蓄。因此消费和投资均较少，资本积累较为缓慢，不利于资本主义经济快速发展。因此经济危机发生的根本原因是消费需求过低。

凯恩斯对宏观经济学的一大创举是，重视政府在市场活动中的作用，有效需求的扩大，需要善于利用"看得见的手"对市场走势和宏观经济进行干预。这与古典经济学中斯密认为市场存在"看不见的手"——所有经济活动都可以让市场调节的理论相反。政府可以通过财政政策和货币政策两大政策工具干预经济运行。

詹姆斯·麦吉尔·布坎南是"公共选择"理论的创始人。公共选择是公共物品进行分配的一种方式。该方式并非通过传统的路径和市场选择，而是通过民众的集体行动以及政治过程来决定，亦可称为政府选择。布坎南的公共选择思想的核心理念有两个方面。首先，公共选择理论是建立公共经济一般理论的一个前提。该理论提出的目的是让民众可以从集体选择的角度处理微观经济学方面研究的问题，即在经济市场外添加了政治市场。该理论指出人类在做决定的过程中，需要对活动发生在经济市场还是在政治市场进行区分。其次，经济学始终将政治决定作为外部因素，没有意识到政治在经济中的重要性。因此，公共选择理论的意义在于将经济行为和政治行为进行统一思考，纳入单一的模式，在该模式中，政府中的决策者需要承担决策的后果。

布坎南对收入分配理论的主要贡献在于，从公共部门的角度提出了如何纠正收入分配不公平问题。布坎南将市场和政治两个领域结合在一起，强调宪法对收入分配公平的重要性，变革制度结构以鼓励起点公平。此外，布坎南是较早提出通过建立公共教育纠正收入不公平问题的学者。居民收入分配不平等的表面原因是居民创造价值各异，就业不平等导致劳动报酬不同，但深入思考可得出居民创造价值能力不同的根源在于居民个人素质和出身不同。个人素质不同的解决方法主要为政府推行公立教育，提高义务教育年限；出身不同的解决方法主要为税收调整。通过以上手段，可以有效缩小收入差距，促进就业和收入分配相对平等。

　　萨缪尔森是当代凯恩斯主义的集大成者，他在其新福利经济学中探讨了收入分配理论，尤其是详细阐述了税收如何影响居民收入分配。税收可以相对降低出身不同造成的就业差异。而萨缪尔森认为税收的作用远不止于此。收入的再分配存在两个过程，第一个过程是财政收入的主要来源——政府征税，第二个过程是政府将部分财政收入向私人部门进行转移性支出。税收的两次再分配有助于缩小收入差距，从而促进社会公平。另外，萨缪尔森继承了凯恩斯的思想，他认为税收是调节宏观经济运行的重要工具，即税收是财政政策的重要内容。税收对国民收入和消费的影响极大。若在一定时期，政府增加税收，居民的可支配收入下降，降低了居民消费支出，根据乘数效应，这将对国民经济带来数倍的影响。因此，增加税收，虽然调节了居民收入分配，但是影响居民的消费支出和经济增长。萨缪尔森还认为，政府的一个重要经济职能是对国民收入进行再分配。各级政府通过各种形式的转移支付（如津贴、社会保险、补贴等）来提高个人的可支配收入。所以，个人可支配收入的计算方法应等于其所拥有的生产要素收入加政府转移支付等。萨缪尔森的思想，已经深深影响了许多国家的宏观政策。

（二）经济增长理论

　　西方古典经济增长理论的主要奠基人是斯密和李嘉图，他们的主要思想在上文的收入分配理论中已经有所介绍。他们对经济增长的思考主要基于收入分配理论。斯密认为，经济增长依赖于劳动生产率的增加，而劳动生产率的增加主要在于合理的分工。李嘉图认为劳动力和资本均是重要的要素，但经济增长主要依靠资本积累。对此马尔萨斯持不同观点。从人力资源角度出发，资本积累虽然重要，但是经济增长的主要源泉是充足的劳动力，人口的快速增长有助于社会拥有充足的劳动力。但如果人口过于快速地增长，超过了生产资料的增长速度，经济又会受到负面影响甚至出现负增长。以此为根据，马尔萨斯提出了"马尔萨斯陷阱"理论，他认为，人口增长方式属于几何级数增长，而生存资料增长方式仅仅是按照算术级数增长，因此多增加的人口总是要以某种方式（例如战争、瘟疫、饥荒等）被消灭掉。

基于凯恩斯提出的有效需求，英国经济学家罗伊·哈罗德对经济增长提出了自己的观点。假设在一个经济体中只生产一种产品，其国民收入为 Y，储蓄 S 是国民收入 Y 的线性函数：$S = sY$，s 是储蓄率。其经济增长模型的特点是，社会中生产要素仅包含劳动力和资本两个要素，均存在边际报酬递减。劳动力数量处于非变化状态。

哈罗德提出了资本－产量比 v 的概念，并假定资本－产量比等于边际资本－产量比，则存在：

$$v = \Delta K / \Delta Y \qquad 公式 2-2$$

根据基本假设，边际资本实质上全部来源自投资 I，因此公式 2-2 也可写为：

$$I = v\Delta Y \qquad 公式 2-3$$

根据总收入等于总支出，在封闭环境下的经济均衡中，投资 I 应等于储蓄 S，结合 $S = sY$ 可得出：

$$sY = v\Delta Y \qquad 公式 2-4$$

$$\Delta Y / Y = \frac{s}{v} \qquad 公式 2-5$$

公式 2 - 5 中等式左边表示经济增长率，而等式右边等于社会储蓄比例比上资本 - 产量比。美国经济学家多马也独立推算出了相同模型，只是在多马的模型中，资本 - 生产率代替了资本 - 产量比，因此该模型被合称为哈罗德 - 多马模型。

哈罗德 - 多马经济增长理论的特点在于长远的研究视角，这与当时短期静态的经济增长理论相比有很大的突破，并且该理论用模型推导方式证明了增加生产要素，降低资本 - 产量比，提高储蓄率是经济增长的核心因素。不过该理论针对长期经济增长问题，却使用了短期分析工具，导致出现了指标不一致的现象，因此产生了一定的争议。此外，该理论与二战后主要资本主义国家的经济增长方式间存在一定的偏差。

美国经济学家索洛于 1956 年发表了《对经济增长理论的一个贡献》，文中提出了著名的索洛增长模型。索洛认为哈罗德 - 多马模型假设严苛，尤其是劳动和资本不能替代的假设，与现实严重不符。因此，索洛通过研究，提出了索洛模型的基本假设。相较于哈罗德 - 多马模型，索洛更加重视模型与现实的联系。因此，他将人口增长纳入模型中，并且通过柯布道格拉斯生产函数，实现了资本与劳动的替代。该理论认为投资的收益同样存在边际递减。在限定了的封闭下二部门中，假设储蓄投资转化率为1，即居民收入除消费外全部转换为投资。由于索洛模型推导较为复杂，因此本书只给出索洛模型的关键方程：

$$\Delta y/y = \alpha(\Delta k/k) = \alpha\{sA[f(k)/k] - s\delta - n\} \qquad 公式 2 - 6$$

在公式 2 - 6 中，等式左边等于经济增长率，等式右边中，将 y 表达成 k 的函数，即：

$$y = Af(k) \qquad 公式 2 - 7$$

在公式 2 - 6 中的等式右边中，s 表示储蓄率，δ 表示折旧率，n 表示外生的人口增长率，A 表示技术进步。根据公式 2 - 7，可得出如下结论：在给定的技术水平、储蓄率、折旧率和人口增长率的条件下，经济增长率（以每个工人平均 GDP 的增长率表示）是由人均资本决定的。随着每个工人的平均资本 k 的增长，平均资本增长率不断减少，平均 GDP 产出不断减少，最终可以到达稳定水平。

索洛模型的意义主要在于，提出了技术进步对经济增长的必要影响，劳动和资本可以相互替代，并且强调了市场的作用。但是，该模型也存在着不足，索洛模型将技术进步作为一个外生变量，而且恒定不变，这与现实不符。另外，该模型无法解释各国经济增长过程中出现的差异。

以索洛的经济增长模型为代表，众多学者应用新古典学派的概念和生产函数，提出了很多经济增长模型，这些模型统称为新古典经济增长模型。

新增长理论产生于 20 世纪 80 年代。新古典经济增长理论虽然考虑了技术进步，并使用"索洛余值"进行了衡量，但是随着科技带动经济迅猛发展，新古典经济学的部分理论与现实出现了偏差。经济学家们欲了解经济增长的根本原因，新增长理论应运而生。在新增长理论研究中，美国经济学家罗默的影响力较大。他认为技术进步并非独立，而是受到了经济的推动，即技术内生化。因此，罗默认为知识和人力资本亦属于生产要素（其他生产要素为传统的资本和非技术劳动），是模型中的内生变量，并将 R&D（Research and Development，研发）、教育和生产有机地进行结合，因此该学者的理论属于内生、可持续的经济增长理论。其中知识与投资间存在互动影响，二者是经济增长的主要驱动力。在新增长理论中得到有代表性的研究成果的学者还包括卢卡斯和斯科特等人。新增长模型尚未成熟，但体现出了从微观视角研究经济增长的研究趋势。

（三）投资理论

西方经济学家曾认为，经济增长的唯一途径为资本积累，前文介绍的早期经济增长理论已部分诠释了投资理论。随后，经济增长理论在发展的过程中始终将投资作为重要因素。而投资理论主要探讨的是投资变化与国民收入变化的关系。因此，本节较为简略地对投资理论进行回顾。

投资乘数理论是指，在有效需求不足的情况下，如果社会有一定数量的存货可被使用，那么一笔投资将能够带来数倍于该笔投资的国民收入的增加。乘数理论最早由英国经济学家卡恩提出，凯恩斯通过引入边际消费，将投资乘数理论推广。投资乘数公式如下：

$$k = 1/(1 - b) \qquad 公式2 - 8$$

公式 2 - 8 中，k 与 b 分别表示投资乘数和边际消费倾向。该理论认为，投资乘数的增加仅与边际消费倾向呈正相关，因此投资对国民收入增加的影响十分明显。其原理是经济增长过程中的连锁反应，每一笔投资都会对国民经济增长造成 k 倍的推动。正是由于投资会造成成本的收益增加，因此该理论被称为投资乘数理论。

投资加速理论是从需求角度研究收入变化导致投资变化的理论。投资的根本原因是扩大再生产的需求，为了满足该需求，必须增加资本积累，亦即，资本积累并非投资的最终目的。该理论认为预期需求的重要性高于投资过程中其他因素，如相对价格或利率。加速理论最早由阿夫塔利昂于 1913 年提出，后凯恩斯于《就业、利息与货币通论》中提出投资加速理论。该理论认为，预期收入的变动是投资主体决定是否投资的真正原因。其中预期收入对投资影响的系数被称为加速数，即加速数反映了投资受预期收入的变动影响而发生的变动程度。当预期收入单位变动造成了投资的单位变动时，加速数等于 1。加速数越大，投资对预期收入的变动越敏感。

哈佛大学教授、著名经济学家瓦西里·列昂惕夫提出了投入 - 产出理论，该理论反映了投资与生产活动的成果及分配使用去向之间的关系。其理论基础和所使用的数学方法主要来自瓦尔拉斯的"一般均衡模型"（瓦尔拉斯在 1874 年于《纯粹政治经济学要义》一书中提出）。列昂惕夫将该模型进行简化后提出了投入－产出模型。这种分析的主要步骤为：首先，根据不同行业的生产方式，划分具体的产业部门，这些部门之间通过生产要素和最终产品进行联系；其次，计算所有产业部门的投入和产出；最后，通过产业部门间的联系，计算某产业在其他产业的附加价值和分布情况，最终构成完整的产业体系。该理论通过建立投入产出表和投入产出模型，计算直接消耗系数、直接折旧系数、国民收入系数、劳动报酬系数等。投入－产出理论对生产实践具有十分重要的指导意义，同时弥补了产业间研究的缺乏。早期使用的投入－产出模型并不成熟，仅包含静态的投入－产出模型。后来，随着研究深入，有学者开发出动态的投入－产出模型。近期，投入－产出模型与计量经济方法结合的手段被开发运用，因此该模型的适用性有所增强。

（四）消费理论

1. 绝对收入假说理论

绝对收入假说理论也被称为绝对收入理论、绝对收入假设或绝对收入假设下的消费函数模型。凯恩斯的绝对收入假说理论认为，短期内消费为收入的函数，而该函数中消费的系数即消费倾向。由于消费倾向同样存在边际递减规律，因此，该函数形式是非线性的凹形曲线，即随着收入增加，消费的增加量在收入的增加量中的比重逐渐降低。绝对收入假说理论的表达式为：

$$C_t = \alpha + \beta Y_t \qquad\qquad 公式 2 - 9$$

在公式 2 - 9 中，C_t 为当期消费，α 为基本生活消费，β 为边际消费倾向，Y_t 为当期收入。其中，βY_t 被称为引致消费。该公式的基本思想是，消费者的消费等于基本生活消费与引致消费之和。消费者的消费变化完全取决于当期收入和边际消费倾向。绝对收入假说理论有如下特点：第一，消费者的收入去向仅由消费和储蓄构成；第二，消费函数和储蓄函数都是消费者收入的线性函数；第三，边际消费倾向存在递减规律，因此，随着收入的增长，消费率不断降低，储蓄率不断上升；第四，边际消费倾向的取值应在 0 至 1；第五，基本生活消费始终存在。该理论是最早探讨收入与消费的理论，具有一定的前瞻性。但该理论存在如下不足：没有考虑消费受到他人影响；没有考虑消费的预算可能是跨期的情形。

2. 相对收入假说理论

相对收入假说理论形成于《收入、储蓄和消费者行为理论》一书，该书作者为美国经济学家詹姆斯·S. 杜森贝里。该学者在绝对收入假说理论的基础上，针对绝对收入假说的一些不足进行了改进。相对收入假说理论认为，在收入增长稳定的前提下，储蓄率将受到利率、收入、收入预期、收入分配、收入增长率、人口年龄分布等诸多因素的影响，收入仅为影响因素之一。在实际观测中，消费者短期内消费同样存在波动，边际消费倾向和储蓄率均发生变化，这与绝对收入假说理论的假设不一致。杜森贝里认为此时储蓄率主要受到当前收入与最高收入比值，即相对收入的影响，同时，边际消费倾向同样受到这一比值的影响。该比值越高，消费率越高，储蓄率越低。杜森贝里还认为，消费是一种社会行为，会受到自身过去以及他人较强的"示范效应"。不同消费者消费时会受到"示范效应"影响，尤其是高收入群体对低收入群体的影响更加强烈。因此，收入降低时，家庭会主动降低储蓄率而维持以前的消费水平，这种现象被称为"棘轮效应"。同时，家庭消费既受本期收入的影响，也受到以前消费水平的影响，这种现象被称为"消费惯性"。但是，相对收入假说理论同绝对收入假说理论一样，均缺乏完备的实践证明。因此，弗里德曼认为"相对收入假说理论"实际是该学者创立的"永久收入假说理论"的特例。

3. 生命周期假说理论

生命周期假说理论出自莫迪利安尼等人撰写的《效用分析与消费函数——对横断面资料的一个解释》一文。该文认为，根据经济学基本假设，消费者是理性的且追求的是效用最大化。因此，消费者会根据自身收入，合理安排一生的消费，实现自身的效用最大化。与以往消费理论不同的是，生命周期假说理论认为消费者的收入既不是当期收入，也不是相对收入，而是一生的预期收入。消费者将安排一生的消费与储蓄，使一生中的收入恰好等于消费，亦即消费者在做每一次消费和储蓄决策时均反映了其生命周期内谋求达到效用最大化和消费理想分布的努力。根据该理论，年轻消费者和老年消费者的消费倾向将高于中年消费者。生命周期假说理论同时认为，家庭和社会是由处于不同生命周期的消费者组成，从整体上看，如果人口比例未发生重大变化，则全社会消费者的生命周期分布稳定，全社会的边际消费倾向也同样稳定。反之，如果全社会的人口比例发生了较为明显的变化，则全社会消费者的生命周期分布将会发生变化，边际消费倾向随之变化。亦即假设全社会年轻和老年消费者的比重增加，则全社会边际消费倾向增加；如果中年消费者的比重增加，则全社会边际消费倾向会降低。

4. 永久收入假说理论

在以上消费理论的基础上，弗里德曼提出了永久收入假说理论。个人收入中有一部分是稳定存在的，并按时发放，或该部分有增长但与预期基本相同，该理论被称为永久性收入。相对而言，除去永久性收入的另一部分收入，是不能估计其变化，具有较强的偶然性，被称为暂时性收入。消费是一种理性行为，其实现过程拥有合理性和计划性。由于消费者无法对暂时性收入进行预期和安排，即不可支配，因此暂时性收入对消费的影响微弱。因此，弗里德曼认为，消费的影响因素应主要为消费者的永久性收入。个人的永久性收入是潜在的，不能通过询问和观察直接获得，只能从消费者获取的收入中推导得出。社会的永久性收入可被认为是当期收入和前期收入的加权平均数，但随着时间推移，该权重会逐渐发生变化，将更加倾向于当期收入。此外，该假说还认为，由于消费者的收入由两部分组成，暂时性收入对消费影响并不显著，因此传统研究中直接观测收入对消费的影响并不妥当。

弗里德曼还提出了永久性收入的估算公式：

$$YP_t = \theta Y_t + (1 - \theta) Y_{t-1} \qquad \text{公式 2 - 10}$$

公式 2 - 10 中，YP_t 是估算的永久性收入，Y_t 是当期收入，Y_{t-1} 是前期收入，θ 是权重。根据估算的永久性收入，永久收入假说理论的表达式为：

$$C_t = cYP_t = c\theta Y_t + c(1 - \theta) Y_{t-1} \qquad \text{公式 2 - 11}$$

公式 2 - 11 中，c 为边际消费倾向。由于永久性收入是稳定的，因此消费的变化仅与边际消费倾向有关。

5. 其他消费假说理论

近 30 年来，在以上四种基础消费理论之上，西方经济学家对收入与消费的关系研究有较大的突破。霍尔提出的随机游走假说认为，消费的变化是无法做出预测的，没有任何在 $t-1$ 期可获得的信息能够预测消费从 $t-1$ 期到 t 期的变化，即 $C_t = C_{t-1} + e_t$。其中，e_t 为白噪声。该理论的缺陷在于，其模型结果难以解释。利拉德较早对预防性储蓄进行了研究。依照生命周期理论，消费者进行储蓄是为了将财富平均分配到整个生命周期。但是预防性储蓄理论认为，消费者储蓄的一个重要原因是为了防止未来的不确定性而进行的预防性储蓄。流动性约束假说理论提出，流动性约束能从两方面减少消费提高储蓄：首先，流动性约束为紧约束时，会降低消费者的消费；其次，即使流动性约束在当期不属于紧约束，但是如果消费者认为今后必然会受到流动性约束，其依然会减少消费，增加储蓄。在此基础上，坎贝尔和曼昆（1989）提出了 λ 假说。λ 是消费决策仅取决于当期收入的消费者占全部消费者的比重，被称为"超敏感系数"。λ 越大，说明全社会受到流动性约束的消费者比重越大，对消费越不利。

（五）人力资本理论

人力资本理论最早属于经济学范畴，创建于 20 世纪 60 年代，是新兴学科。美国经济学家舒尔茨和贝克尔从劳动者的资本这一角度展开研究，开创了经济管理研究的新篇章。该理论首先重新对资本进行了定义，将资本分为物质资本和人力资本。物质资本是指体现在物质上的资本，包括实体（厂房、机器、土地、原材料等）与非实体（股票、公债、抵押单、品牌等）形式；人力资本是指体现在劳动者本身上的资本，人力资本形成主要包括支出费用（教育、技术培训、管理）和机会成本（接受教育、培训而放弃的其他机会），直观表现为参与生产所掌握的专业技能知识、参与管理所掌握的综合管理能力以及参与劳动所必备的身体健康素质三个方面。人力资本理论讨论并诠释了如下内容：首先，人力资源能够配置和掌握其他资源，因此运用经济学时应重点关注人力资本理论；其次，人力资本的增长速度高于物质资本，并且对经济增长的贡献也高于物质资本；再次，人力资本提升的主要手段为教育，教育应被视作投资而不是消费，最终目的是提高人口质量；最后，人力资本的形成过程应以市场供求关系为导向，但其中的基础教育投资依然需要以政府导向为主。

人力资本理论创建较晚，该理论还在不断发展和完善之中。该理论的主要发展过程如下：西奥多·舒尔茨被称为"人力资本之父"，他对人力资本的最杰出贡献是首次在美国经济学年会研究中系统地提出人力资本理论，并为之不懈努力，使人力资本最终被绝大多数经济学术界学者所接受，成为经济学的新分支。此外，舒尔茨对人力资本的贡献还体现在其进一步地研究了人力资本的形成方式与途径，以及较早地测算了教育投资的收益率以及教育与经济增长的关系等。

贝克尔在舒尔茨研究的基础上对人力资本理论进行了修正，他从微观角度系统研究了经济增长受到人力资本影响的方式和途径。他首次提出了人力资本的投资方式并将其模型化，同样运用传统的微观均衡分析方法探究人力资本投资的均衡。在该模型中，他探讨了年龄、收入、人力资本折旧、劳动力队伍和工资率等对人力资本投资的影响。此外，贝克尔还研究了人力资本与收入分配之间的关系，将培训划分为"一般培训"和"特殊培训"。

爱德华·丹尼森从劳动力、资本、人力资源的改善、规模经济效应和知识进展及应用五个方面研究了美国经济增长的影响因素，并重新测算了正规教育年限对美国经济增长率的影响，得到的结果比舒尔茨测算的结果低10个百分点。他将"知识进展及应用"纳入经济增长因素中，证明知识的进展源自社会生产中重要知识的增加。

雅各布·明瑟探讨了人力资本投资与收入分配的关系，并创造性地提出了首个人力资本收益的模型——明瑟方程。该学者认为工资的主要影响因素是受教育年限和工作年限，并测算了教育的投资回报率等关键指标，扩展了人力资本的研究内容，此外该学者还研究了个人收入差别与正规教育、在职培训和工作中经验积累三者差别的联系。

三　理论框架构建

（一）农民收入质量体系构建和指数测算的理论分析

农民收入质量概念源自收入质量。收入质量通过借鉴人力资本理论和经济增长理论，以收入数量为评价基础，从收入的充足性、稳定性、结构性、成本性以及知识性五个方面考察收入的优劣程度。本书根据收入质量的核心思想，将其引入到宏观领域中。收入分配理论不仅重视国民收入的初次和再分配，也关注收入分配结构和收入分配的变化。库兹涅茨的"倒U型"收入分配理论认为，随着经济的增长，收入差距呈现先增加后缩小的态势，这预示了低层次收入群体的成长性。同时，经济增长理论也认为，收入的成长性对资本的积累贡献远高于收入的稳定性，亦即宏观视角下农民收入的成长性更能体现以及更有价值体现收入分配的变化。通过借鉴收入质量的理念、成本收益理论和人力资本理论，成本与人力资本体现了收入分配的效率和原动力。根据以上理论分析，本书提出的农民收入质量应由五个维度构成，这五个维度分别是：收入的充足性、结构性、成长性、成本性和知识性。农民收入质量维度构成与收入质量大体相同，但选取的是合理的宏观指标，构成农民收入质量体系。

农民收入质量指数的测算是一个综合评价方法的运用过程。现有较为常用的综合评价方法有层次分析法、主成分分析法、模糊评价法和线性加权法。其中，层次分析法、模糊评价法和线性加权法均需要专家的知识或历史经验进行主观赋予权重。主成分分析法虽然做到了客观赋予权重，但是该综合评价方法一方面在计算过程中舍弃了部分信息，另一方面得到的主成分内容由某几个指标构成，意义相比于单指标过于模糊。随着权重计算方法的研究增多，以熵值法为权重计算方法的线性加权法成为客观综合评价的方法之一。线性加权法的计算简单易懂，包含全部原始数据指标变量。熵值法的思想来自物理学，是学科交叉的新兴求权方法，其核心思想是某指标应赋权重系数与该指标取值的信息量大小有关。在确定权重系数的过程中，熵值法完全根据数据特征，从而避免了人为因素的干扰。因此，本书采用以熵值法为权重计算方法的线性加权法，对农民收入质量指数进行测算。

（二）农民对农村经济贡献途径的理论分析

根据上文的理论回顾，收入与经济增长具有重要的联系和研究意义，因此成为西方经济学研究的热门领域。然而，随着研究内容的深入以及研究主体的细化，不同阶层的收入与经济增长的关系逐渐出现差异化特征。因此，不能将所有的收入与经济增长的研究混为一谈。以农民收入质量为例，农民收入质量影响的是农民的经济行为和经济关系，因此，我国农民对经济增长的影响主要体现为对农村经济的影响。亦即农民收入质量对经济增长的影响具有层次性。由于农民对经济增长的贡献较少，因此跨层次的研究易缺乏理论依据和意义。因此本研究聚焦于农民收入质量对农村经济的两个直接影响渠道——农村居民消费和农村居民投资。根据概念界定和凯恩斯的两部门经济理论，农村居民对农村经济的贡献应由农村居民消费和农村居民投资构成。因此，农民收入质量对农村经济的影响也分为对农村居民消费及投资的影响。二者影响机理较为一致，收入的充足性决定消费和投资的基础，收入的结构性决定消费和投资的效应，收入的成长性和成本性决定消费和投资的资金投入，收入的知识性决定消费和投资的方向和偏好。综上，农民收入质量的提升应对农村消费及投资的直接影响具有正向作用。

农民对农村经济的贡献建立在农民收入质量对消费及投资的影响上。根据凯恩斯收入分配理论，收入水平将直接影响居民消费倾向，进而影响经济增长。而提高消费倾向的主要方式是形成较为平衡的收入分配机制。农村经济的增长，同样依赖于农村地区的资本积累。如果农民消费倾向低，将不利于资本的形成。同时，根据新增长理论，经济增长的四种要素分别为资本、人力资本、非技术劳动和知识，其中知识最为重要，是经济增长的主要驱动力，与农民收入质量的定义相契合。因此，农民对农村经济贡献的途径，主要是其收入质量对消费及投资产生了影响。

（三）农民收入质量对农民消费影响的理论分析

本书以消费理论为基础，加入心理预期和收入质量各维度，推导农民收入质量对消费影响的理论模型。美国经济学家穆斯提出一种适应预期理论，该理论认为，人们在进行预期的过程中，由于达不到原先预期的结果，需要对预期进行调整。将该理论应用在消费函数中，假设第 t 期的消费预期值为 C_t^e，则该预期值应为：

$$C_t^e = \alpha + \beta Y_t \qquad \text{公式 2 - 12}$$

根据农民收入质量理论和各维度的特性，对消费直接产生影响的包括收入的充足性、结构性和知识性。收入的充足性是消费的基础，收入的结构性决定了消费效应，不同收入来源的消费效应不同，收入的知识性是从人的角度改变消费倾向而影响消费。因此，公式 2 – 12 中的 Y_t 应为以上三个维度的函数：

$$Y_t = f(Y_a, Y_s, Y_k) \qquad \text{公式 2 – 13}$$

其中，Y_a、Y_s、Y_k 分别代表充足性、结构性和知识性。公式 2 – 12 表达的是消费者按照绝对收入假说理论进行消费决策，但根据适应预期理论，实际消费往往与这种预期有所差距，即：

$$C_t - C_{t-1} = \lambda(C_t^* - C_{t-1}) \qquad \text{公式 2 – 14}$$

λ 为调整系数，表达实际消费与预期的差距缺口。将公式 2 – 12 代入到公式 2 – 14 中，得到：

$$C_t = \lambda\alpha + (1 - \lambda)C_{t-1} + \lambda\beta Y_t + \mu_t \qquad \text{公式 2 – 15}$$

公式 2 – 15 表达的经济学意义是，本期消费是本期收入和前一期消费的函数。然而，公式 2 – 15 与现实有所不符，农民的消费预算不等于全部收入，应该减去预防性储蓄 S_t。

因此，公式 2 – 15 应写为：

$$C_t = \alpha_1 + \alpha_2 C_{t-1} + \alpha_3(Y_t - S_t) + \mu_t \qquad \text{公式 2 – 16}$$

Carroll 和 Samwick 于 1998 年提出了预防性储蓄 S_t 的计算方法。他们认为，消费者首先完成储蓄目标，然后进行消费活动。预防性储蓄 S_t 与永久收入 P_t 和收入不确定性 ω_t 相关：

$$S_t = \beta_1 + \beta_2 P_t + \beta_3 \omega_t \qquad \text{公式 2 – 17}$$

永久收入 P_t 和收入不确定性 ω_t 均属于收入的成长性。永久收入比例高，不确定性降低，收入的成长性就会提升。此外，根据上文分析，预防性储蓄的另一个目的是应对生产过程中的成本。因此，预防性储蓄 S_t 是收入成长性 Y_b 和收入成本性 Y_c 的函数：

$$S_t = g(-Y_b, Y_c) \qquad \text{公式 2 – 18}$$

之所以在公式 2 – 18 中在收入成长性 Y_b 之前标明负号，是强调收入成长性与预防性储蓄的负向关系。将公式 2 – 13 和公式

2 - 18 代入到公式 2 - 16 中，得到：

$$C_t = \alpha_1 + \alpha_2 C_{t-1} + \alpha_3 [f(Y_a, Y_s, Y_k) - g(-Y_b, Y_c)] + \mu_t$$

公式 2 - 19

在公式 2 - 19 中，中括号内的代数表达式即为农民收入质量。如果农民收入质量为线性模型，则公式 2 - 19 可以写为：

$$C_t = \alpha_1 + \alpha_2 C_{t-1} + \alpha_3 (\lambda_1 Y_a + \lambda_2 Y_s + \lambda_3 Y_k + \lambda_4 Y_b - \lambda_5 Y_c) + \mu_t$$

公式 2 - 20

$$C_t = \alpha_1 + \alpha_2 C_{t-1} + \alpha_3 IQI_t + \mu_t$$

公式 2 - 21

公式 2 - 20 中小括号内即本书第四章利用熵值法计算的农民收入质量指数 IQI，公式 2 - 21 说明，本期消费 C_t 主要由上一期消费 C_{t-1} 和本期收入质量指数 IQI_t 决定。本书将以此模型为基础，探究农民收入质量对农村居民消费的影响。

（四）农民收入质量对农民投资影响的理论分析

农民收入质量对农民投资影响与农民收入质量对农民消费影响的理论推导大致相同。不同之处在于，首先，农民收入具有较为明显的周期性，且农民本年收入决定下一年的投资预期，农民投资主要以"户"为单位，且投资多发生在统计年度初期，资金主要来源于上一年收入。因此，农民的上一年收入将对下一年的农民投资具有正向影响。即：

$$I_t = \alpha + \beta Y_{t-1} + \mu_t$$

公式 2 - 22

公式 2 - 22 与公式 2 - 12 的不同之处在于，投资和消费使用的资金来源不是同一个时期。消费较为频繁，金额一般较低，而且存在一定惯性，因此消费的资金来源一般为本期收入。投资频次较少，投资金额较高，惯性较低，投资周期一般较长，因此投资的资金来源一般为上一期收入。

其次，投资与消费不同，本身即为预期的投入。因此，投资过程不存在公式 2 - 14 中的适应预期。推导过程与上节基本相同，推导结果为：

$$I_t = \alpha + (\lambda_1 Y_{t-1}^{\alpha} + \lambda_2 Y_{t-1}^{s} + \lambda_3 Y_{t-1}^{k} + \lambda_4 Y_{t-1}^{g} + \lambda_5 Y_{t-1}^{c}) + \mu_t$$

公式 2 - 23

$$I_t = \alpha + \beta \cdot IQI_{t-1} + \mu_t \qquad\qquad 公式\ 2 - 24$$

公式 2 - 23 中小括号内即为利用熵值法计算的农民收入质量指数 IQI，公式 2 - 24 说明，本期投资 I_t 主要由上一期农民收入质量指数 IQI_{t-1} 决定。本书以此模型为基础，探究农民收入质量对农民投资的影响。

根据理论推导可知，农民投资主要由上一期农民收入质量决定。然而，已有部分研究证明，收入对经济活动的影响形式很可能是非线性的。本书认为，农民投资在我国资本形成总额中比例极低，农民收入质量较低是重要原因。农民收入质量对农民投资的影响可能存在"门槛效应"，即农民收入质量突破一定数值时会对农民投资产生结构性影响。农民收入质量很可能存在一个或几个"点"。当农民收入质量突破该"点"时，农民投资会出现较大幅度的增长。

（五）农民收入质量与经济增长关联的理论分析

从前文的文献综述中可以看出，西方经济学创建伊始就十分重视收入与经济增长的关联。以哈罗德－多马模型为例，虽然模型中没有出现收入变量，但是储蓄率和资本－产量比均与收入有着直接关联。根据已有收入分配和经济增长理论，本书从农民角度入手，分析农民收入质量五个维度对经济增长影响的机理。

1. 收入充足性与经济增长的关联

收入充足性实质上是收入的直接量化，即收入数量。传统研究中，收入数量长时间作为分析经济增长的变量之一，收入数量直接影响着经济增长的决定因素。以索洛模型为例：

$$\Delta y/y = \alpha \{ sA[f(k)/k] - s\delta - n \} \qquad 公式\ 2 - 25$$

在公式 2 - 25 中，δ 表示折旧率，n 表示外生的人口增长率，

A 表示技术进步。在以上外生变量不变的情况下，经济增长主要依靠储蓄率 s 和人均资本 k 决定。根据发展经济学相关理论，储蓄率 s 主要取决于边际储蓄倾向。边际储蓄倾向虽然会受到市场结构、利率、民族生活习惯等因素影响，但最重要的决定因素仍然是收入。因此，储蓄率 s 可以写成收入数量 I 的函数 s = h（I）。人均资本又被称为资本 – 劳动比率，在索洛模型中假设储蓄全部转化为投资，亦即资本的形成全部来自储蓄，在国民收入一定的情况下，储蓄 S 与储蓄率 s 成正比，因此可推得人均资本 k 同样是收入数量 I 的函数 k = g（I）。综上，公式 2 – 25 可写为：

$$\Delta y/y = \alpha[Ah(I)g'(I) - h(I)\delta - n] \qquad 公式 2 - 26$$

公式 2 – 26 中 g'（I）等同于 f（k）/k，可以看出，经济增长率 $\Delta y/y = \tau$（I，δ，n，A），该函数中除了收入数量之外均为外生变量。然而随着新增长理论的发展，人口增长率和技术进步被纳入到内生变量之中。已有研究证明，人口增长率与收入数量之间相互制约，技术进步与收入数量之间存在双向影响。因此，在新增长理论框架下，收入数量对经济增长的影响越发明显。

根据上述分析，假设经济只由两部门组成，则国内生产总值等于消费加投资，即 GDP = C + I。农民获得收入之后，一部分转化为消费，另一部分转化为储蓄。消费直接对经济增长做出贡献，储蓄则需转化为投资之后对经济增长做出贡献。在经济增长达到均衡状态时，所有的储蓄均转变为投资，最终达到 I = S 的状态。

综上，经济增长的决定性因素之一是收入数量，即收入的充足性。

2. 收入结构性与经济增长的关联

农民收入结构的优化，实质上反映了我国经济结构的优化。我国农民的农业收入比重大幅减少，以工资性收入和经营性收入为主的非农业收入比重大幅增加，说明了农民的就业岗位已从第一产业逐步向第二和第三产业转移。第三产业已逐渐成为我国经济增长的重要动力。《2014 年国民经济和社会发展统计公报》显示，2014 年我国第三产业增加值为 306739 亿元，达到 GDP 比重的 48.2%，比第二产业高出 5.6 个百分点。第三产业比重超过第二产业，标志着中国经济正式迈入"服务化"时代。第三产业利润率和附加值均高于其他产业，对经济增长的推动更加有效。因此，农民收入结构的优化，有助于提高农民收入质量，进而有利于经济增长。

此外，农民收入结构的优化，还体现在农业专业化和城市化的转变上。正如上文所言，农民收入结构优化应分为两部分，一部分是继续从事农业生产的人，一部分是进入城市脱离农业生产的人。对于继续从事农业生产的农民，主要收入来源为务农收入，农业专业化经营应成为其发展的方向，由经营多种农业作物转变为经营极少种农业生产项目，增加规模，减少成本。农业专业化既有利于农民发挥本地区资源优势，提高生产技术和管理水平，也有利于节约投资和降低成本，提高土地和劳动生产率。对于准备进入城市脱离农业生产的人，主要收入来源将变为工资性收入或非农的经营性收入，在政策法规之下进行土地流转，这有助于其他农民的农业专业化经营。现代管理学认为，专业化分工是提高劳动生产率的有效方法之一。农民收入结构的优化，可使农业生产整体更加有效率，促进经济增长。

3. 收入成长性与经济增长的关联

收入成长性对经济增长的影响主要体现在农民对收入的预期上。收入成长较为稳定的农民，对未来的预期收入较为明确，会对收入进行合理和充分的利用。收入成长能力较弱的农民，对未来的预期收入不明确，会对收入的使用较为谨慎，将收入进行预防性储蓄，因此减少了对经济增长的贡献。农民群体的收入成长性相对较差，这与农民从事的工作相关。务农收入极容易受到气候、病虫害等影响，农产品需求价格缺乏弹性，易造成"谷贱伤农"；以体力为主的务工收入又极容易受到市场供求关系变化的影响。

假设农民当前收入为 I，收入成长概率为 p，$0 < p < 1$，p 越大说明收入成长性越好，则农民预期的收入为 $I' = pI$。假设农民持有在手中的收入与收入成长概率成反比，即 $\Delta I = \dfrac{q}{p}$。农民消费 C 一般较为固定，则按照农民预期收入计算的储蓄率 s' 为：

$$s' = \frac{pI - C - \dfrac{q}{p}}{pI} = \frac{p^2 I - pC - q}{p^2 I} \qquad \text{公式 2 - 27}$$

与原储蓄率 s 相差：

$$\Delta s = s - s' = \frac{I - C}{I} - \frac{p^2 I - pC - q}{p^2 I} = \frac{(p - p^2)C + q}{p^2 I} \qquad \text{公式 2 - 28}$$

其中，C、q 和 I 均为常数，Δs 成为 p 的函数，验证单调性可知，Δs 在 $0 < p < 1$ 范围内单调递减，即 p 越接近于 1，Δs 越小，农民收入越稳定，与原储蓄率的差距越小。这里所涉及的储蓄，是指收入减去消费和持有在手中的货币之后的余额，这一部分既包括一般意义上的银行储蓄，也包括投资等。根据诸多经济增长理论，经济增长依托于资本积累，而资本积累来自储蓄。综上所述，农民收入成长性越高，对经济增长的贡献越大。

4. 收入成本性与经济增长的关联

收入成本性与收入成长性类似，对经济增长的影响主要体现在农民对未来的预期上。生产成本较高的农民，在进行消费和储蓄的过程中，需要考虑下一期成本。由于农民获得收入具有间隔时间较长的特点，而成本发生在获得收入的过程中，因此农民需要将本期收入的一部分作为下一期收入所需的成本，这将对农民的经济行为造成较大影响。

假设本期收入为 I_t，下一期成本为 $Cost_{t+1}$，则本期正常的消费和储蓄减少了：

$$I' = I_t - Cost_{t+1} \qquad \text{公式 2 - 29}$$

对农民而言，下一期成本 $Cost_{t+1}$ 要么持在手中，要么在银行进行储蓄。在第一种情况中，成本 $Cost_{t+1}$ 将在下一期生产过程中转化为消费，购买农业生产中必需的种子、农药、化肥、农业服务，等等。在第二种情况中，成本 $Cost_{t+1}$ 将会在银行存储较短时间，然后与第一种情况相同。根据上述分析，收入的成本性对经济增长的影响包括：首先，本期的消费和储蓄减少，相应的成本计入下一期中；其次，即使成本 $Cost_{t+1}$ 在银行进行储蓄，但是较短时间内又将被取出，储蓄率实际上下降了。成本越高，转化为投资的数额越少。虽然成本 $Cost_{t+1}$ 最后都将转化为消费，但是投资产生的乘数效应要远远大于消费。因此，综上所述，农民收入成本越高，转化为投资比例越低，对经济增长的贡献越小，收入的成本性对经济增长情况的影响为负。

5. 收入知识性与经济增长的关联

农民收入知识性对经济增长的影响与其他维度不同。由于收入的知识性是收入质量的核心，因此收入的知识性影响经济增长的方式更倾向于内在驱动和间接影响，而不直接表现在消费和储蓄的变动。收入的知识性体现在农民在获取收入过程中运用的知识和技能高低。在长期生产过程中，较高知识水平的农民，可以较快积累农产品生产、技术和管理工作等经验，从而通过增加产量使长期成本下降，这便是管理学中的"学习效应"。学习效应可表达为：

$$L = \alpha + \frac{1}{\beta N} \qquad\qquad 公式\ 2-30$$

在公式 2-30 中，L 表示农民每一次生产的劳动投入量，N 是累计从事生产的次数，随着 N 的增加，劳动投入量随之降低。然而，学习效应体现在系数 β 上，β 值越大，说明农民的学习效应越明显，L 减小的趋势也越明显。收入知识性较高的农民，学习效应表现较为明显，可以在较大程度上提高生产效率，提高产出从而有助于经济增长。

收入知识性对经济增长的另一个影响体现在农民通过提升技术水平，从而推动技术进步。农业技术进步体现在农业科研成果的研发，更重要的是该科研成果在实践中的应用。现有研究以及欧美发达国家的经验均表明，技术进步不能单纯依靠政府机构，企业和基层单位应成为技术进步的主力，因为他们更接近生产，对生产的优势和劣势了如指掌。在我国农业技术进步的过程中，不但包括政府主导的大学、科研院所的研究，而且包括私人企业以及农民组织主导的技术研究，而技术研究的基础是技术水平的提升。在经济增长理论中，无论作为内生还是外生变量，技术进步自从被提出，便被所有经济学家认为是重要的影响因素之一，其对经济增长有着显著的正向影响。

综上所述，收入的知识性对经济增长的影响体现在生产效率的提升和技术进步的贡献，农民收入的知识性越高，对经济增长的贡献越大。

（六）农民收入质量、信贷与农民投资的理论分析

农村地区经常发生信贷约束现象，即农民的信贷需求不能得到满足的现象。该现象产生的原因是，金融机构等受到信息不对称的影响，无法判断农民的信用，因此其实际放贷额度低于自身放贷能力。金融机构做出的选择被称为信贷配给，金融机构实际放贷与放贷能力的差距是信贷配给程度。本书认为，农民收入质量影响信贷主要是通过改变信贷配给程度从而改变农民获得贷款的概率和额度。贷款者通常通过提高利率、限制授信额度以及添加风险合同条款制造数额差距，对应的信贷配给形式分别为价格配给、数量配给和风险配给。

由于现有关于信贷配给的研究和农民实际信贷行为均以"户"为单位，因此本节有关信贷配给的理论框架构建以农户为主要研究对象。价格配给型的农户受到的影响体现在是否同意利率即利息价格。没有贷款需求的农户同样归类为价格配给型，绝大部分没有贷款需求的农户在无息或者极低利率下依然会考虑贷款，这说明没有贷款需求的主要原因是利率过高。数量配给型的农户受到的影响体现在其授信额度的高低。授信额度既包括客观

的金融机构限定，也包括农户主观预期的限定。因此农户预期被金融机构拒绝而放弃贷款同样属于数量配给型。风险配给型的农户受到的影响体现在其对贷款合同中风险的担忧。该类型的农户在调查过程中表现出极低的信贷需求，但深究起来，实际是他们存在信贷需求但因畏惧风险无法表达真实意愿。

假设农户有 n 种收入来源，分别为 I_1，I_2，……，I_n，则农户的总收入 I 为：

$$I = I_1 + I_2 + \cdots\cdots + I_n \qquad 公式 2-31$$

由于农户贷款后还款发生在一段时间之后，农户是否贷款，并不是考虑他自己的当前收入，而是未来的预期收入。同理，金融机构在考察农户的还款能力时，亦需要考虑该农户收入的成长性，亦即信贷配给主要受到农户预期收入的影响。在这段时间内，每种收入来源 I_n 都会面临一个风险 r_n（譬如工资波动、自然灾害等）。为简化起见，假设每种收入来源的数额均相同，面临的风险概率也相同，若遇到风险，该种收入来源为 0，则此农户的预期收入 I_t 应为：

$$I_t = A\left(\sum_{i=0}^{n} \frac{n-i}{n} \cdot I \cdot \frac{C_n^i}{2^n} \cdot r^{n-i} - Ct \right) \qquad 公式 2-32$$

在公式 2-32 中，n 代表农户收入来源数，i 代表有 i 种收入来源遇到风险导致没有收入，I 代表农户现有收入，r 为假设的每种收入来源面临的风险概率，Ct 表示获取收入所支付的成本和费用，A 表示由于知识水平的提升导致的收入提高比率。由公式2-32 可以看出，农户的预期收入与农民收入的充足性、结构性、成长性、成本性和知识性相关，亦即，农户受到的信贷配给与农民收入质量息息相关。农民收入质量中的充足性对信贷配给类型的影响主要体现在以下方面：根据信贷配给类型的定义，收入较高的农户在贷款时接受利率的概率较大，属于价格配给型；数量配给型农户受到金融机构授信额度的约束，绝大多数原因是金融机构考虑到了申请贷款农户的预期收入数量较少；根据已有风险配给的研究，对风险更为敏感的农户更倾向于风险配给型。收入数量在很大程度上影响着农户对风险的决策，收入较少的农户会更加保守，对风险更加敏感。收入结构对信贷配给类型的影响主要在于，收入结构越合理，收入来源越广泛，受到授信额度的约束越少，贷款过程中较容易接受利率。尤其是在贷款过程中，工资性收入受到金融机构的重视。特别是，当农户有 n 种收入来源时，每种收入来源面临的风险相同为 r。每增加一种收入来源，农户就会多面临一项风险，因此，农户不会受到风险影响的概率 P 为：

$$P = (1-r)^n \qquad\qquad 公式\ 2-33$$

由于风险 r 的取值范围为 $0 \sim 1$，因此通过公式 $2-27$ 式可知，收入来源越广，受到风险影响的概率越大。由于风险配给类型的农户更倾向于规避风险，收入渠道少的农户很可能更倾向于风险配给型。

根据信贷配给类型的定义，收入成长性和成本性对信贷配给三种类型的影响相反。收入成长性越高的农民，越容易接受已有利率，受到授信额度约束的可能性较小，抗风险能力越强。而收入成本性高的农民相反，由于获取收入的成本高，因此额外接受贷款利率的能力较弱，亦易受到金融机构授信额度的约束，抗风险能力差。收入知识性通过收入质量其他维度间接对价格配给和数量配给造成影响。收入的知识性越高，对风险控制的能力越强，越不可能为风险配给型。

综上，农民收入质量通过信贷配给机制影响信贷，而信贷作为投资的主要资金来源之一，是投资重要的金融支持，信贷资金对农民投资十分重要。虽然贷款只占到农民投资金额的 20% 左右，大部分仍为自筹，但是随着投资金额的增加以及对信贷认知的改变，贷款比例必将有所提高。农村金融学术界已证实，在信贷市场不完全的前提下，农民倾向于以自身资产抵御外部冲击，从而放弃或减少投资。因此，信贷的获得可以显著提升农民的投

资规模，但是其平均边际影响小于1，这说明部分贷款进入了非
生产性领域。正规金融的信贷约束现象比较严重，虽然受到信贷
约束的农民投资回报更高，但是信贷约束导致其获得的贷款金额
有限。因此，非正规信贷成为农村金融重要的组成部分。有学者
通过对孟加拉国的信贷的研究证明，正规金融渠道提供的贷款对
固定资产投资影响更为显著，而非正规渠道的贷款对农业生产投
入更为显著。由于非正规渠道的信贷较难考察和衡量，因此本书
仅将正规信贷作为农民收入质量对农民投资影响的中间变量。

根据以上分析，农民收入质量、信贷和农民投资之间存在着
如下关系（见图2-1）。

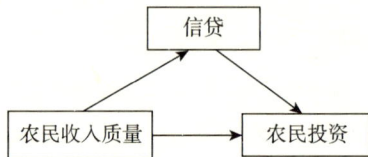

图2-1　农民收入质量、信贷和农民投资关系

图2-1表示农民收入质量、信贷和农民投资之间的关系。
农民收入质量会直接影响农民投资，同时也会通过信贷影响农民
投资。在现实经济活动中，农民投资也会反过来影响农民收入质
量和信贷，信贷也会影响农民收入质量。但是由于本部分的重点
是农民收入质量对投资的影响，因此反向影响在本书中不讨论。

四　本章小结

本章首先对本书需要使用的概念：农民、农民收入、农民收
入质量、农民消费和农民投资进行了界定。这些概念的界定既参
考了现有的研究成果，也结合了我国国情。在收入质量概念的基
础上，本章对本研究的核心概念——农民收入质量进行了界定。
农民收入质量是指，在宏观视角下，依托收入质量理念的农民收
入的充足性、结构性、成长性、成本性和知识性的总体衡量。并

进一步明确了农民收入质量体系以及农民收入质量指数的概念。在概念界定的基础上，本章对收入分配、经济增长、消费、投资以及人力资本理论的主要内容进行了回顾。收入分配理论主要历经了收入的性质、收入如何分配以及如何缩小收入差距等阶段；经济增长理论主要历经了古典经济增长理论、新古典经济增长理论和新增长理论等阶段。消费理论历经绝对收入假说、相对收入假说、生命周期假说和永久性收入假说理论的发展，现在更加注重流动性约束等因素对消费的影响。投资理论与经济增长理论有一定重合，本书主要回顾了投资乘数理论、加速理论和投入产出理论。在理论回顾的基础上，本章第三节进行了全书的理论框架构建，理论框架共分为五部分。第一部分分析了农民收入质量的维度、体系构建以及指数测算的原理和方法；第二部分分析了农民影响农村经济贡献的路径为消费和投资；第三部分通过公式推导分析了农民收入质量对农民消费的影响；第四部分同样通过公式推导分析了农民收入质量对农民投资的影响；第五部分通过理论分析分析了农民收入质量与经济增长的关联性，最后分析了农民收入质量、信贷和农民投资三者之间的联系。概念界定、理论回顾和理论框架共同为下文构建和验证农民收入质量体系、农民收入质量指数的测算以及农民收入质量对农民消费及农民投资影响的实证分析奠定了理论基础。

▶ 第三章
农民收入质量的微观研究基础

本章对农民收入质量的微观研究进行回顾。自 2013 年收入质量概念提出以来，不少学者对收入质量进行了研究。研究对象从农民工开始，逐渐发展为农户。研究视角亦从农民工对收入质量的自我评估发展为农户收入质量对贷款行为的影响，建立和运用了数个大型数据库，成果颇丰。这些成果成为本书农民收入质量的微观研究基础。

一 农民工收入质量评估

根据国家统计局抽样调查结果，2015 年农民工总量已达到 27747 万人，比上年增加 352 万人，增长 1.3%。虽然 2011 年以来农民工总量增速持续回落，2012 年、2013 年、2014 年和 2015 年农民工总量增速分别比上年回落 0.5、1.5、0.5 和 0.6 个百分点。但农民工已成为我国一个独特的庞大群体。该群体近年来出现较多问题，如被拖欠工资、务工收入不能足额兑现、实际收入增长偏低、农村留守儿童教育问题等，这些现象导致了城乡不稳定因素的增加。纵观这些因素，主要以农民工收入问题为主。

1992 年到 2015 年，农村居民家庭人均收入从 820 元上升为 11421.7 元（统计口径发生过变化），城镇居民家庭人均收入从 1723 元上升到 31194.8 元，虽然城乡人均收入均发生了天翻地覆的变化，但不可否认的是，城镇居民家庭人均收入增长的绝对数额要远大于农村家庭人均收入。农民收入增长滞后于城镇居民的收入增长，城乡间的收入差距还有进一步扩大的趋势。由于城镇的就业机会和收入都远远多于农村地区，因此，大量的农民从农村涌向城镇，近几十年来，农民进城务工已成为城镇中的普遍现象。国家统计局数据显示，2015 年我国农民工总量 2.77 亿人，月均收入能达到 3072 元。由此可见，农民现阶段的收入结构已发生了根本性变化，主要收入来源为非农收入，而非农收入主要由农民工外出务工收入构成。

首先，农民工收入增长情况不稳定。农民工在城镇中主要从事简单的体力劳动，从事高技术含量工作的不多。调查表明，绝大部分的外来人口都是从事建筑、美发、保洁、收旧等行业，其中 80% 以上是 35 岁以下的青年人。这些行业均较容易受到经济周期和产业调整的影响，农民工收入会因此受到影响。2008 年的金融危机以及我国经济进入新常态之后，大量的出口型企业订单减少，技术含量低的工人大量失业。在产业结构调整的过程中，企业也会逐步向高技术含量和低污染的方向转型，将大量依靠人力的工作转化为依靠机器。用工机会和就业岗位的减少，势必会降低农民工的收入增速。

其次，农民工收入结构合理性有待提高。农民收入主要由家庭经营收入、工资性收入、财产性收入和转移性收入构成。农民工外出打工后，土地撂荒、空心村现象越发严重，大量农村家庭的经营性收入显著下降。由于农民只拥有土地使用权而非土地所有权，因此农民外出打工之后，大量农村地区的土地不能够进入市场进行流转，减少了农民工潜在的收入。农民工的工资性收入又具有不稳定因素，会伴随经济状况发生波动而波动。因此，农民工收入结构不够合理，是收入不能稳定增长的主要原因。

最后，农民工受教育程度虽不断提高，但依然是农民工自身发展的瓶颈。2015 年受调查的农民工中，未上过学的占 1.1%，小学文化程度占 14%，初中文化程度占 59.7%，高中文化程度占

16.9%，大专及以上占 8.3%。高中及以上文化程度农民工所占比重比上年提高 1.4 个百分点。其中，外出农民工中高中及以上文化程度的占 27.9%，比上年提高 1.9 个百分点；本地农民工中高中及以上文化程度的占 22.6%，比上年提高 1.2 个百分点。由于我国实行九年义务教育制度，大多数农民工受教育程度能达到初中水平，但与全国平均水平相比，农民工在知识性方面差距较大。

综上所述，研究农民工收入问题不但要从数量方面入手，也要针对收入的质量性（孔荣、王欣，2013）。农民工的收入问题不仅仅是农民工及其家庭的生存状况问题，如何有效提高农民工收入质量意味着源源不断的劳动力和城乡社会的稳定。因此，对农民工的收入质量状态的研究有利于缩小城乡差距和实现共同富裕，同时也能够保持国民经济的持续、快速、健康发展，以能满足我国经济新常态下的要求。因此，收入质量研究的源头是将农民工收入作为研究对象，这为农民收入的研究开创了一个新的领域（王欣，2013）。

（一）农民工收入质量宏观现状

本书从宏观和微观两个视角对我国农民工收入质量现状进行考察。通过以上分析，我国农民工虽然在近些年来收入的绝对数量上逐渐升高，但是在相对收入质量方面仍然较低。农民工收入质量高主要表现在结构合理、数量充足、增长稳定、知识含量高、获取成本低。收入的充足性主要表现为是否满足家庭的支出需求，稳定性主要表现为收入变动幅度是否合适，结构性主要表现为是否有多种渠道的收入来源，知识性主要表现为是否有较高的知识含量和技能经验，成本性主要表现为获取收入的机会成本和费用。综上所述，本书将从收入的充足性、结构性、稳定性、成本性和知识性五个维度研究农民工收入质量问题，阐述农民工收入质量概念的学术新意及其理论意义，并对比收入数量进行现实意义的探讨。

1. 农民工收入充足性

农民工收入的充足性是指一个计划年度内农民工纯收入总量是否能够支付农业和非农业生产活动的投入以及是否能够支付家庭成员正常的生活成本。近 30 年内，中国农民工收入总量上已经实现了跨越式增长，根据《国家统计年鉴 2010》和《2009 年农民工监测调查报告》，2009 年农民工月均收入是 1417 元，占当年农民的工资性收入的 68.74%。而《国家统计年鉴 2016》和《2015 年农民工监测调查报告》显示，2015 年农民工月均收入为 3072 元，占该年农民工资性收入的 26.90%。由此可见，虽然统计口径发生了变化，农民工月均收入和农民工资性收入均在快速上升，但农民工月均收入增长幅度较小，显示了农民工收入充足性存在的问题。

2015 年，农民工人均月收入 3072 元，比上年增加 208 元，增长 7.3%，增速比上年回落 2.6 个百分点。其中，制造业，建筑业，住宿和餐饮业，居民服务、修理和其他服务业农民工月收入增速分别比上年回落 6.7、4.4、2.2 和 4.1 个百分点。

表 3-1　分行业农民工人均月收入及增幅

单位：元、%

	2014 年	2015 年	增长率
均值	2864	3072	7.3
制造业	2832	2970	4.9
建筑业	3292	3508	6.6
批发和零售业	2554	2716	6.4
交通运输、仓储和邮政业	3301	3553	7.7
住宿和餐饮业	2566	2723	6.2
居民服务、修理和其他服务业	2532	2686	6.1

数据来源：《2015 年农民工监测调查报告》。

分地区看，在东部地区务工的农民工月均收入 3213 元，比上年增加 247 元，增长 8.3%；在中部地区务工的农民工月均收入 2918 元，比上年增加 157 元，增长 5.7%；在西部地区务工的农民工月均收入 2964 元，比上年增加 167 元，增长 6%。在东部地区务工的农民工月均收入增速分别比在中、西部地区务工的农民工高 2.6 和 2.3 个百分点。外出务工农民工月均收入 3359 元，比上年增加 251 元，增长 8.1%；本地务工农民工月均收入 2781 元，比上年增加 175 元，增长 6.7%。外出务工农民工月均收入比本地务工农民工高 578 元，增速比本地务工农民工高 1.4 个百分点。

收入数量是收入质量的研究基础。虽从农民工宏观现状观察，其收入数量增长迅速，但结合其他维度进行分析，农民工的收入质量依然处于较低水平。收入质量变化的关键因素在于收入数量，收入数量亦为收入质量中最重要最关键的维度。

在过去的 30 年里，农民工收入快速增长，但是数量上的增长并没有完全提高农民工的收入状况，必须要从质量的角度来研究收入才能更好地了解和分析农民工的收入状态。除了对农民工收入充足性进行测评，还应当同时考察农民工收入的结构性、稳定性、成本性和知识性。

2. 农民工收入稳定性

本书涉及的收入质量稳定性，均指收入的稳定增长。若收入长期保持稳定不变，在通货膨胀和生活成本加剧的现实背景下，根据货币的时间价值理念，实际收入实质发生了下降。因此，本书谈论的收入稳定性，重点为收入成长的稳定性（亦可引申为工作岗位的稳定性），而非收入数量的稳定性。综上，从农民工收入质量的稳定性角度分析问题具有重要意义。农民工收入的稳定增长是农民工收入质量的重要组成部分。首先，农民工收入成长不稳定易造成收入数量的降低。其次，收入成长不稳定会使农民工提高风险规避意识，较高的风险规避将意味着工作机会的相对减少。农民工处于社会底层，没有相应的资本和财富来应对经济的波动，因此，生活状况和收入的稳定相对重要。由于农民工教育背景和专业技能的限制，往往从事低端的制造业和建筑业的工作，这种行业容易受到经济波动的冲击，一旦发生经济危机，农民工将失业或降薪。收入是否稳定决定农民工的生活状况，农民工收入的不稳定也会加大社会的贫富差距。大量学者的研究证实了收入数量波动与收入稳定性增长之间呈相反关系，甚至有时为维持农民工收入的增长稳定性要以适度降低增长速度为代价，当收入波动超过一定程度后，收入增速减缓的风险将加大。

从1979年到2015年，农民工工资性收入以平均每年9%的增长率稳定增长，经过通货膨胀率调整后的实际工资历经三个阶段的变化，总而言之相较于城镇居民，农民工的工资比率值属于不规则波动的先高后低状态。2015年，本地农民工从事第二产业的比重为49.9%，比上年下降1.2个百分点。其中，从事制造业的占27.7%，提高0.2个百分点；从事建筑业的占19.4%，下降1.3个百分点。外出农民工从事第二产业的比重为60.2%，比上年下降1.6个百分点。其中，从事制造业的占34.4%，下降0.6个百分点；从事建筑业的占22.8%，下降0.9个百分点。通过前文分析，我国农民工就业结构的变化，亦将成为影响收入稳定性的重要原因。

此外，由于政府的重视，农民工收入稳定性另一重要影响因素——工资拖欠问题逐渐好转。但2015年工资拖欠现象呈现恶化趋势。2015年被拖欠工资的农民工所占比重虽仅为1%，但比上年提高0.2个百分点。分地区看，在东部地区务工的农民工被拖欠工资的比重为0.8%，比上年提高0.3个百分点；在中部地区务工的农民工被拖欠工资的比重为1.5%，比上年提高0.3个百分点；在西部地区务工的农民工被拖欠工资的比重为1.3%，比上年提高0.2个百分点。2015年建筑业农民工被拖欠工资的比重为2%，较上年提高0.6个百分点，高于其他农民工集中的行业。制造业农民工被拖欠工资的比重为0.8%，比上年提高0.2个百分点；交通运输、仓储和邮政业农民工被拖欠工资的比重为0.7%，比上年提高0.2个百分点。批发和零售业，住宿和餐饮业，居民服务、修理和其他服务业农民工被拖欠工资的比重均为

0.3%，与上年持平。其他行业农民工被拖欠工资的比重均有不同程度的上升。

3. 农民工收入结构性

农民工收入质量的提升要历经诸多方面，收入数量的提高起到正向作用。收入结构优化是经济转型和收入提升的重要动力和源泉（邓锴，2014）。农民工收入结构性，一方面体现在农民工各种收入来源的比例；另一方面体现在农民工在不同行业所获得的具体收入比对。2015年，农民工在建筑业的人均月收入为2970元，建筑业为3508元，批发和零售业为2716元，交通仓储运输业为3553元，住宿和餐饮业为2723元，居民服务、修理和其他服务业为2686元。其中，交通仓储运输业平均收入最高，且与2014年相比增长速率亦最高，达到了7.7%。增速最低的是制造业，由于制造业衰退等因素的影响，从事制造业的农民工仅增长了4.9%。1979年以来，农民工增收方式和收入来源都发生了翻天覆地的变化，农民工的收入业已形成了以非农收入为主、农业收入为辅的市场化程度高的基本格局。

4. 农民工收入成本性

农民工在获取收入过程中除了要付出人力、财力和物力，在求职直到取得最后收入中间还要支付各种税费，还存在机会成本、交易成本和社会资本成本等，以上各种农民工支付的成本可以作为农民工收入的获取成本加以解释。生产成本主要是从全要素生产率的角度来测算，不在本书的讨论范畴之内。获取成本有多种表现形式，可以理解为显性成本，也可以理解为隐性成本，有时是物质成本有时是精神成本，还存在有形成本和无形成本之分。单纯从数量角度上探讨农民工收入问题时，大量学者将获取成本和生产成本混为一谈，然而从质量的宏观角度讨论农民工收入状况时，获取成本发挥了很大作用并在现实中客观存在，获取成本与农民工收入质量呈反向影响关系。由于与成本相关的宏观数据较难取得，本书主要通过一些消费数据从侧面研究。在农民工消费统计中，部分消费属于农民工在获取收入过程中的必要支出。2015 年外出农民工月均生活消费支出人均 1012 元，比上年增加 68 元，增长 7.2%，增速比上年增加 1.4 个百分点。其中，居住支出人均 475 元，比上年增加 30 元，增长 6.7%；居住支出占生活消费支出的比重为 46.9%，比上年下降 0.2 个百分点。分区域看，在东部和西部地区务工的农民工生活消费支出增长快于中部地区，在东部地区务工的农民工居住支出增长最快。

5. 农民工收入知识性

农民工收入知识性主要指受教育程度和技能水平，其中受教育程度易于用宏观数据观测。大量研究已表明，受教育水平和农民工收入之间呈现正向关系。20 世纪 90 年代中后期，世界的平均教育收益率大约为 9.7%，其中亚洲国家为 9.9%，发展中国家为 7.5%。在各种受教育程度的农民工中，中等教育程度的农民工具有最高的收益率。农民工受教育水平与教育收益率之间呈倒 U 型曲线，说明中等职业教育水平对农民工收入具有正向作用，教育水平低大大限制了农民工收入质量。

在 2015 年受调查的农民工中，未上过学的占 1.1%，小学文化程度的占 14%，初中文化程度的占 59.7%，高中文化程度的占 16.9%，大专及以上的占 8.3%。高中及以上文化程度的农民工所占比重比上年提高 1.4 个百分点。其中，外出农民工中高中及以上文化程度的占 27.9%，比上年提高 1.9 个百分点；本地农民工中高中及以上文化程度的占 22.6%，提高 1.2 个百分点。可见，近 75% 的农民工受教育水平为初中及初中以下，不利于农民工就业领域的拓展以及收入的提升。

总体而言，我国农民工总体知识含量在显著提高，文化教育程度和参加职业技术培训的比例不断升高。结合收入数量的宏观数据可知，知识含量直接影响农民工的收入数量和质量，也决定了其就业的行业和从事工作的层次，对农民工收入质量的稳定性和结构性具有决定作用。我国农民工群体整体受教育程度和技能培训程度的比例仍低于发达国家，这种状况限制了农民工收入质量的提升。

（二）农民工收入质量微观现状

本节研究所用微观数据来源于西北农林科技大学经济管理学院于 2012 年 2 — 7 月组织的 30 多名学生对外来农民工进行的随机抽样问卷调查，其中包括多次在山东农村，杨凌和西安的火车站、劳务市场、建筑公司，陕西铜川煤矿企业和劳务市场等地组织的大规模调研。调查内容涉及农民工的人口特征、家庭经济特征、个人就业状况、获取成本和收入质量总体评价五个方面，除预调研之外一共发放调查问卷 700 余份，有效问卷 545 份，调查问卷总体有效率为 77.86%。调查覆盖了山西、湖南、陕西、甘肃、河南、辽宁、湖北、广西、山东、四川 10 个农民工来源地，每个样本省份又分别各选 2—3 个地级市展开随机抽样调查。为保证样本具有一定的代表性，调研人员均接受正规调研培训之后展开工作，在火车站调研时根据车次途经站和终点站展开有目的、有秩序、有选择的访谈，并根据已有样本来源省份不断调整调研程序和对象。

1. 农民工收入充足性

2011 年受访农民工月平均纯收入为 885.83 元。农民工收入主要的用途是家庭基本生活需要和子女教育，其次为盖房子、结婚和储蓄。在农民工近几年家庭收入状况统计中，有 56% 的人略有积蓄，28.4% 的人收支基本持平，15.6% 的农民工入不敷出。总体而言，近 3 年农民工收入大于支出，收入充足性较高。2011 年，受访农民工家庭总收入多集中在 2 万—4.5（不含）万元，家庭收入 4.5 万—8 万元以上的农民工数量较少。2010 年，受访农民工家庭总收入多集中在 2 万—5.5（不含）万元区间，年收入 5.5 万—8 万元的农民工比例较少。2009 年，调研对象的家庭年收入集中在 2 万—5.5（不含）万元，5.5 万—8 万元区间的农民工比例较低。可见，农民工家庭年总收入多集中在中低档次，高收入的家庭占少数。2009 年农民工监测调查报告显示，当年中国农村务工人员的月收入平均为 1417 元，与这一数据进行横向对比，受访农民工的年家庭总收入较高，即客观来看，农民工收入的充足性较高。

2. 农民工收入稳定性

从近3年农民工家庭收入变化趋势来看，农民工收入稳定性总体状态并不令人满意，稳定性仍亟须提高。从农民工工资状况来看，2011年与2010年相比，农民工的年工资变动幅度总体呈上升和稳定趋势，仅有极少数农民工年工资水平下降，农民工收入稳定性尚可。但是，20.2%的农民工工资领取方式不固定，36.4%的农民工不能按期领取工资，17.4%的农民工未能足额领取工资，42.6%的农民工不能全部追回其被拖欠的工资、医疗费，上述数据直接反映了农民工收入不稳定的现状。从农民工就业状况观察，农民工所从事行业更换频繁，工作单位更换更加频繁，就业单位性质大部分为私企和个体户，绝大部分是临时工或合同工，57.7%的农民工从事工人岗位，从事较苦重的体力劳动，57.4%的农民工未与单位签订用工合同，24.7%的农民工认为合同对保障收入作用不重要，56%的用人单位不会全额支付因发生工伤事故而导致的医疗费用。以上状况客观反映了农民工收入稳定性不高。

3. 农民工收入结构性

在农民工的收入结构中，仅有九分之一左右的农民工认为打工获得的工资并不是其家庭的主要收入来源，其他农民工的打工所得收入是家庭主要收入来源。与之形成鲜明对比的是家庭经营性收入是否为主要收入来源的调查：约84.4%的农民工不认为家庭经营性收入为家庭收入主要来源，由此可以推断，有较少部分受访农民工认为家庭主要收入来源既包括打工收入，也包括务农收入和其他经营性收入。65.9%的农民工的收入中70%以上为打工获取的工资性收入。工资性收入已经构成农民工总收入比例最大的收入来源，这与统计年鉴中反映的情况一致。受访农民工的月均打工收入为2227.5元，而一年中的财产性收入和转移性收入之和仅为农民工平均月工资的十分之一左右。综上可知，虽然农民工收入中工资性收入已成为最主要组成部分，但家庭经营性收入的缩减，以及转移性收入和财产性收入比重极低，说明我国农民工收入结构仍有进行调整和优化的空间。

4. 农民工收入成本性

农民工收入成本性是农民工获取收入的过程中所必须付出的成本。现阶段农民工的税费负担过重，机会成本损失大，社会资本成本高，包括搜寻成本和信息成本在内的交易成本、探亲耗费时间长且路费高的亲情成本以及包括房租和生活用品重置费在内的沉没成本等项目直接增加了农民工的获取成本，并影响其收入质量。本节主要从问卷角度分析易于调查和获取数据的税费、机会成本、社会资本成本和搜寻成本，亲情成本和沉没成本难以量化，在本节中不予考虑。

样本农民工每年因工作需要缴纳的税费（如个人所得税、个体户纳税）平均为 56 元。其中，75.4% 的农民工不需要缴纳任何税费，6.4% 的农民工缴纳 100 元以下的税费，9.7% 的农民工缴纳税费额为 100—300 元，3.7% 的农民工每年缴纳 300—500 元的税费，另有 4.8% 的农民工需要缴纳的税费额高达 500 元以上。

机会成本是获取成本的重要组成部分，其含义为如果农民工不外出打工，而是把打工的时间用于在家务农，每年能取得的收入。样本农民工的平均年机会成本为 5015 元。15.6% 的受访农民工如果不出外打工则没有收入，29.7% 的农民工如果把打工时间用来务农，每年能取得 3000 元以下的收入。23.7% 的农民工年机会成本为 3000—5000 元，9.7% 的农民工每年机会成本为 5000—8000 元，13.2% 的农民工年机会成本为 10000 元以上。

社会资本成本包括为获取某种特定社会资本所需付出的时间、精力和金钱。可以直接测量的就是农民工每年为了找工作而请客送礼的费用。但调查表明，73.6% 的受访农民工没有社会资本成本的花费，4.2% 的农民工每年为求职而请客送礼的费用在100 元以下，10.5% 的农民工每年花费 100—300（不含）元请客送礼，4.6% 的农民工每年花费 300—500（不含）元请客送礼，还有 7.2% 的农民工每年因求职而请客送礼的花费在 500 元以上。大量农民工花费额外的社会资本成本求职，与当今社会主流求职渠道相关。

农民工的搜寻成本主要指为获取当前这份工作而花费的交通费，食宿费和服装、化妆、简历、通信费等相关费用。43.5% 的农民工没有因为找工作花费交通费，36.1% 的农民工寻找目前这份工作花费了 300 元以下的交通费，13.6% 的农民工因为求职花费的交通费为 300—600 元，2.9% 的农民工花费 601—900 元的高额交通费，另有 3.8% 的农民工花费交通费甚至在 900 元以上。可见，部分农民工为获得当前工作支付了较高的交通费用。半数农民工没有因为寻找目前这份工作花费食宿费，24.6% 的农民工花费 300 元以下的食宿费，16.1% 的农民工花费 300—600 元的食宿费，2.6% 的农民工花费 601—900 元的食宿费，4% 的受访农民工花费 901—1200 元的高额食宿费，另有 2% 的农民工花费食宿费在 1200 元以上。由统计数据可知，近半数受访农民工因求职支付了食宿费的搜寻成本，这无疑会增加农民工的获取成本，进而降低农民工收入质量。51.7% 的受访农民工没有因为寻找工作而花费服装、化妆、简历、通信费，29.2% 的农民工花费服装、化妆、简历、通信费在 100 元以下，11.2% 的农民工花费 100—300 元的服装、化妆、简历、通信费，4% 的农民工花费 301—500 元的服装、化妆、简历、通信费，3.9% 的农民工花费 500 元以上的服装、化妆、简历、通信费。可知，服装、化妆、简历、通信费对接近半数的农民工造成了搜寻成本负担。

5. 农民工收入知识性

受教育程度、培训以及技术等人力资本变量对于农民工收入有显著影响。农民工知识含量通常以受教育程度为衡量指标。从受教育程度来看，多数农民工的学历是初中，普遍学历不高。94.3% 的农民工学历可以胜任目前工作，拥有更高受教育水平的农民工通常拥有更多收入，受教育程度偏低对农民工收入质量有负面影响。

受访农民工中，2.9%的人没有上过学，9%的人小学肄业，10.8%的人小学毕业，8.1%的人初中肄业，37.8%的人初中毕业，5.3%的人高中肄业，13.2%的人高中毕业，5.9%的人职专或中专毕业，7%的人拥有大学学历。可见，多数农民工的学历是初中及以下，普遍学历程度不高。受教育程度偏低对农民工收入质量有负面影响。

在"您的学历或教育背景能否胜任现有工作"调查选项中，13.2%的农民工认为自己的学历超过现有工作要求，81.1%的农民工认为学历基本胜任现有工作要求，5.7%的农民工认为其学历不能满足现有工作要求。可见，农民工基本从事与自己的学历水平相当的工作。

受访农民工中，30.1%的人非常同意"如果我的学历程度更高的话，我能取得比现在更多的收入"这一说法，44.4%的人同意上述说法，15.8%的人持中立态度，有9.7%的人不同意这种说法。由此可见，受教育程度对农民工的收入质量影响重大，拥有更高教育水平的农民工通常拥有更多的收入。

（三）农民工收入质量自我评估研究

通过对农民工收入质量现状的回顾，本节对王欣2013年所写的博士学位论文《农民工收入质量评估研究》中的子研究农民工收入质量自我评估研究进行回顾和评价。该研究以农民工自身收入质量感受为研究对象，在农民工对收入质量认知的基础上，探究收入质量各维度对农民工自我感受的影响程度及方向，即对农民工收入质量自我评估展开研究，变量选取如下。

由于研究对象为农民工收入质量主观自我感受，因此农民工收入质量满意与否是虚拟离散变量。因此，本书将 $y = 1$ 表示农民工对收入质量结果满意，$y = 0$ 表示农民工对自身收入质量不满意。

自变量的选择综合考虑了个人特质、家庭特征和收入特征，共选择了21个。其中个人特质5个：性别、年龄、婚姻状况、受教育程度和技能水平；家庭特征3个：家庭规模、户口现状和打工地位置；收入特征 13 个：家庭总收入、打工月收入、工资变动幅度、工作更换次数、打工收入占比、工资能否按期领取、工资能否足量领取、农业收入是否为主要来源、财产性和转移性收入、奖金或提成比例、获取成本、工作对健康损害程度和日工作时间。

根据因变量属于虚拟变量和自变量的取值特点，本书使用二元 logistic 模型对农民工收入质量自我评估影响因素进行分析，数据来源与上节相同；西北农林科技大学经济管理学院于 2012 年 2 月至 7 月组织 30 多名学生对外来农民工进行随机抽样问卷调查。通过使用 stata 软件，模型结果见表 3 – 2。

表 3 – 2　农民工收入质量自我评估二元 logistic 模型回归结果

变量	估计系数	标准误
性别	0.00194 *	0.00112
年龄	0.809 **	0.354
婚姻状况	– 1.795 **	0.828
受教育程度	0.723 ***	0.221
技能水平	0.00198 *	0.00111
家庭规模	– 1.047 *	0.612
户口现状	0.267	0.177
打工地位置	– 1.042 ***	0.404
家庭总收入	0.280 *	0.147
打工月收入	1.680 **	0.797
工资变动幅度	– 0.713 ***	0.214
工作更换次数	– 1.278 **	0.574
打工收入占比	– 0.211	0.193
工资能否按期领取	– 0.294 *	0.166
工资能否足量领取	1.735 **	0.775
农业收入是否为主要来源	0.170 *	0.0962
财产性和转移性收入	0.0482	0.0449
奖金或提成比例	1.283 **	0.565

变量	估计系数	标准误
获取成本	− 0.910 *	0.501
工作对健康损害程度	− 0.779 ***	0.190
日工作时间	− 0.337 **	0.159

数据来源：西北农林科技大学经济管理学院 2013 年调查数据。表格出自《农民工收入质量评估研究》（王欣，2013）。

注：***、** 和 * 表示参数分别在 0.01、0.05 和 0.1 的显著性水平下显著。

个人特征变量中，性别在 10% 的显著性水平上对农民工收入质量产生影响，表明与男性农民工相比，女性农民工认为自身收入质量更高，这可能与女性易于满足有关（此处取男性 = 1，女性 = 2）。年龄变量通过了 5% 显著性水平的检验，对农民工收入质量自我评估产生正向影响，即较年长的农民工更认同其收入质量较高。年轻农民工眼界更广，对收入质量要求较高。婚姻状况在 5% 的水平上通过显著性检验，这表明与未婚农民工相比，已婚农民工认为自身收入质量水平高，原因同年龄变量。受教育水平对农民工收入质量自我感知满意程度在 1% 的显著性水平上产生正向影响，表明受教育程度较高的农民工，对目前工作以及收入状况更加满意，因此更倾向认同其收入质量较高。技能水平在 10% 的显著性水平上对农民工收入质量产生影响，表明技能水平越高的农民工越倾向认为其收入质量满意程度高。

家庭特征变量中，家庭规模在 10% 的显著性水平上对农民工收入质量产生负向影响，表明家庭规模较小的农民工更倾向于认同收入质量较高，很可能由于大家庭下农民工在获取收入过程中易产生过多成本，例如机会成本。打工地位置在 1% 的显著性水平上对农民工收入质量自我感知满意与否结果产生影响，表明就业地区位于东部的农民工收入质量满意程度更高，这与收入数量的结果保持一致。

收入特征变量中，家庭总收入以及打工月收入均对农民工收入质量的影响显著为正，表明家庭总收入和月工资水平越高的农民工越倾向于认同收入质量满意度高，证明了收入充足性维度的存在。年工资变动幅度、工作单位更换次数和工资能否足额领取分别在 1%、5% 和 10% 的显著性水平上对农民工收入质量产生正向、负向和正向影响，表明年工资增长幅度较大、工作单位更换次数较少、工资能够足额领取的农民工认为自身收入质量更高，证明了收入稳定性维度的存在。打工收入占总收入比例在 5% 的显著性水平上对农民工收入质量产生正向影响，表明打工收入占总收入比例越高的农民工越倾向于认为其收入质量高。农业收入是否为主要收入来源之一在 10% 的显著性水平下对农民工收入质量产生影响，表明农业收入是主要收入来源之一的农民工同样认同其收入质量高。该结果较为有趣，既体现了收入质量中收入结构性维度的存在，同时也为什么样的收入结构为合理的收入结构提供了一个侧面佐证。获取成本对农民工收入质量产生负向影响，通过了显著性检验，表明获取成本越高的农民工越倾向认为收入质量满意程度低，证明了收入质量中成本性维度的存在。

二　农户收入对信贷的影响分析

收入质量内涵可以进行扩展，任何能够获得收入的群体均可以从收入质量角度进行研究。农户作为农业生产的基本单位，其收入质量情况以及对再生产的影响，对研究"三农"问题具有十分重要的意义。农户消费和投资需要大量资金的支持，在当今经济社会环境下，贷款无疑是获得资金来源的重要方式。但传统理论认为，金融机构是否向农户发放贷款，核心影响因素是农户的收入状况。从收入质量角度出发可以认为，农户收入质量对贷款起到决定性因素，并对农户贷款行为产生深远影响。但此时的收入质量研究，还缺乏对收入质量量化的研究，仅将收入结构性、收入稳定性（成长性）等纳入收入数量研究范畴，通过自制指标反映收入质量对信贷配给的影响；或在收入质量各维度选取多个指标直接作为自变量，考察收入质量对贷款行为的影响。虽然方法较为简单，但已显露出将收入质量作为整体进行研究的雏形。

党的十八届三中全会指出，要加快构建新型农业经营体系，建立新型工农城乡关系，赋予农民更多财产权利。农业发展、农村稳定和农民增收，必须得到金融支持。信贷作为金融支持的重要组成部分，是有效解决"三农"问题的方法和手段。然而，在农村金融蓬勃发展的同时，农户贷款难却成为我国甚至全世界发展中国家普遍存在的难题。农户的信贷需求未得到满足或未完全满足，被称为信贷约束。而信贷配给的概念经常在很多研究文献中与信贷约束混淆使用。但从严格意义来讲，它们拥有各自不同的含义。信贷配给是指贷款者愿意放贷数额和能够放贷数额之间的差距，这个差距通常是贷款者自己选择的结果，因此信贷配给更侧重体现借贷双方信息不对称的程度。贷款者通常通过提高利率、限制授信额度、添加风险合同条款以及加大交易成本制造数额差距，对应的信贷配给形式分别为价格配给、数量配给、风险配给和交易成本配给。

农户收入的增长是解决"三农"问题的关键，对我国经济和城镇化健康发展均具有十分重要的作用。农户收入是银行或信用社等金融机构决定是否贷款的重要考虑指标，因此农户收入是影响信贷配给的重要因素。随着农村改革的深入，农户收入已不再是单纯的务农收入，加入了经营性收入、工资性收入、财产性收入和转移性收入等。因此，影响信贷配给的因素不能单单考虑农户收入的总数量。农户收入结构的变迁，导致了其信贷需求的改变，成为影响信贷配给的新因素。农户收入结构应该进行优化，政府和学术界早有定论。然而，何种农户收入结构较为合理、农户收入结构又如何影响信贷配给类型并无定论，本书将从这些方面进行讨论。

我国的信贷配给研究起步较晚，但成果显著。农户不仅受到供给信贷约束，而且还受到需求信贷约束，数量配给、交易成本配给与风险配给是农户被配给出正规信贷市场的三种重要方式。

农村存在的信贷配给主要来源于正规信贷，信贷配给会影响农户的收入水平。小额信贷可以有效缓解农户所面临的正规信贷配给问题，其中，对数量配给和交易成本配给的影响较大，而对风险配给影响较小。然而，农村信用社主导的小额信贷业务并不瞄准真正的贫困农户，贫困农户也不会主动申请贷款，不利于真正有效解决农户的信贷配给问题。农户收入是信贷配给的重要影响因素，一般认为，收入对风险配给和数量配给的影响为负，工资性收入对农户的正规信贷需求影响为负。农信社在发放贷款的过程中存在一定程度的财富导向，即农信社在提供贷款服务时，在一定程度上存在偏向富人的倾向。在制约农村信贷发展的相关因素中，家庭承贷能力是决定其是否负债消费的根本性原因，同时，农户偿债能力对农户获取信贷支持具有正向的作用（褚保金等，2008）。而承贷能力和偿债能力均与农户收入水平高度相关。此外，收入水平对农户的正规信贷和非正规信贷的约束均有显著的负向影响。同时，国内学者对收入进行了深入思考。孔荣、王欣从充足性、稳定性、结构性、成本性和知识性五个维度对农民工的收入质量进行了分析，农民工收入数量与质量不匹配的现象日益突出，数量充足是质量提高的必要非充分条件。

近年来我国农民收入中的工资性收入所占的比重逐年增加，2003 年起已超过农业收入，逐渐成为农民收入的最重要组成部分，因此，农民工资性收入开始得到学者的关注。有研究表明，农民的文化程度、城镇化率、农村剩余劳动力转移率、农民人均交通和通信支出比重、农村人均固定资产投资额和财政支农支出额均与农民人均工资性收入呈正相关关系，其中人均交通、通信支出比重影响最大，而农村人均乡镇企业贷款额对农民人均工资性收入影响为负，且影响比较微弱。随着我国城镇化、工业化进程的加快，我国农民的收入结构发生了显著变化，收入结构的变化反映农民增收途径的变迁，因此，近年来越来越多的学者从农民收入结构视角对我国农民收入增长减缓这一现状进行研究。改革开放以后农民工资性收入已经成为农民收入的新生源泉和增收

的主要动力，并在迅速增长中逐步形成自身的特点。虽然 2004
年个别省份农民的农业收入比重因政策性因素有所回升，但从长
远看，农民收入结构不可能有大的变化。但也有研究通过对国家
统计局农民收入的相关数据进行分析后指出，家庭经营性收入仍
是农民收入的主要构成部分，但其在农民收入中的比重稳中趋
降，而工资性收入占农民收入的比重不断上升，对农民收入增长
的贡献也在不断增加，成为农民收入增长的重要来源。

从已有信贷配给的研究成果来看，多数研究只关注了信贷约
束状态或者程度，较少深究其背后信贷配给机制的状况。判断信
贷约束是否存在或者估计信贷约束程度，都不能有效地说明农户
被配给出信贷市场的真实原因和具体方式。目前的信贷配给研究
主要集中在企业贷款方面，面向农户的研究较少。此外，现有研
究在分析信贷配给的影响因素时，对收入的思考存在一定局限
性。由于农户收入的多元化、收入结构的变迁，不能仅仅注重农
户收入的数量，需要将农户各种收入纳入影响因素进行研究。在
目前有关收入结构的文献中，研究工资性收入的已经取得了一些
成果。然而，财产性收入和转移性收入却鲜有涉及。在收入结构
的研究方法上，多数文献仅使用非农收入比例或者务工收入比例
作为指标，有一定的局限性。在收入结构变迁的研究中，仅以四
种收入来源的比例变化作为参考，缺乏量化分析。因此，本书在
理论分析的基础上，采用陕西、甘肃、河南、山东四省农户的调
研数据，对农户信贷配给类型进行识别，并以收入结构为视角，
对农户收入对信贷配给类型的影响进行研究。

（一）农户收入影响信贷配给类型的理论分析

1. 信贷配给类型识别

本书参考 Boucher、Guirkinger 和 Trivelli 以及刘西川等对信贷
配给的分类，对农户信贷配给类别的界定如下。

（1）价格配给型：指受到金融供给方（即农信社等信贷机
构）决定的利率条件的约束，接受利率从而获得全部贷款，或者

因为利率高而放弃全部贷款或者部分贷款的农户。本书将没有贷款需求的农户归类为价格配给型，因为在调研过程中，绝大部分没有贷款需求的农户表示在无息或者极低利率下依然会考虑贷款。这说明没有贷款需求的主要原因是利率过高。

（2）数量配给型：指受到金融供给方（即农信社等信贷机构）决定的授信额度的约束，被其拒绝全部或部分贷款，或者预估会遭拒而选择放弃贷款的农户。

（3）风险配给型：指受到金融供给方（即农信社等信贷机构）合同中风险条款的约束，因担心风险而自主放弃贷款的农户。风险配给型的农户不会面临信贷额度限制，而是合同中规定的风险条款导致其信贷需求较低。

本书通过问卷调查，考察被调查农户的贷款需求以及近三年的贷款经历，通过设置一系列选项判断被调查农户属于何种信贷配给类型。没有贷款需求的农户中，选择"还款有风险"或"担心失去抵押物"的农户属于风险配给型，认为自己会被拒绝而放弃贷款的农户属于数量配给型，其他农户为价格配给型。在近三年没有贷款经历的农户判断标准同上。实际获得贷款小于申请数额的农户属于数量配给型，获得贷款与申请相等的农户属于价格配给型。

2. 农户收入影响信贷配给类型的理论分析

Stiglitz 和 Weiss 通过研究认为，在信息对称的前提下，贷款人可以通过了解借款人的所有信息，采取不同的利率。在这种情况下信贷配给是不存在的。然而，在实际情况中，金融机构却面临着严重的信息不对称。农信社或银行需要根据申请贷款农户的收入及相关指标决定是否贷款，贷多少款。与此同时，农户由于对金融机构的不了解，且收入较低，可能会出现预估被拒绝或担心失去抵押物等情况而放弃贷款，这同样是信息不对称。综上所述，收入是信贷过程中影响借贷双方的极为重要的影响因素之一。

假设农户有 n 种收入来源，分别为 I_1，I_2，……，I_n，则农户的总收入 I 为：

$$I = I_1 + I_2 + \cdots + I_n \qquad \text{公式 3 - 1}$$

由于农户贷款后还款发生在若干时间之后，农户是否贷款，并不是考虑他自己的当前收入，而是考虑未来的预期收入。同理，金融机构在考察农户的还款能力时，亦需要考虑该农户收入的稳定性，亦即信贷配给主要受到农户预期收入的影响。在这段时间内，每种收入来源 I_n 都会面临一个风险 r_n（譬如工资波动、自然灾害等）。为简化起见，假设每种收入来源的数额均相同，面临的风险概率也相同，若遇到风险，则该种收入来源为 0[①]。因此农户的预期收入 I_t 应为：

$$I_t = \sum_{i=0}^{n} \frac{n-i}{n} \cdot I \cdot \frac{C_n^i}{2^n} \cdot r^{n-i} \qquad \text{公式 3 - 2}$$

在公式 3 - 2 中，n 代表农户收入来源数，i 代表有 i 种收入来源遇到风险导致没有收入，I 代表农户现有收入，r 为假设的每种收入来源面临的风险概率。由公式 3 - 2 可以看出，农户的预期收入与农户现有收入和收入来源数相关，也就是说，农户受到的信贷配给与农户收入和收入结构相关。收入对信贷配给类型的影响主要在以下方面：根据信贷配给类型的定义，收入较高的农户在贷款时接受利率的概率较大，属于价格配给型；数量配给型农户受到金融机构授信额度的约束，绝大多数原因是金融机构考虑到了申请贷款农户的预期收入数量较低；根据已有风险配给的研究，对风险更为敏感的农户更倾向于风险配给型。收入数量在很大程度上影响着农户对风险的决策，收入较少的农户会更加保守，对风险更加敏感。收入结构对信贷配给类型的影响主要在于，收入结构越合理，收入来源越广泛，受到授信额度的约束越少，贷款过程中较容易接受利率。尤其是贷款过程中，工资性收入受到金融机构的重视。特别地，当农户有 n 种收入来源时，每种收入来源面临的风险相同为 r。每增加一种收入来源，农户就

---

① 该约束性条件是为了简化公式和推导过程，若无该约束性条件，推导结论与下文依然相同。

会多面临一项风险，因此，农户不会受到风险影响的概率 P 为：

$$P = (1 - r)^n \qquad\text{公式 3 - 3}$$

由于风险 r 的取值范围为 0 ~ 1，因此通过公式 3 - 3 可知，收入来源越广，受到风险影响的概率越大。由于风险配给类型的农户更倾向于规避风险，因此，收入渠道少的农户很可能更倾向于风险配给型。

3. 基于收入结构修正的农户收入

正如上文所述，现有研究对收入结构优化进行了大量的研究，但是没有研究证明什么样的收入结构是合理的。通过大量文献回顾以及理论分析，本书认为，并不存在完美的收入结构，收入结构因人因地而异。从公式 3 - 3 可以看出，农户可能受到的信贷配给受到收入和收入结构的综合影响。在现实中，单一收入来源因受到风险而变为 0 的概率极低。因此，收入来源单一但收入数量极高的农户获得贷款的概率依然远大于收入来源广泛但是收入数量不高的农户。所以，本书提出基于收入结构修正的农户收入 I_s：

$$I_s = I \times \alpha_s \qquad\text{公式 3 - 4}$$

在公式 3 - 4 中，I 为农户收入，α_s 表示农户收入结构系数，其计算方法借鉴了基尼系数，以反映农户收入各来源的不均衡性。具体计算方法如下。

将农户经营性收入、工资性收入、转移性收入、转移性收入所占收入比例从小到大排列，分别为 a、b、c 和 1 - a - b - c，其中 a < b < c。则农户各收入来源的累加比例为 a、a + b、a + b + c 和 1。在 1 × 1 的方格内，横轴为农户收入来源，按收入比例从小到大排列，四种收入来源分别位于 0.25、0.5、0.75 和 1，即四分点处。纵轴为农户收入来源的累加比例，如图 3 - 1 所示。

从图 3 - 1 可知，收入结构系数等于图 3 - 1 中灰色部分比上右下方三角形的面积。收入结构越均衡，各收入来源的收入数量越接近，两个面积越趋向于相等，收入结构系数接近于 1。收入

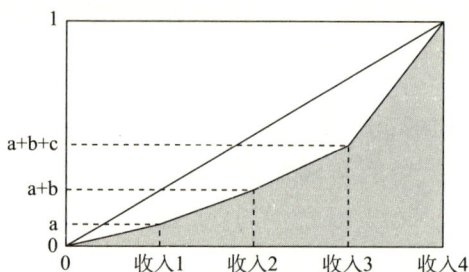

图 3 - 1　收入结构系数示意

结构越失衡，各收入来源收入差距越大，收入结构系数越接近于
0。通过图 3 - 1 计算可知，收入结构系数应等于：

$$\alpha_s = \frac{1}{4}(6a + 4b + 2c + 1) \qquad 公式 3 - 5$$

则收入结构修正的农户收入等于：

$$I_s = \frac{1}{4} \cdot I \cdot (6a + 4b + 2c + 1) \qquad 公式 3 - 6$$

基于上述理论分析，本节提出以下理论假设。假设 1：农户
经过收入结构修正的收入越高，越倾向于价格配给型。数量配给
型农户经过收入结构修正的农户收入低于价格配给型，初步假定
经过收入结构修正的农户收入可以缓解风险配给，但需要进一步
验证；假设 2：收入来源越少的农户，越倾向于风险配给型。此
外，本书也会分别探索经营性收入、工资性收入、转移性收入和
财产性收入对信贷配给类型的影响。

（二）农户收入对信贷配给类型影响的实证分析

1. 数据来源和样本基本情况

本节数据来自国家自然科学基金"基于农户收入质量的
农村正规信贷约束模拟检验及政策改进研究"项目组于 2014
年 7 月至 8 月在陕西省、甘肃省、河南省和山东省进行随机入
户调查。共发放问卷 1465 份，回收有效问卷 1420 份，有效
率 96.9%。

通过问卷调查，获得农户信贷配给类型的结果如下：被调查农户中，风险配给型农户的比例为 13.0% （因担心失去抵押物而放弃贷款的农户）；数量配给型的农户为 16.8% （包括在过去三年内曾向农信社或银行正式申请过贷款遭拒，或者实际获批贷款低于其需求以及那些被认为信誉不好或无法获得任何担保因而放弃申贷的农户）；约 70.2% 农户为价格配给型（包括申请贷款并接受贷款机构提供资金的农户，因利率高而放弃贷款的农户以及没有借款需求的农户）。不同信贷配给类别下受调查农户的部分家庭基本情况见表 3 - 3。

表 3 - 3　不同信贷配给类别下的部分家庭基本情况

	风险配给型		数量配给型		价格配给型		总计	
	中位数	平均数	中位数	平均数	中位数	平均数	中位数	平均数
性别（女性 = 1）	0.54	1.00	0.48	0.00	0.42	0.00	0.44	0.00
年龄（岁）	47.37	48.00	45.93	46.00	45.61	46.00	45.89	47.00
受教育程度	2.68	3.00	2.87	3.00	2.95	3.00	2.90	3.00
务农时间（年）	24.60	28.00	22.79	25.00	21.89	24.00	22.39	25.00
耕地面积（亩）	2.84	2.50	3.11	2.00	3.83	2.15	3.58	2.10
家庭年收入（元）	40347.6	33625.0	67146.3	53480.0	64884.4	51000.0	62064.2	50000.0
农户总资产（元）	226164	135000	291461	200000	281145	200000	276699	200000
样本数	185		238		997		1420	
占总样本比例（%）	13.0		16.8		70.2		100	

数据来源：调研所得。

被调查农户中，风险配给型农户平均年龄最高，平均受教育程度和家庭年收入最低，务农时间最长。数量配给型农户家庭年收入和农户总资产均最高。价格配给型农户平均年龄最低，受教育程度最高，所拥有的土地面积最大。从总体上看，风险配给型农户最为贫困，在被调查地区存在比重较小，但随着土地使用权交易政策的逐步放开，风险配给将成为未来一段时间内农村金融面临的主要问题之一。数量配给型农户在所有调查对象中收入最高，却会受到数量配给，这也说明了收入结构很可能是影响银行贷款决策的原因之一。价格配给型农户的各项家庭基本情况基本处于风险配给型和数量配给型之间。

2. 模型建立

本书研究的对象是农户收入对信贷配给类型的影响，农户三种不同的配给类型作为因变量。多元 logistic 模型的因变量为多个，并且模型中包含的 p_i 是被调查农户属于何种信贷配给发生的概率。因此，本书认为使用多元 logistic 模型较为合理。多元 logistic 模型的函数形式如下：

$$\ln\left[\frac{P(y=j|x)}{P(y=J|x)}\right] = \alpha_j + \sum_{k=1}^{k} \beta_{jk} x_k \qquad \text{公式 3-7}$$

公式 3-7 中，P（y=j|x）表示农户属于第 j 种信贷配给类型的概率。在本书中，被解释变量为农户信贷配给类型，分为风险配给、价格配给和数量配给三种情况，风险配给取值为 1，价格配给取值为 2，数量配给取值为 3。x_k 表示第 k 个影响农户信贷配给类型的自变量，所有解释变量分为家庭人口特征变量和收入变量。β_{jk} 表示自变量回归系数向量。以 J 为参照类型，农户属于其他信贷配给类型的概率与属于 J 类信贷配给类型的概率之比被称为事件发生比。本书分别采用价格配给和数量配给作为参照类，分别检验风险配给对价格配给、数量配给对价格配给以及风险配给对数量配给三种情况。

3. 变量说明

基于现有文献和理论模型，本书将影响农户信贷配给类型的因素分为三种：家庭人口特征变量，主要包括年龄、性别、受教育程度和家庭人口数（务农时间和年龄高度相关，因此删除）；收入变量是本书重点关注的变量，主要包括经过收入结构修正后

的农户收入、收入来源数量、经营性收入、工资性收入、转移性
收入以及财产性收入，由于农村产权抵押政策的逐渐放开，土地
和农户资产将成为农户的潜在收入来源，因此，本书将耕地面积
和家庭总资产也纳入收入变量之中；控制变量是地区变量。变量
的名称、编号及取值说明见表 3 - 4。

表 3 - 4 变量名称及取值说明

变量名	符号	变量取值说明	均值
被解释变量			
农户信贷配给类型	y	风险配给 = 1，价格配给 = 2，数量配给 = 3	2.04
解释变量			
家庭人口特征变量			
性别	sex	男 = 0，女 = 1	0.44
年龄	age		45.89
年龄的平方	age-sq		2234.61
受教育程度	edu	没上过学 = 1，小学 = 2，初中 = 3，高中 = 4，职业院校 = 5，大学及以上 = 6	2.90
家庭人口数（人）	num		4.76
收入变量			
基于收入结构修正的农户收入（万元）	inc	经计算而得	1.96
收入来源数	isn		2.20
经营性收入（万元）	oi		2.83
工资性收入（万元）	wi		3.18
转移性收入（万元）	ti		0.12
财产性收入（万元）	pi		0.08
耕地面积（亩）	land		3.58
农户总资产（万元）	val		27.69
控制变量			
地区变量	reg	东部 = 1，中部 = 2，西部 = 3	2.51

4. 实证分析结果及解释

根据上文的理论分析和变量选择，本书建立农户收入对信贷配给类型影响的多元 logistic 模型，并利用 SPSS19.0 统计软件进行统计分析，回归分析结果见表 3 - 5。在模型建立过程中，首先以价格配给型农户作为参照，建立模型 1 和模型 2，估计风险配给和价格配给以及数量配给和价格配给之间由于农户收入造成的差异。其次以数量配给型农户作为参照，建立模型 3，估计风险配给和数量配给型农户因农户收入造成的差异。

表 3 - 5　多元 logistic 模型回归结果

变量	模型 1		模型 2		模型 3	
	风险配给/价格配给		数量配给/价格配给		风险配给/数量配给	
	系数	显著水平	系数	显著水平	系数	显著水平
家庭人口特征变量						
性别	0.313 **	0.050	0.230	0.111	0.083 *	0.063
年龄	0.019	0.739	0.002	0.965	0.017	0.802
年龄的平方	0.000	0.876	0.000	0.990	0.000	0.889
受教育程度	- 0.158	0.133	- 0.038	0.658	- 0.121	0.335
家庭人口数	0.123 *	0.087	0.036	0.562	0.087	0.311
收入变量						
修正后的收入	0.208	0.385	- 0.295 **	0.036	- 0.087	0.738
收入来源数	- 0.128 **	0.041	- 0.118	0.326	- 0.246 **	0.017
经营性收入	- 0.202 **	0.019	0.061	0.116	- 0.142 **	0.012
工资性收入	- 0.273 ***	0.002	- 0.122 **	0.017	- 0.151 **	0.012
转移性收入	- 0.522	0.205	- 0.504 *	0.078	- 0.018	0.970
财产性收入	- 0.866	0.184	- 0.105	0.547	- 0.761	0.253
耕地面积	- 0.017	0.539	- 0.005	0.515	- 0.012	0.682
农户总资产	0.000	0.894	0.000	0.987	0.000	0.914
控制变量						
地区变量	0.397 ***	0.007	- 0.014	0.903	0.384 ***	0.026
截距项	- 0.513	0.732	- 1.196	0.133	1.386	0.453

注：***、**、* 分别代表在 0.01、0.05 和 0.1 的置信水平下显著。

（1）家庭人口特征变量

性别变量在模型 1 和模型 3 中系数为正，且分别通过了 0.05 和 0.1 置信水平的显著性检验，而在模型 2 中不显著。这说明相对于其他信贷配给类型的农户，女性成为风险配给型的可能性更高。这一结果与现有研究结论保持一致。目前研究均认为，风险配给与农户的风险规避行为有极大关联，而女性比男性更倾向于规避风险。

本次调查中年龄变量对农户信贷配给类型不存在显著影响，年龄的平方变量依然不显著。这说明在农户贷款过程中，年龄并不是金融机构考虑的重要因素。在调查过程中发现，除了部分信用社规定 60 岁以上老人不予贷款之外，多数金融机构更重视的是还贷能力而不是年龄。另外，根据模型 1 和模型 3 的系数，相对于其他配给类型的农户，年龄对农户成为风险配给型存在不显著的正向影响，年龄越大的农民越有可能成为风险配给型。这与前文的样本统计性描述一致。

受教育程度变量均不显著，可能的原因是样本中 80% 以上的被调查农户学历为初中或初中以下，同质性较强，统计性差异较小。但通过表 3-3 可知，风险配给型农户的平均受教育程度最低，因此他们对风险较为敏感。

家庭人口数变量只在模型 1 中通过了 0.1 置信水平的显著性检验，系数为正。这说明相对于价格配给型农户，风险配给型农户的家庭人口数较多。可能的原因是，由于风险配给型农户平均年龄较大，家庭规模一般较大。此外，根据管理学有关理论，多数人决策有利于提供最优选择，从而避免风险。因此，风险的规避导致了该变量系数的显著为正。

（2）收入变量

经过收入结构修正后的农户收入仅在模型 2 中通过了 0.05 的显著性检验。模型 1 和模型 3 的不显著说明相对于其他两种信贷配给类型，收入并不是导致农户成为风险配给型的显著因素。根据风险配给的定义可知，风险配给型农户是由于担忧金融机构贷款合同中的风险而自主放弃贷款，因此风险配给与收入之间没有显著关系。模型 2 中修正后的收入变量为负，说明修正后的收入越高，农户越倾向于价格配给型，这与本书的假设 1 相一致。由表 3 - 3 可以看出，数量配给型农户的平均家庭年收入高于价格配给型农户。但经过收入结构系数的修正后，数量配给型农户的收入低于价格配给型农户。这说明，农户在贷款过程中受到的数量配给，主要是收入结构不完善所致。

收入来源数变量在模型 1 和模型 3 中均通过了 0.05 的显著性检验，其系数为负。这说明收入来源越少，农户越倾向于风险配给型，这与本书的假设 2 相一致。每增加一种收入来源，农户都要面对额外的风险，作为倾向于风险规避的农户，会选择较少的收入来源。这也是风险配给型农户收入较少的原因之一。

四种主要的收入来源中，家庭经营性收入在模型 1 和模型 3 中显著，说明风险配给型农户的家庭经营性收入显著低于其他两种信贷配给型农户。值得注意的是，本书中的家庭经营性收入不仅包括农户的务农收入，还包括经营餐馆、交通运输业、农产品加工等的收入。这些创业项目都存在着风险，因此风险配给型农户的家庭经营性收入较少，而数量配给型和价格配给型农户之间的差距不明显。工资性收入对农户信贷配给类型存在显著影响，在模型 1、2 和 3 中分别通过了 0.01、0.05 和 0.05 置信水平的显著性检验。模型 1 和模型 3 中系数为负说明风险配给型农户工资性收入最少，该类型农户的主要收入依然是传统的务农收入。模型 2 中系数同样为负，说明价格配给型农户的工资性收入更高，这也进一步解释了农户为什么会受到数量配给。上文提到数量配给型农户的收入结构较差，工资性收入差距是主要原因。由于工资性收入相对于其他收入更为稳定，因此金融机构在贷款决策中会着重考虑农户的工资性收入。数量配给型农户的平均收入最高，但是由于他们家庭经营性收入比重过高，工资性收入比重较低，农户贷款过程中受到了数量配给。转移性收入变量只有在模型 2 中显著，系数为负，说明价格配给型农户的转移性收入高于数量配给型农户，可能的原因是价格配给型农户拥有耕地面积更多，得到的耕地补贴更多。财产性收入变量全部不显著，说明财产性收入在目前农户收入结构中的比例依旧很小，对农户信贷的影响不大。

耕地面积和家庭总资产变量全部不显著，说明耕地面积和家庭总资产目前并不是影响信贷配给类型的重要因素。然而，从另一个角度来看，这说明无论是金融机构还是农户均未意识到产权抵押的重要意义。传统理论认为，耕地只是生产要素，是部分收入的保障。然而随着政策的逐步放开，农户可以以多种形式流转土地承包经营权，耕地将成为增加农户收入的潜在途径，对信贷配给类型产生显著而长远的影响。农户总资产以固定资产为主，固定资产一般作为抵押物。风险配给型农户由于担心失去抵押物，不会将固定资产作为抵押物，即是否成为风险配给型与农户总资产的多少并无关系。然而，流动资产（收入）可以缓冲抵押固定资产带来的影响，因此高收入数量的农户不属于风险配给型的概率较大。

（3）控制变量

本书设置了一个地区变量作为控制变量，考察东中西部地区农户受到信贷配给影响的情况。该变量在模型 1 和模型 3 中均通过了 0.01 的显著性检验且系数为正，说明西部地区目前受到风险配给的影响更为严重。西部地区经济发展较为落后，部分农户仍以传统的农业收入为主要收入来源。相对于东部，西部农户受到信息缺乏、教育水平较为落后等因素的影响，对风险的把控能力较弱，更加畏惧风险，在贷款过程中更可能因为担心失去抵押物、连累担保人、对贷款不了解等自主放弃贷款。

（三）总结与发展

本节通过对陕西省、甘肃省、河南省和山东省 1420 份农户调研数据的分析，对农户信贷过程中不同信贷配给类型进行了识别。在被调查农户中，风险配给、数量配给和价格配给型农户的

比例分别为 13.0%、16.8% 和 70.2%。本书通过建立多元 logistic
回归模型，探究农户收入对信贷配给类型的影响。女性由于更高
的风险规避倾向成为风险配给类型的可能性更高；年龄和受教育
程度对信贷配给类型影响不显著，但从统计性描述可知年龄方面
从高到低分别为风险配给型、数量配给型和价格配给型农户，风
险配给型农户平均受教育程度最低，价格配给型最低；风险配给
型农户家庭人口数最多。在收入方面，风险配给型农户的收入数
量最低，其次是价格配给型农户，数量配给型农户的收入最高，
但经过收入结构的修正后，价格配给型农户的收入最高；收入来
源数是确定农户成为风险配给型的重要影响因素；风险配给型农
户的家庭经营性收入和工资性收入均最低，该类型农户仍然以务
农收入为主；数量配给型农户的收入结构较差，主要是其工资性
收入较低；价格配给型农户的转移性收入更高；耕地面积目前对
信贷配给类型没有影响，但随着政策的逐步放开，对将来会有显
著的影响；农户总资产对风险配给没有影响。在地区变量方面，
西部地区目前受到风险配给的影响更为严重。

通过进一步分析可知，风险配给型农户多数为由受教育程度
较低的人组成的规模较大的家庭，该类型农户收入最低，收入结
构较为单一。这些因素均决定着农户对风险的感知和看法，对风
险配给的形成产生影响。数量配给型农户的收入与家庭总资产最
高，比较依赖于家庭经营性收入，工资性收入较少。影响数量配
给的核心因素是收入结构，收入结构的优化能有效缓解数量配
给。本书中价格配给型农户主要作为对比项，这是由于相对于其
他两种配给类型农户，价格配给型农户受到的约束最小，他们可
以获得全部或部分贷款。该类型农户年龄较为小，拥有耕地面积
最多，经收入结构修正后的年收入最高。

本节研究属于收入质量研究发展过程中的一环。此时，虽然
收入质量概念已经提出，但如何以收入质量整体作为变量仍属于
悬而未决的难题。本节讨论的农户收入对信贷配给类型的影响，
农户收入通过收入结构进行了修正，已体现出收入质量的理念：

在考察农户收入数量的同时，亦要重视农民收入的结构性、稳定性、成本性和知识性。

在以上研究基础上，邓锴（2014）进一步研究了农户收入质量与农户信贷行为的关系。该学者将农户收入质量分为五个维度，选取了 15 个指标，对农户贷款过程中出现的行为进行了分析。该研究虽然仍未将收入质量作为整体，但从分维度角度研究而言，其文较大地推动了收入质量的研究。该学者认为，农户信贷行为分为贷款意愿、贷款渠道和贷款用途等。在贷款意愿方面，农户收入质量充足性维度中的家庭收支和储蓄情况，稳定性维度中的近三年务工收入波动程度，结构性维度中的务工收入与总收入比值，成本性维度中的务工成本，知识性维度中的工作技能水平六个自变量对农户收入影响显著，均为负向影响。这表明中西部地区的农户收入质量越好，贷款需求越低。可能的原因是本地区农户对于风险过度规避。研究还发现，农户非收入因素中的户主年龄、家庭资产总值以及家庭社会关系对其贷款需求具有显著影响，户主年龄和家庭资产总值为负向影响，表明户主年龄越大、家庭资产越多的农户，越难以产生贷款需求。家庭社会关系对于农户贷款需求的影响方向为正。

在贷款渠道和用途方面，收入充足性维度中的家庭收支情况和储蓄情况、收入稳定性维度中的务工收入波动情况、收入结构性维度中的务工收入占家庭收入比例、收入知识性维度中的工作技能水平及最高受教育程度对农户贷款用途影响显著。收入成本性维度中的变量对农户贷款用途影响不显著。收入充足性维度中的储蓄情况、收入稳定性维度中的近三年务工收入波动情况、收入结构性维度中的务工收入占家庭总收入比例以及收入知识性维度中的最高受教育程度对农户贷款渠道的选择影响显著，均为正向影响。这表明收入质量状况较好的农户，越倾向于进行生产型投资和通过正规渠道融资。研究还发现，农户非收入因素中的家庭资产总值及对贷款政策的认知等变量对其贷款用途和贷款渠道的影响结果显著，家庭资产总值越多、对贷款政策认知程度越高的农户，其贷款用途多为生产型，偏向通过正规贷款渠道融资。贷款规模变量在 5% 的显著性水平下对于农户贷款渠道影响显著，为正向影响。

三 农户收入质量体系的微观验证研究

（一） 农户收入质量研究成果总结与不足

"三农"问题历来是全党工作的重中之重，而促进农民增收是破解"三农"问题的关键。党的十八届三中全会指出，要赋予农民更多的财产权利。该决议主要体现为，要慎重稳妥推进产权抵押，以及增加农民收入渠道。此外，截至 2016 年，中央一号文件已经连续 13 年聚焦"三农"，其中 2015 年中央一号文件专门指出需要"围绕促进农民增收，加大惠农政策力度"，充分挖掘农业内部增收潜力，开发农村第二、三产业增收空间，拓宽农村外部增收渠道，加大政策助农增收力度，努力在经济发展新常态下保持城乡居民收入差距持续缩小的势头。农业经济管理学术界对农民收入问题十分关注，学者们最早重视的是农民收入的影响因素，通过分析影响因素提出农民增收的政策建议；随着农民收入的增长，城乡收入差异等现象成为关注重点；现如今，农民收入渠道呈现多元化，农民收入结构变迁和农民收入波动是新的研究热点。我国学者在以上研究中取得了辉煌的成果。然而，大部分研究着眼于农民收入的数量。随着研究的深入，部分学者发现收入数量已经不能确切反映农民的收入以及生活水平的变化。有学者在研究农民工收入时提出了"收入质量"的概念。该概念指出，农民工收入不仅有量的规定性，也有质的规定性。收入质量涵盖收入的充足性、结构性、稳定性、成本性和知识性五个维度。收入数量实际上依赖于收入质量，没有收入质量的提高就没有收入数量的增长。

依托于收入质量，学者们进行了探索性的研究。对农民工收入质量的研究表明，收入充足、结构合理、增长稳定、获取成本低、知识含量高的农民工自我感知的收入质量满意度高。相比于城镇居民，农民工的收入公平感严重失衡，收入质量满意度低。随后，收入质量的研究对象从农民工转为农户。这不但是因为农户是农业生产、农产品销售和剩余产品消费的基本单位，而且随着时代发展，农户农业收入比重急剧下降，工资性收入大幅提升，与收入质量的概念契合。此外，随着户籍制度改革，农民工将成为一个历史称谓。农民将不再被城乡"二元"经济和户籍制度所束缚，成为一个真正的职业——从事农业生产的行为人。因此，收入质量的研究对象从农民工到农户的转移，具有一定的必然性。收入质量通过借鉴人力资本理论和经济增长理论，以收入数量为评价基础，从收入的充足性、稳定性、结构性、成本性以及知识性五个方面考察收入的优劣程度。收入质量对贷款行为的起始阶段、决策阶段和实施阶段均有着显著影响，收入质量概念应纳入贷款风险评级体系中。

收入质量概念提出的时间不长，但成果卓越：相关学者提出并改进了收入质量概念，还初步选取指标构建了农户收入质量体系。收入数量与收入质量的变化分别属于量变和质变，但二者之间相互依存。然而，现有研究存在着一些不足。首先，收入质量缺乏一个评价体系构建，以往研究虽然提出了收入质量有高低之分，但是缺乏量化和综合评价。其次，收入质量应为客观评价收入的概念。收入数量的变化体现的是名义收入水平的变动，属于量变；收入质量的变化体现的是经济实力的增长，属于质变。使用自我感知的满意度进行评价较为不妥。再次，收入质量的现有研究方法较为单一，多数研究将五个维度分别作为自变量放入回归方程观察是否显著，没有凸显收入质量是一个单独的经济概念。最后，目前没有研究使用结构方程模型确认和评估收入质量体系是否适当合理。一个正确的收入质量体系是构建评价体系的前提。因此，本书的经济意义在于，通过构建结构方程模型，对收入质量体系进行二阶验证性因子分析，探究收入质量体系构建的合理性，验证五个维度对收入质量影响的显著性和影响程度，为收入质量评价体系的建立和收入质量评价的量化奠定基础。

（二）农户收入质量体系构建及理论假设

如前文所言，收入数量已不能确切反映农户的收入水平和生活水平，而收入质量可以很好地弥补这一缺憾。收入质量不但决定了收入水平，而且决定了农户参与经济活动的程度。农户的消费、投资与贷款等行为，都与自身的收入质量相关，这也是收入质量的经济意义之一。根据收入质量的概念，收入质量体系应由以下五个维度构成：收入的充足性、结构性、稳定性、成本性和知识性。

收入的充足性。收入的充足性是指收入数量能否满足农户的需求，体现了收入质量的深度。农民收入如何增长始终是农业经济管理学术界最为重视的问题之一。解决"三农"问题的关键需要不断增加农民收入，农民收入问题影响到农民的生活水平，影响到农业生产能力，也影响到国民经济中的市场需求。已有文献中提到的农民收入主要是指农民的收入数量，收入数量的充足，是收入质量提高的根本前提。此外，农户的收入是否充足，除了需要考虑其收入数量之外，还需要考虑其收支情况和潜在的收入（如增加了劳动力）。无论是农户的收入水平，还是其参与经济活动的程度，理性的经济人均会结合以上因素进行思考。因此，本书提出假设1：农户收入的充足性越高，收入质量越高。

收入的结构性。收入的结构性是指农户各种收入来源的比例，体现了收入质量的广度。收入结构的变迁体现在两个方面，一是收入来源多元化，二是各收入来源比例优化。收入来源多元化，农户的收入来源增加，提高了收入水平；各收入来源比例的优化，是收入增长的原因之一。合理的收入结构，降低了收入大幅波动的风险，提高了农户参与经济活动的信心。由于农户获得收入渠道的分化，收入结构的合理性研究需要将研究主体分为以家庭经营性收入为主和以工资性收入为主的农户。本书认为，主要收入来源所占比例越高，收入来源越多，收入结构越合理。但如今，家庭经营性收入比重降低，无法成为农民收入持续增长的源泉，根本原因在于各产业劳动生产率的不同。因此，本书根据以上分析提出假设2：农户收入的结构性越合理，收入质量越高。

收入的稳定性。收入的稳定性是指农户收入的波动情况，体现了收入质量的平稳度。已有很多学者经研究后发现，收入不稳定的农户收入数量较低。此外，收入越不稳定的农户，其消费边际倾向越低。综上可知，收入不稳定的农户，其生活水平和经济活动参与度较低。即使收入数量很高，理性也会促使其将收入储蓄以杜绝风险。此外，相对于其他行业，农户收入的稳定性受到经济波动、气候等因素影响较为严重，不利于农户收入水平的提升。收入的稳定性不但体现在收入数量的稳定性，也体现在工作的稳定性上。因此，本书提出假设3：农户收入越稳定，收入质量越高。

收入的成本性。收入的成本性是指农户在获取收入过程中支付各项成本的情况，体现了收入质量的效率。随着时代发展，收入的成本不但包括农户在经营过程中所需要购买农机农具、种子、化肥、饲料、农药、灌溉等的花销，也包括人际关系投入和交通投入。即在传统的物力成本和劳力成本的基础上，农户的成本中逐渐出现了交易成本和流动成本。在获取收入的过程中，支付的成本过高，将严重影响农户的收入水平与经济活动参与程度（农户会将收入进行预防性储蓄，信贷可以较好地解决此种现象）。因此，本书提出假设4：收入获取过程中的成本越低，收入质量越高。

收入的知识性。收入的知识性是指农户内部成员拥有的能够获得收入的知识和技能，体现了收入质量的核心——人力资本。明瑟方程指出，收入与受教育年限和工作经验高度相关。通过借鉴人力资本理论和经济增长理论，收入质量将受教育程度和技能水平等作为内生变量之一。农户成员的受教育程度、技能水平的高低，显著影响他们的接受能力、预防风险与控制风险的能力。

117

知识丰富的农民，经营能力和工作能力往往较高，更有利于收入水平和生活水平的提高。而对风险的有效防控，能够提高经济活动的参与程度。可见，人力资本将影响农户收入，尤其是非农收入。因此，本书提出假设 5：收入的知识性对收入质量影响程度大，影响方向为正。

以上五个假设在本书总结有关收入质量各维度的文献基础上，结合相应分析提出，从理论上对收入质量体系进行了说明。

(三) 数据来源、方法与变量选择

1. 数据来源和样本基本情况

本节 "农户收入质量体系的微观验证研究" 数据来自国家自然科学基金 "基于农户收入质量的农村正规信贷约束模拟检验及政策改进研究" 项目组于 2014 年 7 月至 8 月进行的入户调查。调查组随机抽取确定了陕西省宝鸡市、陕西省咸阳市、甘肃省定西市、河南省信阳市和山东省潍坊市作为调查地点，根据当地收入水平高低，每个市随机抽取 3 个县，每个县抽取 7 个村，每个村抽取 12—14 户。共发放问卷 1465 份，回收有效问卷 1420 份，有效率为 96.9%。样本的基本情况见表 3 - 6。

表 3 - 6　样本家庭基本情况

	平均数	中位数
性别（女性 = 1）	0.44	0.00
年龄	45.89	47.00
受教育程度	2.90	3.00
务农时间（年）	22.39	25.00
耕地面积（亩）	3.58	2.10
家庭年收入（元）	62064.24	50000.00
农户总资产（元）	276699.57	200000.00
样本数	1420	

注：受教育程度一栏中，没上过学 = 1，小学 = 2，初中 = 3，高中 = 4，职业技术学院 = 5，本科及以上 = 6。

2. 方法选择

由于本书的研究目的之一是验证收入质量概念的合理性以及收入质量各维度之间与收入质量本身的联系，又涉及收入质量、收入质量的各维度等众多潜变量，传统回归方法无法衡量。因此本书选择验证性因子分析作为研究方法。验证性因子分析又称为验证性因素分析，与探索性因子分析构成了因子分析法。相对于探索性因子分析，验证性因子分析必须有特定的理论观点或概念构架作为基础，然后借由数学程序来确认评估该理论观点所导出的计量模型是否适当合理，因此，理念构架对验证性因子分析的影响是在分析之前发生的，其计量模型具有先验性。验证性因子分析被使用于检验一组测量变量与一组可以解释测量变量的因素构念间的关系，并分析确认实现假设的测量变量与因素间关系的正确性，非常适合收入质量概念的验证。

验证性因子分析属于结构方程模型（SEM）的一种次模型，为 SEM 分析的一种特殊应用。由于 SEM 的模型界定能够处理潜在变量的估计与分析，具有高度的理论先验性。因此可根据潜在变量的内容和属性，提出适当的测量变量，借助 SEM 的分析程序，便可以对潜在变量的结构或影响关系进行有效的分析。SEM 由测量模型和结构模型两部分组成，其模型表达形式为：

测量方程：

$$X = \Lambda_x \xi + \delta, Y = \Lambda_y \eta + \varepsilon \qquad \text{公式 3 - 8}$$

结构模型：

$$\eta = B\eta + \Gamma\xi + \zeta \qquad \text{公式 3 - 9}$$

其中，X 为外生观测变量，ξ 为外生潜变量，Λ_x 为外生观测变量在外生潜变量上的因子载荷矩阵，δ 为外生观测变量的误差项。Y 为内生观测变量（在因子分析中用来生成内生潜变量的变量），η 为内生潜变量，Λ_y 为内生观测变量在内生潜变量上的因子载荷矩阵，ε 为内生变量的误差项。B 和 Γ 都是路径系数，B 表示内生潜变量之间的关系，Γ 则表示外生潜变量对于内生潜变量值的影响，ζ 为结构方程的误差项。

本书使用的二阶验证性因子分析是验证性因子分析的特例，由于收入质量的五个维度高度相关，收入质量概念比收入质量五个维度更高一阶，收入质量五个维度均受到收入质量影响，亦即收入质量五个维度中的任一变动，均可认为是收入质量的变动。本书的二阶验证性因素分析假设模型表达如图 3 - 2 所示。

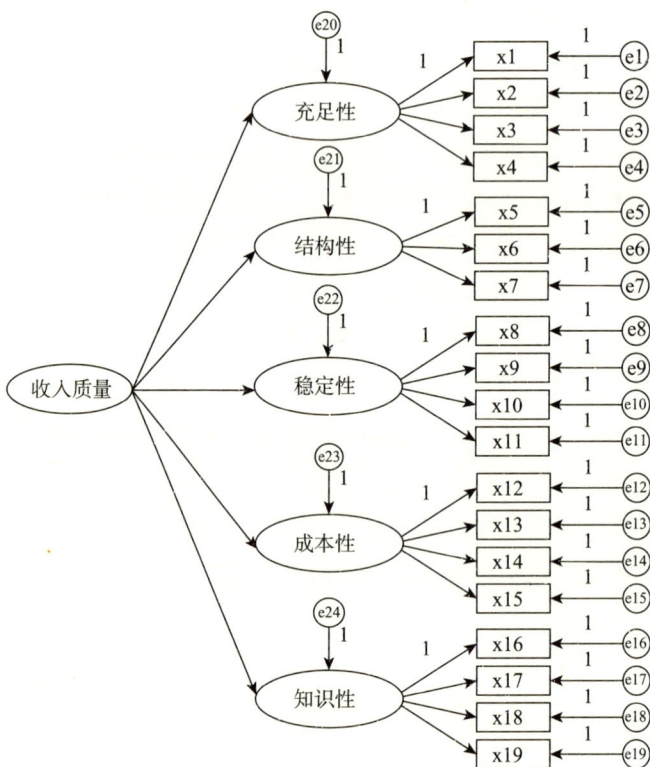

图 3 - 2　二阶验证性分析假设模型

3. 变量及指标选取

基于现有文献和理论分析，本研究选取了 19 个观测变量衡量收入质量的五个维度。收入充足性的四个指标为 2013 年农户总收入、农户收支状况、收入增加可能性和花销后结余满意度。收入结构性的三个指标为最主要收入来源占比、收入来源数和各收入来源比例离差平方和。收入稳定性的四个指标为收入数量稳定性、收入来源稳定性、更换工作次数和总收入增长状况。收入成本性的四个指标为获取收入的生产成本、收入获取的难易度、获取收入中人际关系投入和获取收入的活动范围。收入知识性的四个指标为家庭成员参加技术培训个数、三年内接受培训次数、受教育程度和工作技能水平。本研究均采用李克特五级量表法对问题变量进行赋值。由于收入的成本性中的指标属于逆指标，即数值越小越好，不利于因子分析。因此本书将逆指标进行转换，将问卷中原来的 1—5 转换为 5—1。变量的名称、编号和取值说明见表 3－7。

表 3－7　变量名称及取值说明

收入质量维度	变量名	符号	变量取值说明	均值
收入的充足性	2013 年农户总收入	X1	1＝1 万元以下，2＝1 万—5 万元（不含），3＝5 万—9 万元（不含），4＝9 万—16 万元，5＝16 万元以上	2.68
	农户收支状况	X2	1＝支出远远大于收入，2＝支出大于收入，3＝支出与收入持平，4＝支出小于收入，5＝支出远远小于收入	3.32
	收入增加可能性	X3	1＝没有增长可能性，2＝增长可能性较小，3＝增长状况不太清楚，4＝增长可能性较大，5＝增长可能性很大	2.08
	花销后结余满意度	X4	1＝非常不满意，2＝不满意，3＝无所谓，4＝满意，5＝非常满意	2.90
收入的结构性	最主要收入来源占比	X5	1＝50% 以下，2＝50%—65%（不含），3＝65%—80%（不含），4＝80%—95%，5＝95% 以上	3.88
	收入来源数	X6	1＝没有收入来源，2＝只有一种，3＝有两种，4＝有三种，5＝有三种以上	3.20
	各收入来源比例离差平方和	X7	1＝0.6 以上，2＝0.45—0.6（不含），3＝0.3—0.45（不含），4＝0.15—0.3（不含），5＝0.15 以下	2.02

续表

收入质量维度	变量名	符号	变量取值说明	均值
收入的稳定性	收入数量稳定性	X8	1 = 非常不稳定，2 = 不稳定，3 = 不清楚，4 = 比较稳定，5 = 非常稳定	3.15
	收入来源稳定性	X9	1 = 非常不稳定，2 = 不稳定，3 = 不清楚，4 = 比较稳定，5 = 非常稳定	3.28
	近三年更换工作次数	X10	1 = 4 次及以上，2 = 3 次，3 = 2 次，4 = 1 次，5 = 没有更换	4.03
	近三年收入增长状况	X11	1 = 没有增长或非常慢，2 = 比较慢，3 = 一般，4 = 比较快，5 = 非常快	1.94
收入的成本性	获取收入的生产成本	X12	1 = 投入远大于收入，2 = 投入大于收入，3 = 投入与收入持平，4 = 投入小于收入，5 = 投入远小于收入	3.60
	收入获取的难易度	X13	1 = 非常难，2 = 比较难，3 = 一般，4 = 比较容易，5 = 非常容易	2.21
	获取收入中的人际关系投入	X14	1 = 非常多，2 = 较多，3 = 不清楚，4 = 较少，5 = 不需要	4.14
	获取收入的活动范围	X15	1 = 在外省，2 = 在本省，3 = 在本市，4 = 在本县城，5 = 在当地乡镇	4.14
收入的知识性	家庭成员参加技术培训个数	X16	1 = 没有，2 = 1 个，3 = 2 个，4 = 3 个，5 = 3 个以上	1.31
	三年内接受培训数	X17	1 = 没有，2 = 1 个，3 = 2 个，4 = 3 个，5 = 3 个以上	1.39
	受教育程度	X18	1 = 没上过学，2 = 小学，3 = 初中，4 = 高中，5 = 大学及以上	2.86
	工作技能水平	X19	1 = 完全体力型，2 = 拥有部分技能，3 = 一半体力型一半技术型，4 = 主要技能型，5 = 完全技能型	2.14

从表 3 - 7 可知，被调查农户收入充足性的指标平均值较低，说明收入数量较少。农户的收入来源平均在 2 种以上。被调查农户的收入普遍稳定但增长速度较慢。调查表明，经营非农产业或

规模化农业为主的农户，受到市场因素等影响，收入较高但稳定性较差；以工资性收入为主的农户，由于工作主要以打工为主，属于临时工作，所以收入居中但稳定性一般；以传统种植业为主的农户，由于耕地面积有限和国家粮食最低收购价格保护，除非受到严重自然灾害，否则收入虽少但稳定性较强。这种现象其实不利于农户收入的增长。收入的知识性各指标均值较低，说明被调查农户获得收入所包含的知识性普遍较低。此次调查再次证明，收入的知识性对收入有着至关重要的影响。收入前20%的受调查对象的平均受教育程度和技能水平分别比平均值高出10.5%和23.4%。

（四）拟合评价和参数估计

使用结构方程模型的前提是模型可以识别。t法则认为，模型可识别的一个必要条件是 $t \leq (m+n) \times (m+n+1)/2$。其中，t为模型中自由估计的参数个数，m是测度潜变量的可观测变量个数，n是测度解释因变量的可观测变量个数。在本书模型中共包含49个参数，19个可观测变量，符合t法则的识别条件，因此本书的结构方程模型可识别。

在使用问卷调查数据之前，需要对该数据进行信度检验和效度检验，以分别证明模型设计的问题能够一致反映模型中的潜变量，以及问卷设计问题有较高的解释力。信度检验一般使用Cronbach提出的 α 系数测量，α 系数越接近1，说明信度越高。在现有研究中，当 α 系数大于或等于0.7时，认为其内部一致性较高，在0.35至0.7之间则认为一致性普通。效度检验一般使用KMO和Bartlett球形检验方法，KMO值大于或等于0.7时，认为其非常适合做因子分析，在0.5以下不适合使用。Bartlett检验值用于检验各变量是否互相独立，拒绝原假设说明可以做因子分析。本书使用SPSS软件对数据进行信度和效度检验，使用Amos7.0软件进行结构方程的参数估计。收入质量各维度的观测变量参数估计与信度检验结果见表3-8。

表 3 - 8　收入质量各维度的观测变量参数估计与信度检验结果

收入质量维度	观测变量	估计值	伴随概率	α 系数	KMO 值	Bartlett 检验值
收入的充足性	X1	0.528	***	0.806	0.870	614.935 (0.000)
	X2	0.635	***			
	X3	0.388	***			
	X4	0.588	***			
收入的结构性	X5	0.917	***	0.726	0.763	269.744 (0.000)
	X6	-0.363	0.023			
	X7	0.041	0.179			
收入的稳定性	X8	0.843	***	0.812	0.743	1216.505 (0.000)
	X9	0.873	***			
	X10	0.203	***			
	X11	0.204	***			
收入的成本性	X12	0.717	***	0.713	0.761	363.199 (0.000)
	X13	0.171	***			
	X14	0.098	0.007			
	X15	-0.126	***			
收入的知识性	X16	0.672	***	0.834	0.784	620.891 (0.000)
	X17	0.710	***			
	X18	0.324	***			
	X19	0.271	***			

注：*** 表示参数在 0.001 的显著性水平显著。

由表 3 - 8 可以看出，收入的结构性潜变量下的 X7 "各收入来源比例离差平方和" 在 0.05 的显著性水平下不显著，说明该观测变量不能很好地反映收入的结构性。收入质量五个维度内部一致性较高，除 X7 外解释变量全部在 0.05 显著性水平下显著。五个收入质量维度的 KMO 值均大于 0.7，表明变量数据可以用于实证研究。

结构方程模型通常采用总体拟合指数（GFI）、比较拟合指数（CFI）、近似均方根误差指数（RMSEA）和卡方值比上自由度（CMIN/DF）等指标评价模型的拟合效果。由于本书样本量极大，卡方值比上自由度的评价代表性较差，因此本书使用前三种指标进行拟合效果判定。其中，GFI 和 CFI 大于 0.9，RMSEA 小于 0.1 时可认为结构方程模型适配良好。模型拟合指标结果见表 3 - 9。

表 3 - 9　模型拟合指标结果

指标	总体拟合指数（GFI）	比较拟合指数（CFI）	近似均方根误差指数（RMSEA）
输出结果	0.945	0.962	0.072
评价	良好	良好	良好

由表 3 - 9 可知，本书使用的模型整体拟合效果良好，可以进行结构模型之间的参数估计分析，潜变量间的参数估计结果见表 3 - 10。

表 3 - 10　潜变量间的参数估计结果

指标	路径	参数估计值	伴随概率
收入的充足性	←收入质量	0.781	＊＊＊
收入的结构性	←收入质量	0.472	＊＊＊
收入的稳定性	←收入质量	0.541	＊＊＊
收入的成本性	←收入质量	0.288	＊＊＊
收入的知识性	←收入质量	0.259	＊＊＊

注：＊＊＊表示参数在 0.001 的显著性水平显著。

通过参数估计结果可知，假设 1 通过了验证。收入越充足的农户收入质量越高，且在 0.01 的显著性水平下显著。收入的充足是收入质量提高的前提，收入数量的增加才能促进收入质量的增加。高达 0.781 的影响能力证明了收入质量理论是建立在一定收入数量的基础之上。

收入的结构性对收入质量的影响显著，且方向为正，部分验证了本书的假设 2。这说明，收入结构越合理的农户收入质量越高。已有文献关注收入结构合理性的较少，而关注收入结构变迁过程的较多。目前，农民的工资性收入数量和所占比例均日益增长，农民的收入结构呈现分化——以家庭经营收入为主和以工资性收入为主。从本书的模型结果可以看出，最主要收入来源收入比例的提升会显著提高家庭收入质量。在调查中也发现，高收入农户的主要收入来源依然是经营性收入，既有传统的农业种植养殖，也有新兴的农产品加工甚至非农产业的经营。与原假设 2 相悖的是，变量 X6"收入来源数"的影响显著系数为负，预示着收入质量提高的过程中收入来源在减少，这证明了农业的未来发展趋势是现有农民的彻底分化：一部分彻底放弃农业进城务工；另一部分进行农业专业化生产或单一化经营。

收入的稳定性对收入质量的影响在 0.01 的显著性水平下显著且为正，本书的假设 3 通过了验证，即收入越稳定的农户收入质量越高。研究发现，收入稳定性高的农户，其消费水平、金融需求、信贷行为、创业意向和生活水平均高于收入稳定性差的农户，其深层原因是收入质量的优劣。另外，工资性收入为主的农户，其收入的稳定性一般高于家庭经营性收入为主的农户，这说明收入的结构性和稳定性之间可能暗含相关关系。收入稳定性的影响能力达到 0.541，仅次于收入充足性，同样属于重要的收入质量维度。

收入的成本性对收入质量的影响在 0.001 的显著性水平下显著且系数为正。由于在数据的处理过程中，将获取收入过程中需要成本的问题从成本高到成本低排序，因此本书的假设 4 同样通过了验证，即收入的成本性越低，收入质量越高。收入成本性的影响能力为 0.288，相对于收入充足性和收入稳定性，该维度的重要程度相对较弱，亦即在获取收入过程中，农户更加重视收入充足和稳定而不是收入所需支付的成本。值得一提的是，在衡量该维度的观测变量中，变量 X15"获取收入的活动范围"影响显著且系数为实。这预示着在外地获取收入可能比本地所需支付的成本更少，很可能是在外省工作的农民在一年中很少回到家乡，从而降低了流动成本。

收入的知识性对收入质量的影响在 0.001 的显著性水平下显

著且系数为正，本书的假设 5 通过了验证，即农户的整体知识或技能水平越高，收入质量越高。随着人力资本时代的来临，农户在提高收入方面也需要较高的知识性：农业经营需要管理技能，农业新技术推广与扩散需要农作物的种植技能、新技术的学习能力和信息搜索能力，技能型工作的工资往往高于体力型工作，并且变相地降低了劳动成本。但是，该维度的影响能力为 0.259，在所有维度中影响能力最弱，说明在经济转型时期，收入与知识性的相关程度还不够，收入的知识性亟待重视。

（五）结论与建议

本节通过对收入质量概念的分析，根据 1420 份农户调查数据，采用结构方程模型，对收入质量体系进行二阶验证性因子分析，探究了收入质量体系的合理性以及各维度与收入质量的关系，得到了如下结论。第一，收入质量与其各维度之间的路径系数均显著，说明收入质量由收入的充足性、结构性、稳定性、成本性和知识性构成，其体系构建正确合理。第二，收入的充足性是收入质量中最重要的维度，是收入质量的基础，是收入从量变到质变的前提。收入的稳定性是收入质量中同样重要的维度，收入的稳定会增加农户消费和投资等行为的信心。收入的结构性显著正向影响收入质量。收入渠道的分化，导致收入结构的合理性需要全面理性思考。同时，收入质量提高的过程中收入来源在减少。第三，相对于收入的充足性、结构性和稳定性，成本性和知识性的影响能力相对较低。农户获取收入过程中付出成本越低，使用到的整体知识和技能水平越高，其收入质量越高。

依据研究结论，为了促进农户收入质量的提升，有以下几方面建议。首先，从收入的充足性入手。推进以人为核心的新型城镇化，有序推进农业转移人口市民化，将有能力、有意愿并长期在城镇务工经商的农民工及其家属逐步转为城镇居民有助于提高转移就业农民的工资性收入。此外，新型城镇化需要与新型工业化、信息化和农业现代化同步发展。其中，城镇化是平台，农业现代化是发展的根基，两者相辅相成。新型城镇化同样有助于农业的发展，提高农民的家庭经营性收入。鼓励土地流转和农村剩余劳动力转移就业，推进土地承包权的确权登记颁证工作，鼓励农户自愿以多种合法方式流转承包土地，解决承包土地细碎化等问题。在引导土地经营权有序流转的同时，还要注意土地流转用途以及合理确定土地面积，在规模经营上追求"适度"，而不是"一味扩大"。同时，依照 2014 年中央农村工作会议精神和 2015 年中央一号文件，参考日本学者今村奈良臣"六次产业"理念，将产业链、价值链等现代产业组织方式引入农业，促进一、二、三产业融合互动，形成生产、加工、销售、服务一体化的完整产业链，这不但可增加农产品价值，也增加农村就业岗位，而且可拓展农村就业领域，提高了农户的收入充足性。其次，从农户收入结构性和稳定性出发，落实惠农政策，增加财政支农力度，优化财政支农的支出结构，建立完善的财政支农资金绩效考评机制，提高资金使用效率，增加农户的转移性收入。另外，金融机构应积极增加农村金融创新产品，适当增加农户的贷款展期。增加政府以及保险机构在农村金融中的功能，以政府产业政策为导向，以政府财政投入的基金做担保，银行等金融机构为符合贷款条件的担保对象提供贷款，保险公司对上述贷款提供保证保险，从而对贷款进行有效控制和风险分散。财政与金融的扶持措施，将优化农户收入结构，提升农户收入的稳定性，降低收入成本。再次，大力发展农业新型经营主体和农业中介组织，改进"农户＋公司"或"农户＋合作社"的农业产业化模式，将农业新型经营主体——家庭农场加入产业化模式中，既能解决"农户＋公司"模式中农户议价能力弱的问题，也能弥补"农户＋合作社"模式下农户经营规模小导致该模式生产水平低、不稳定的缺陷，提高农户在市场上的竞争能力，降低农户增收的交易成本。最后，要提高农民素质，引导农民科技致富。这不但体现在基础教育的普及上，而且要积极发展成人教育和科技培训：一方面通过向农民发放"教育券"和"培训券"，加强对农村劳动力的职业培训和职业技能鉴定服务，提高其转移就业能力；另一方面组织专业人员进村办班指导，针对不同情况设计特定培训内容，培育新型职业农民。充分发挥财政支农资金的杠杆效应，使用较少的财政支农资金，撬动较多的社会资本，增加成人教育和科技培训投入，提升农户收入的知识性。

▶ 第四章
农民收入质量体系构建与验证

一 收入质量研究从微观到宏观的变迁

(一) 研究对象的变迁

收入质量概念最早应用在研究农民工收入的问题上：研究农民工收入不应只关注其收入数量，而应综合研究其收入是否充足、收入结构是否合理、收入是否稳定、获取收入成本是否过大和农民工本身是否拥有技术和高学历等方面。收入质量由收入的充足性、结构性、稳定性、成本性和知识性五个维度构成。有学者依据陕西、山西、湖南、湖北、广西等 10 地的农民工调查数据，利用 Logit 模型分析了影响农民工收入质量的因素。农民工收入质量高具体表现为收入质量各个维度的领先。随后，收入质量的研究对象转为农户。这不但是因为农户是农业生产、农产品销售和剩余产品消费的基本单位，而且随着时代发展，农户农业收入比重急剧下降，工资性收入大幅提升，可以将收入质量的概念引入以农户为对象的研究上来。此外，随着户籍制度改革，农民工将成为一个历史称谓，农民将不再被城乡"二元"经济和户籍制度所束缚，成为一个真正的职业——从事农业生产的行为人。农户是从事农业生产的基本单位，因此是微观层面的研究对象。但随着收入质量理论的日益成熟，收入质量涉及的领域越来越广。在将收入质量引入宏观领域的农业经济管理时，其研究对象必须也只能以农民这个职业群体为研究对象。通过研究农民这个群体，可以探究该群体的深层收入状况以及与农业经济或者整个宏观经济的影响与联系。同理，收入质量概念可以突破农业经济管理范畴，研究对象也可以从农民整体变迁至城镇居民甚至全部居民。

（二）研究意义的变迁

收入数量是收入水平的表象，收入质量是决定收入水平的内在原因。收入质量是全面评价收入的指标。已有研究对收入数量、收入结构、收入波动情况等有较为详细的研究以及政策建议，但缺乏结合这些维度的深入思考。现有研究一般将收入的成本、受教育水平等作为收入的影响因素，但收入质量将其纳入为内生变量。其中，作为收入质量的核心，收入的知识性则将收入与人力资本相结合，将人力资本吸纳到收入质量的概念之中。综上可知，收入质量综合考虑了收入的各个方面，是一个全面评价指标，是客观评价收入的指标。收入数量的变化体现的是名义收入水平的变动，属于量变；收入质量的变化体现的是经济实力的增长，属于质变。收入数量的变化由于受到收入来源、收入波动、物价水平、人力资本等因素影响，其横向纵向对比更倾向于主观感觉，而收入质量对收入的评价更为客观。因此，收入质量在微观领域的主要意义在于，研究单个农户的收入状况及其与其他因素的联系。而且，收入质量的优劣不但决定农民自身的收入水平，也是决定经济活动的根本原因。经济学假设经济人参与经济活动是理性的。因此，无论在消费还是投资过程中，收入数量并不是使人做出理性分析的唯一指标。在决策过程中，人们需要斟酌收入方面的因素，无外乎收入质量的五个维度。宏观视角下收入质量研究的另一个意义在于，以农民为整体，研究对象不再是个案。宏观研究可能无法探究部分农民收入出现的具体问题，然而可以很好地反映现如今农民收入的现状。

（三）研究理论的变迁

收入质量研究理论的变迁主要体现在两个部分。首先是研究相关理论基础的变化。微观经济学重视方法论的个体主义，即最有效和最恰当的社会科学认识应来自个体现象或过程的研究，个人总是努力去获取最有用的信息和从事有目的的活动（经济人假设）。个体主义认为，一切市场行为和经济现象都可以从个人的行为出发，进而理解市场的行为。收入质量在微观领域的研究，以农民工或农户为对象，从他们的角度出发，研究其对市场造成的影响。然而，宏观经济学重视方法论的整体主义。由于相互作用与影响，所有受到整体驱动和制约的组成部分的简单代数求和小于整体，这是整体主义的最大特点，个人的行为可以从整体的宏观系统中演绎得出。本书将收入质量概念引入宏观之中，以农民整体作为研究主体，以能够代表我国整体农民真实水平的农民收入质量作为研究对象，可演绎农民个体的行为。其次是研究收入质量时从主观到客观的变化。在研究农民工收入质量时，收入质量的高低是一个自我感知变量，完全由农民工自身认知得出。而农民工的自身认知是否准确，一些学者对此持怀疑态度。在对农户的收入质量研究中，已有学者较好地解决了这个问题。但问卷中有关农户收入质量各维度的调查依然是农户的主观反映。如"您认为您家庭收入是否可以满足开销"，这个问题的答案因人而异，缺乏客观的标准。将收入质量概念引入宏观领域，采用统计方法对收入概念进行量化，更加具有参考的意义。

（四）研究内容的变迁

如本书第二章理论框架中所阐述的，收入质量概念提出之时的研究对象为农民工，通过考察收入质量的不同维度反映农民工的生活质量。农民工的收入数量、获取收入周期、工作地点等是否稳定与其生活质量息息相关。因此，最初的收入质量维度设计中，收入的稳定性的重要程度仅次于收入的充足性。但随着研究对象的变迁，学者对农民工收入质量的关注逐渐转移至农户甚至是农民的收入质量，研究内容亦不是仅关注农户或农民的生活质量，而是将收入质量作为农户或农民的重要的收入水平衡量指标，探究其与信贷、消费和投资等经济活动的关联。因此，通过借鉴收入分配理论和经济增长理论，根据现实情形，本书认为收入稳定性并不能很好地反映收入的波动情况，尤其在宏观视角下，收入稳定性的代表性不如收入的成长性。因此，宏观视角下的农民收入质量的五个维度组成为：收入的充足性、结构性、成长性、成本性和知识性。该维度构成与微观的收入质量略有不同，但均反映了收入质量的核心思想：从数量、结构、波动、成本以及知识水平等多个角度考察收入问题。

（五）研究方法的变迁

最早有关农民工收入质量的研究以规范分析为主，建立收入质量的五个维度，从调研数据出发，探究各维度变动对整体的影响。随后，收入质量的研究方法向实证分析方向发展。有关学者使用二元 logit、tobit 以及有序 probit 等模型，研究了收入质量作为因变量以及作为自变量对其他经济变量的影响。这些研究为收入质量的研究方法变迁奠定了基础。然而这些研究方法存在一定的不足之处。收入质量各维度分别作为自变量进入模型，没有将收入质量各维度作为一个整体。本书基于收入质量理念，构建农民收入质量指数，使用面板数据回归模型等，探究农民收入质量指数与农民消费和农民投资的关系。此外，研究方法变迁还包括收入质量的量纲问题。由于收入质量各维度所选取指标的量纲都不尽相同，而且现有文献中没有将收入质量进行整体衡量，因此量纲问题悬而未决。本书将农民收入质量体系中各指标进行无量纲化处理，最后计算得到的农民收入质量指数在 0 至 1。

二 农民收入质量体系构建

（一）农民收入质量体系内涵和构成要素

在传统收入数量的基础上，收入质量从五个维度判定收入水平和收入获取能力。该判定过程除了与传统研究收入的理论相关外，还涉及人力资本理论和经济增长理论，体现了研究的外延性。本书根据收入质量的核心思想，将其引入宏观领域之中。但正如上文所述，在宏观领域中的研究与原收入质量研究的对象、意义、理论、内容和方法等存在不同之处。与传统关注农民收入增长的研究不同的是，农民收入质量不局限于收入数量的增长，关注的是收入的多个方面的综合进步。因此，农民收入质量是指，在宏观视角下，依托收入质量理念的农民收入的充足性、结构性、成长性、成本性和知识性的总体衡量。农民收入质量可以代替传统的收入数量，判断农民收入的优劣程度和五个维度的全面进步。

农民收入质量并不是独立存在的外生变量，而是受到五个维度变化的影响。因此，农民收入质量与其各维度之间并不是简单的因变量与自变量的关系。由于农民收入质量包含五个维度，而这五个维度也不能被直接观察，因此需要选取每个维度的下一级指标构建农民收入质量体系。构建农民收入质量体系的目的之一是将农民收入质量量化，测算农民收入质量指数。

（二）评价指标选取原则

由于农民收入质量涉及五个维度指标，因此本书所涉及的指标容量较大，可供选择的指标很多，在评价指标选取时要遵循一定的原则。第一，指标要符合典型代表性。由于本书选取的是宏观指标而不是调研数据，因此指标一定要与每个维度相吻合，具有典型的代表性。第二，选取过程中要注意统计口径的变化。随着社会经济的发展，统计数据的计算方法与统计口径也在不断变化。因此，如果选取指标存在统计口径不一致的现象，若可以通过数据处理使用则保留，否则舍弃。第三，遵循数据的可获得性。在指标选取中，理论分析是不可缺少的。但是理论分析中部分代表性很强的指标缺乏相应的统计数据，就应该舍弃，转而选取代表性较强的能够寻找到统计数据的指标。第四，根据指标的关联性和因果性选择评价指标。如果在指标选取中有些指标之间存在因果关系或者相关关系，会出现多重共线性。因此，本书尽量少选择有明显的关联性和因果性指标，尽量选择相互独立的指标。

（三）　评价指标选取

1. 农民收入充足性

衡量农民收入数量能否满足生活和生产的资金需求的维度为农民收入充足性（A），作为农民收入质量的直观体现和评价基础，该维度的重要性毋庸置疑。在收入质量思想中，收入充足性与收入数量意义相同。在农民收入水平较低时，收入充足性或收入数量对农民收入水平的代表性较强。但在农民收入水平发展较快时，收入充足性只是衡量收入水平的一个方面。因此，收入充足性是农民收入质量体系中的一个维度，属于最重要的组成部分。目前统计数据中能够反映农民收入充足性的指标主要有农民总收入、现金收入和纯收入。农民总收入是指调查期内农村家庭和家庭成员从各种来源渠道得到的收入总和。现金收入是指农村居民家庭年内所有家庭成员的全部的现金形式收入。纯收入是指农村居民家庭当年从各种收入来源得到的总收入扣除获得收入所发生的费用后的收入总和。通过分析，本书认为现金收入主要衡量农民家庭现金流入情况，不能反映农民家庭全部收入，也不能完全反映农民收入是否充足，指标代表不典型，因此舍弃该指标。本书使用农民总收入（A1）、农民纯收入①（A2）和收入结余（A3）三个指标体现农民收入的充足性。其中，农民总收入是所有收入总和，衡量的是农民获取收入能力；农民纯收入是其总收入扣除获得收入所发生的费用（即所有生产及经营成本）后的部分，衡量的是农民的净收入能力；收入结余是总收入减去生产经营成本以及生活成本之后的余额，衡量的是农民积蓄和再生产的能力。这三个指标依次反映了不考虑成本的收入充足性，考虑生产经营成本的充足性，以及考虑生产生活成本的充足性，对应的数量逐渐降低。农民总收入和纯收入在历年《中国农村住户统计年鉴》（后合并为《中国住户调查年鉴》）及《中国农村统计年鉴》中可直接查询得到。农民的收入结余需经过计算，由农民纯收入减去总消费得出。

2. 农民收入结构性

衡量农民收入来源的构成、各来源所占比例以及相互关系的维度为农民收入结构性（B）。在国外的研究中，学者有时将农民收入结构定义为农民获得一次收入所需要的时间。本书将收入结构按照传统的收入比例理念理解。收入结构是收入质量的统计学体现，结构优化是经济增长的重要源泉之一，起到十分重要的作用。因此在农民收入质量各维度中，农民收入结构性是影响消费和投资最深刻的维度。我国农民收入从单一化向多元化转变：家庭经营性收入、工资性收入、财产性收入和转移性收入四部分构成了我国农民现有的收入来源。收入来源的不同，收入比例的不同，表明农民收入增长路径的不同。由于现有农民收入渠道分化明显，本书认为，收入结构的合理性体现在两个方面：以农业经营性收入为主的农民，合理的收入结构应为加大经营性收入比例，促进农业生产专业化；以非农业经营性收入为主或工资性收入为主的农民，合理的收入结构应为加大非农业经营性收入或工

---

① 2014年起我国实行城乡一体化住户调查改革，更改了统计口径。对应农民纯收入的指标更改为农民可支配收入。因此，本书2014年各地区农民纯收入数据由可比口径推算而得。

资性收入比例，加快土地流转和城镇化，迎合社会发展潮流。从以上分析可得，合理的收入结构就是加强主要收入来源。由于统计数据中的经营性收入和工资性收入之间存在较强的负相关，因此不能同时作为指标。根据上文分析以及指标特点，本书将主要收入来源比重（B1）作为指标，其计算公式为

$$mip = max(oi, wi, ti, pi)/ti \qquad 公式4-1$$

公式4-1中，mip表示主要收入来源比重，oi表示经营性收入，wi表示工资性收入，ti表示转移性收入，pi表示财产性收入，ti表示总收入。但由于目前宏观统计中我国农民收入主要来源只为经营性收入与工资性收入中的一种，因此公式4-1可简化为：

$$mip = max(oi, wi)/ti \qquad 公式4-2$$

该指标不以衡量收入结构的合理性。转移性收入的转移方式分为两部分：一是政府对农民进行收入再分配，是农民转移性收入增长的聚焦方向和主要动力；二是农民间的收入转移。该收入来源体现了收入结构中的政策因素，因此本书将转移性收入比例（B2）作为一个指标。财产性收入比例于1993年才纳入统计数据之中，又与其他收入来源存在相关性，因此本书舍弃该指标。

通过研究现有收入分配结构的文献，本书认为，农民收入结构实质上应存在内部结构和外部结构，B1和B2都是农民收入内部的结构性，外部结构是指农民收入与其他主体收入的比例，本书使用城乡居民收入水平对比（B3）作为衡量农民收入外部结构的指标，体现了农民收入与城镇居民收入的差距。相关研究表明，城乡差距是影响农民收入的重要影响因素之一，也应作为评价农民收入质量的指标。各收入比例和城乡居民收入水平对比均可在历年《中国农村统计年鉴》中查询得到。

3. 农民收入成长性

衡量农民收入增长情况的维度为农民收入成长性（C），与原收入质量概念中的收入稳定性相对应。由于受到物价、通货膨胀

等客观因素影响，如果收入与往年持平，则实际收入减少。在有关收入的传统研究中，收入的成长性经常被忽视。因为传统理论认为收入水平与收入数量紧密相连，但没有注意到收入成长性对收入数量的影响。现有学者研究证明，农民收入剧烈波动会影响农民收入的增长。收入成长性低，一方面会导致农民收入下降，另一方面会导致农民较少参与经济活动。这是因为，农民在预期到自身收入成长性低时，会增加预防性储蓄，因此在收入数量一定的情况下，收入成长性低的农民对经济增长的贡献较少。在宏观领域中，收入成长性经常使用增长率等指标代表。本书拟采用农民的经营性收入增长率（C1）、工资性收入增长率（C2）和转移性收入增长率（C3）三个指标衡量农民收入成长性。其中，经营性收入增长率反映的是农民在农业和非农领域的经营收入成长性。农业经营是否能够成长主要受经济波动、市场行情、气象等条件影响的农产品产量和价格波动，非农业经营是否成长主要受到市场行情影响。工资性收入增长率反映的是农民工资及工作岗位的成长情况。转移性收入增长率反映的是农民收入在财政政策扶持下的成长情况。农民对应的经营性、工资性和转移性收入均可在历年《中国农村统计年鉴》中查询而得，所对应的增长率计算公式为：

某来源收入增长率 = 1 - 前一年某来源收入/

某来源当年收入 - 当年 CPI 增长率　　　　公式 4 - 3

收入增长率需要减去当年 CPI 增长率是为了消除物价及通货膨胀影响，CPI 指数可在历年《中国统计年鉴》中查询而得。

4. 农民收入成本性

衡量在农民获取收入过程中各方面成本和费用的维度为农民收入成本性（D），体现了农民收入质量的效率。需要指出的是，本书所提到的农民收入成本，均是农民在获得收入过程中消耗的成本，不包括生活成本。在已有的微观层面的收入质量研究中，农民的收入成本可分为务农成本（农机、农具、化肥、种子、农药、灌溉等成本)、务工成本(求职、培训、交通等成本)和非农经营成本(租金、水电、税费等成本)等。实质上,农民收入的成本还应包括机会成本(从事一项工作而放弃的其他可能的工作)和心理成本(思乡、孤独等),但这些成本难以量化,因此本书不予考虑。在获取收入的过程中,支付的成本过高,将严重影响农民的收入水平与经济活动参与程度,农民会进行更高比例的预防性储蓄。通过以上微观研究,结合宏观数据的特点和可得性,本书选取四个指标衡量农民收入的成本性。衡量农民整体环境下的生产成本使用农业生产资料价格指数(D1)指标,衡量务工成本使用人均交通和通信支出①(D2)指标,衡量农民的实际经营成本使用家庭经营费用现金支出(D3)指标,衡量农民用于未来生产的费用支出使用购买生产性固定资产支出(D4)指标,以上指标均可以在历年《中国农村统计年鉴》中查询而得。需要注意的是,在农民收入质量体系五个维度中,只有农民收入的成本性指标属于逆指标,即农民收入的成本越少,农民收入质量越高。因此,需要在后续的量化过程中将该维度的所有指标进行转化,与其他维度的指标相统一。

5. 农民收入知识性

衡量农民在获取收入过程中能否运用知识和技能的维度为农民收入知识性(E)。收入知识性是收入质量概念的核心,也是本书农民收入质量的核心。已有大量研究表明,农民的受教育程度或者技能水平会对收入产生极为显著的影响,但是这些研究始终将受教育程度等特征归类为外生变量。随着劳动经济学的发展,越来越多的学者开始讨论收入与知识水平之间的关系。知识水平虽然难以测量,但是受教育程度是一个很好的代理变量。美国经济学家明瑟最早提出了一个研究教育收益率的方程:

---

① 该指标确实包含一部分非生产性支出,例如休闲娱乐中的交通通信费用。但结合调研发现,绝大部分交通和通信支出发生在获取收入的过程中。

$$\ln(\text{income}) = \alpha + \beta \cdot \text{edu} + \chi_1 \exp + \chi_2 \exp^2 + \mu$$

公式 4-4

公式 4-4 中，income 代表收入，edu 代表受教育年限，exp 代表工作年限。式中的 β 即为教育收益率。在明瑟方程的基础上，很多研究表明，在宏观领域，收入与受教育程度之间存在双向影响。受教育程度主要通过收入不平等影响收入，并且存在一定的滞后性。因此，教育和农民收入的关系是一个循环，并且具有长期性。通过上述分析可以看出，以受教育程度为代表的农民收入知识性有内生性的表现，因此将农民收入知识性纳入农民收入质量体系。

农民的受教育程度和技能水平的高低，显著影响他们的接受能力、预防与控制风险的能力。知识水平高的农民，经营能力和工作能力往往较高，更有利于收入水平和生活水平的提高。而对风险的有效防控，能够提高经济活动的参与程度。本书使用农村居民家庭劳动力受教育年限（E1）衡量受教育程度，使用农村成人技术培训比例（E2）衡量农民的技能水平，农村居民家庭劳动力受教育年限（E1）可在历年《中国农村统计年鉴》中查询农村居民家庭劳动力受教育程度后通过学制加权计算而得，农村成人技术培训比例（E2）在《中国教育统计年鉴》中查询农村成人文化技术培训学校结业生数后除以农民总人口计算而得。

综上，本书构建的农民收入质量体系见表 4-1。

表 4-1　农民收入质量体系

农民收入质量维度		评价指标名称
农民收入质量	收入充足性（A）	农民总收入（A1）
		农民纯收入（A2）
		农民收入结余（A3）
	收入结构性（B）	主要收入来源比例（B1）
		转移性收入比例（B2）
		城乡居民收入水平对比（B3）

农民收入质量维度		评价指标名称
农民收入质量	收入成长性（C）	经营性收入增长率（C1）
		工资性收入增长率（C2）
		转移性收入增长率（C3）
	收入成本性（D）	农业生产资料价格指数（D1）
		人均交通和通信支出（D2）
		家庭经营费用现金支出（D3）
		购买生产性固定资产支出（D4）
	收入知识性（E）	劳动力受教育年限（E1）
		成人技术培训比例（E2）

三　农民收入质量体系验证

（一）农民收入质量体系验证方法

一个科学的评价体系建立过程为，首先使用探索性因子分析确定指标，建立理论；其次使用验证性因子分析验证体系构建的合理性。由于本书的农民收入质量概念传承于收入质量概念，现有收入质量理论研究已有一定的成果，因此本书可跳过探索性因子分析阶段，然而验证性因子分析阶段必不可少。验证性因子分析可以验证农民收入质量概念的合理性以及农民收入质量各维度之间与农民收入质量本身的关系。

验证性因子分析又称验证性因素分析，与探索性因子分析构成了因子分析法。相对于探索性因子分析，验证性因子分析的过程与经济学研究范式相同，即首先在一定理论基础上提出假设，后使用数理分析验证该假设是否成立，因此验证性因子分析主要用于验证某理论的正确性或合理性。该方法借助于结构方程模型，计量上具有先验性。验证性因子分析主要处理潜在变量与观测变量，甚至潜在变量与潜在变量间的构念效度及该效度存在的合理程度，非常适合于农民收入质量概念的验证。

由于验证性因子分析方法借助结构方程模型实现，所以此处简要介绍结构方程模型。该模型主要分析概念化的、难以观测的潜在变量与能够直接观测的变量间的路径影响关系，并为路径选择提供实证依据。结构方程模型由测量模型和结构模型两部分组成，其模型表达形式为：

测量模型：

$$X = \Lambda_x \xi + \delta \qquad\qquad 公式 4-5$$

$$Y = \Lambda_y \eta + \varepsilon \qquad\qquad 公式 4-6$$

结构模型：

$$\eta = B\eta + \Gamma\xi + \zeta \qquad\qquad 公式 4-7$$

在测量模型中，因变量均为观测变量，X 和 Y 的区别为外生变量和内生变量。因此，对应的自变量分别为外生潜变量 ξ 和内生潜变量 η，其对应的系数 Λ_x 和 Λ_y 为因子载荷矩阵。结构模型中，所有变量均为潜变量，B 和 Γ 分别是内生和外生潜变量路径系数。δ、ε 和 ζ 分别为测量模型中内生误差项、外生误差项和结构模型的误差项。

本章使用的二阶验证性因子分析是验证性因子分析的特例，由于农民收入质量的五个维度高度相关，农民收入质量概念比农民收入质量五个维度更高一阶，农民收入质量五个维度均影响了农民收入质量，亦即农民收入质量五个维度中的任一变动，均可造成农民收入质量的变动。本书的二阶验证性因子分析假设模型表达如图 4-1 所示。

在图 4-1 中，外生观测变量 A1 和 A2 中的误差项本为 e1 和 e2，但是由于与农民收入质量体系中知识性维度的观测变量 E1 和 E2 名称重复（Amos 软件变量命名不区分大小写），因此修改为 e21 和 e22。

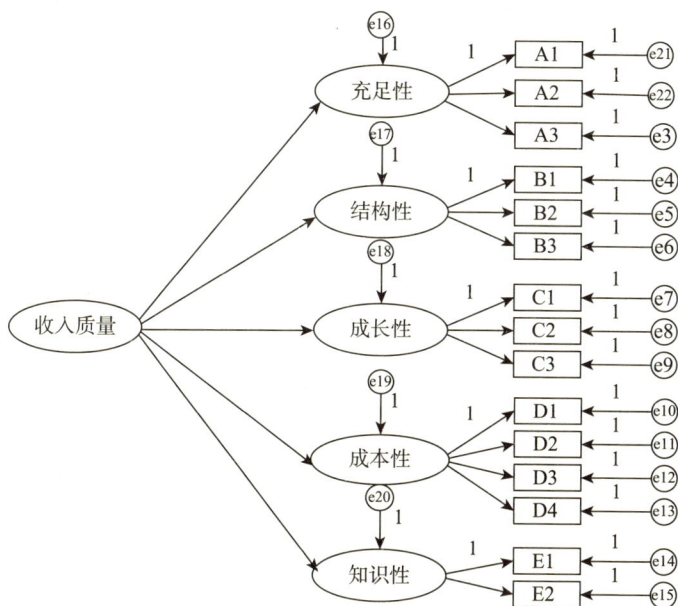

图 4 - 1   二阶验证性因子分析假设模型

（二）数据选取与描述性统计

Amos 软件处理面板数据能力较弱，但选择某年的截面数据会导致模型自由度过低，因此本书选取了 1997 年至 2014 年全国各省、自治区、市的面板数据（不包括香港特别行政区、澳门特别行政区和台湾省），使用 Stata12.0 软件进行参数评价和拟合估计。指标的选取与表 4 - 1 相同，数据来源自历年《中国统计年鉴》、《中国农村统计年鉴》和《中国教育统计年鉴》。所有指标的描述性统计结果见表 4 - 2。

表 4 - 2   农民收入质量体系指标的描述性统计

农民收入质量维度	评价指标名称	单位	平均值	最小值	最大值
收入充足性	农民总收入（A1）	万元	0.65	0.15	2.43
	农民纯收入（A2）	万元	0.48	0.12	2.12
	农民收入结余（A3）	万元	0.12	- 0.10	0.64

续表

农民收入质量维度	评价指标名称	单位	平均值	最小值	最大值
收入结构性	主要收入来源比例（B1）	%	61.12	35.85	90.16
	转移性收入比例（B2）	%	6.65	1.01	27.81
	城乡居民收入水平对比（B3）		2.94	1.60	5.61
收入成长性	经营性收入增长率（C1）	%	6.73	-36.77	122.50
	工资性收入增长率（C2）	%	15.12	-41.34	179.14
	转移性收入增长率（C3）	%	26.27	-64.65	409.28
收入成本性	农业生产资料价格指数（D1）		103.15	89.50	128.10
	人均交通和通信支出（D2）	元	569.35	49.60	2256.80
	家庭经营费用现金支出（D3）	元/人	1307.42	105.26	7814.58
	购买生产性固定资产支出（D4）	元/人	158.79	2.50	1212.84
收入知识性	劳动力受教育年限（E1）	年	7.86	2.23	10.58
	成人技术培训比例（E2）	%	7.78	0.00	35.32

数据来源：1997 年至 2014 年《中国统计年鉴》《中国农村统计年鉴》及《中国教育统计年鉴》。

从表 4-2 中可以看出，1997 年至 2014 年我国各省、自治区、市农民人均年纯收入的平均值为 0.48 万元，其中纯收入最高的是 2014 年的上海市，达到了 2.12 万元。全国转移性收入所占比例平均为 6.65%，城乡居民收入水平对比平均为 2.94。2014 年城乡居民收入差距最大的地区是甘肃省，差距最小的是天津市。在收入的增长率方面，转移性收入增长率平均最高，达到了 26.27%；工资性收入增长率为 15.12%；经营性收入增长率最低，只有 6.73%。2013 年北京、河北、山西等 8 个地方的农民经营性收入增长率为负。在收入的成本性方面各地在各年差距极大，以农业生产资料价格指数为例，1998 年湖南省只有 89.50，而 2008 年的辽宁省达到了 128.10。农村劳动力的文化程度差距也十分明显，各省劳动力受教育年限平均为 7.86 年，其中 2014 年北京市达到了 10.58 年，而西藏自治区只有 4.08 年。

（三）拟合评价和参数估计

使用结构方程模型的前提是模型可以识别。t 法则认为，模型可识别的一个必要条件是模型中自由估计的参数个数小于或等于所有可观测变量个数与该个数加一之积的二分之一。在本书模型中共包含 25 个参数，15 个可观测变量，符合 t 法则的识别条件，因此本书的结构方程模型可识别。

在使用数据之前，需要对数据进行信度检验和效度检验，以证明模型设计的问题能够一致反映模型中的潜变量，以及设计的问题有较高的解释力。信度检验一般使用 Cronbach 提出的 α 系数测量，α 系数大小与信度呈正相关。实践表明，指标间一致性的判定标准是 α 系数不小于 0.7。效度检验一般使用 KMO 和 Bartlett 球形检验方法，KMO 值大于或等于 0.7 时，非常适合做因子分析，在 0.5 以下不适合使用。Bartlett 检验值用于检验各变量是否互相独立，拒绝原假设说明可以做因子分析。本书使用 SPSS 软件对数据进行信度和效度检验，使用 Stata12.0 软件对结构方程的参数进行估计。农民收入质量各维度的观测变量参数估计与信效度检验结果见表 4 - 3。

表 4 - 3　收入质量各维度的观测变量参数估计与信度检验结果

农民收入质量维度	观测变量	参数估计值	α 系数	KMO 值	Bartlett 检验值
收入充足性	A1	0.897 ***	0.868	0.711	2216.679 (0.000)
	A2	0.900 ***			
	A3	0.886 ***			
收入结构性	B1	0.862 ***	0.746	0.789	44.844 (0.028)
	B2	0.680 ***			
	B3	- 0.813 **			
收入成长性	C1	0.843 ***	0.829	0.741	13.183 (0.004)
	C2	0.873 ***			
	C3	0.203 ***			

农民收入质量维度	观测变量	参数估计值	α 系数	KMO 值	Bartlett 检验值
收入成本性	D1	0.599 ***	0.582	0.729	648.870 (0.000)
	D2	−0.091			
	D3	0.840 ***			
	D4	0.750 ***			
收入知识性	E1	0.770 ***	0.782	0.900	35.338 (0.000)
	E2	0.911 ***			

数据来源：使用历年《中国农村统计年鉴》和《中国教育年鉴》数据计算而得。

注：*** 和 ** 表示参数分别在 0.01 和 0.05 的显著性水平下显著。

由表 4 - 3 可以看出，收入的成本性潜变量下的 D2 在 0.1 的显著性水平下不显著，说明该观测变量不能很好地反映收入的成本性。D2 与其他指标的不一致导致收入成本性的 α 系数小于 0.7，但是由于 KMO 和 Bartlett 值通过了检验，因此该维度可以进行因子分析。农民收入质量体系中其他维度内部一致性较高，除 B2 外全部指标在 0.05 显著性水平下显著，表明变量数据可以用于实证研究。

结构方程模型通常采用总体拟合指数（GFI）、比较拟合指数（CFI）、近似均方根误差指数（RMSEA）和卡方值比上自由度（CMIN/DF）等指标评价模型的拟合效果。由于本书数据中存在负数，因此部分拟合指数无法估计。卡方值比上自由度（CMIN/DF）为 9.235，但是考虑到样本数较大，属于可接受范围。总体拟合指数 GFI 为 0.930，大于 0.9 的判断标准，因此本书使用的模型整体拟合效果良好，可以进行结构模型之间的参数估计分析，潜变量间的参数估计结果见表 4 - 4。

表 4 - 4　潜变量间的参数估计结果

指标	路径	参数估计值
收入充足性	←收入质量	0.895 ***
收入结构性	←收入质量	0.801 ***

指标	路径	参数估计值
收入成长性	←收入质量	0.543 ***
收入成本性	←收入质量	-0.520 ***
收入知识性	←收入质量	0.771 ***

数据来源：通过历年《中国农村统计年鉴》和《中国教育年鉴》数据计算而得。

注：*** 表示参数在 0.01 的显著性水平显著。

通过表 4 - 4 的参数估计结果可知，收入越充足的农民收入质量越高，且在 0.01 的显著性水平下显著。收入充足是农民收入质量提高的前提，收入数量的增加才能促进收入质量的提高。高达 0.895 的影响能力证明了收入质量理论是建立在收入数量的基础之上。

收入的结构性对农民收入质量的影响显著，且方向为正。这说明，收入结构越合理的农民收入质量越高。已有文献关注收入结构合理性较少，而更加关注收入结构的变迁过程。目前，农民的工资性收入数量和比例均日益增长，农民的收入结构呈现分化——以家庭经营收入为主和以工资性收入为主。从本书的模型结果可以看出，最主要收入来源收入比例的提升会显著提高农民收入质量。收入结构性的影响能力达到 0.801，仅次于收入充足性，证明了结构优化确实是收入质量提高的源泉。该维度下的指标 B3 "城乡居民收入水平对比" 的系数显著为负，预示着城乡居民收入水平差距过高会阻碍农民收入质量的提高。

收入的成长性对农民收入质量的影响在 0.01 的显著性水平下显著且系数为正，即收入成长性越高的农民收入质量越好。研究发现，收入成长性高的农民，其消费水平、信贷行为、创业意向和生活水平均高于收入成长性低的农民，其深层原因是收入质量的优劣。收入成长性的影响能力达到 0.543，是重要的农民收入质量维度。

收入的成本性对农民收入质量的影响在 0.01 的显著性水平

下显著且系数为负，即收入的成本性越低，农民收入质量越好。收入成本性的影响能力为 -0.520，相对于其他维度，该维度的重要程度较弱，亦即在获取收入过程中，农民更加重视收入质量的其他维度而不是收入所需支付的成本。值得一提的是，在衡量该维度的观测变量中，指标 D2"人均交通和通信支出"系数不显著，这说明人均交通和通信支出并不适合作为衡量农民收入质量成本性的指标。务工成本主要包括房屋租赁费用、交通费用、税费、意外损失和机会成本等，这些指标在统计数据中要么没有细分务农和务工费用，要么包含在生活消费统计中，要么没有纳入统计。舍弃"务工成本"的做法是合理的，在我国所有统计年鉴中，工资性总收入与工资性纯收入的数值是相等的，根据纯收入定义可知，纯收入应等于总收入减去获取收入过程中所支付的成本和费用。这说明，国家统计局认为工资性收入是没有成本的（或者生产成本和生活成本无法区分）。因此，本着与国家统计口径一致以及可获得性原则，本书舍弃 D2 指标，成本性维度由三个指标构成。

收入的知识性对农民收入质量的影响在 0.01 的显著性水平下显著且系数为正，即农民的整体知识或技能水平越高，收入质量越好。随着人力资本和信息时代的来临，农民在提高收入方面也需要较高的知识性：农业经营需要管理技能，农业新技术推广与应用需要农作物的种植技能、新技术的学习能力和信息搜索能力，技能型工作的工资往往高于体力型工作，并且变相地降低了劳动成本。该维度的影响能力达到了 0.771，仅次于收入的充足性和结构性，说明了收入知识性对农民收入质量的重要性。

综上，农民收入质量与其各维度之间的路径系数均显著，说明农民收入质量由收入的充足性、结构性、成长性、成本性和知识性构成，其体系构建正确合理。农民收入质量体系中维度的重要性依次为：收入的充足性、结构性、知识性、成长性和成本性，与微观研究结论略有不同。

四　本章小结

　　本章分析了以收入质量为对象的研究从微观到宏观转变过程中的特点，构建了农民收入质量体系。通过理论分析、一定的指标选取原则以及结合我国国情，本书选取了 15 个指标构建农民收入质量体系，并通过验证性因子分析验证农民收入质量体系的合理性。实证结果表明，本书构建的农民收入质量体系基本正确合理，该体系中维度的重要性依次为：收入充足性、收入结构性、收入知识性、收入成长性和收入成本性，其中收入成本性对农民收入质量呈负向影响。为了与统计口径保持一致，本章建立的农民收入质量体系除去了代表农民务工成本的"人均交通和通信支出"指标。本书余下章节将对农民收入质量体系进行量化和评价，测算农民收入质量指数，以此为基础研究其对农民消费及投资的影响。

▶ 第五章
农民收入质量测算与评价

在上一章节中，本书建立了农民收入质量体系，为农民收入质量指数的测算与评价奠定了基础。当前以收入质量为核心思想的研究，多采取将各维度作为独自变量的方法，缺乏将收入质量作为一个整体的研究方法，并且也没有解决收入质量"优劣"如何评价的问题。本章在已构建的农民收入质量体系基础上，使用熵值法获得权重，分别测算历年我国农民收入质量指数以及我国各地区农民收入质量指数。在农民收入质量指数的基础上，使用正态云模型评价模型，评价各地区农民收入质量的优劣，以期弥补现有研究的不足之处。

一 农民收入质量测算

（一）农民收入质量测算基本思想

本书提到的农民收入质量测算，与现有研究的体系评价类似。其测算的基本思想大致相同，使用线性加权综合法：

$$y_i = \sum_{j=1}^{n} w_j x_{ij} \qquad\qquad 公式 5 - 1$$

该方法通过对 n 个指标进行加权求和，将最后的求和结果作为综合评价依据。其中，在公式 5 - 1 中，对指标 x_{ij} 赋予的权重为 w_j，$0 \leqslant w_j \leqslant 1$，并且 $\sum_{j=1}^{n} w_j = 1$。y_i 是第 i 个评价体系的最终加权求和结果，亦为综合评价依据。x_{ij} 为观测数据，对应于第 i 个评价体系中的第 j 个指标。在实际操作中，x_{ij} 一般会进行无量纲化处理，以避免求综合值的过程中受到量纲的影响。现有的较为普遍应用的评价方法有层次分析法（AHP）和模糊评价法，主要区别于权重的获得过程，而综合值的计算均采用线性加权综合法。

（二）农民收入质量测算中权重的确定

熵值法原本属于系统工程科学，现在广泛地被应用于评价体系等经济学领域，是学科交叉的新兴求权方法。其核心思想是某指标应赋权重系数与该指标取值的信息量大小有关，即差异程度越大，该指标分配到的权重越大。在确定权重系数的过程中，熵值法完全根据数据特征进行，从而避免了人为因素的干扰。以层次分析法（AHP）为例，计算权重需要建立判断矩阵，而判断矩阵需要专家打分完成。因此层次分析法的评价结果有时候存在一定的争议，这与不同专家对事物不同的看法有着直接的关联。因此，熵值法的使用价值在于能够科学确定评价体系中各指标的分配和所占比例。

在信息论中，熵表示事物出现的不确定性，也表示一个系统内部的混乱程度。如系统有 n 种状态：S_1，S_2，$\cdots$，S_n，系统处于每个状态的概率为 p_1，p_2，$\cdots$，p_n，则熵可以表示为：

$$H(p_1, p_2, \cdots, p_n) = -k\sum_{i=1}^{n} p_i \ln p_i \qquad 公式 5-2$$

熵值法运用了熵的基本思想以及运算方法，计算指标的权重。熵值法确定权重的计算过程如下。

（1）将所有评价指标进行无量纲化处理。首先，可以避免量纲对量化过程的影响；其次，可以使正指标和逆指标保持统一，避免指标类型不同导致权重计算错误；最后，要保证所有指标数据为正，这是熵值法的一个前提。因此，在无量纲化的过程中，为了保证数据为正，经常需要对无量纲化后的数据进行平移。现有研究主要使用极值处理法和标准化处理法进行无量纲化。

（2）计算第 i 个评价对象在第 j 个评价指标上的指标值比重 p_{ij}，计算公式为：

$$p_{ij} = x_{ij} / \sum_{i=1}^{n} x_{ij} \qquad 公式 5-3$$

该步骤的计算意义为，得出某个指标值在相同指标中所有指标值之和的比重，以该比重为基础计算熵值。

（3）计算第 j 个评价指标的熵值 e_j，计算公式为：

$$e_j = -k \sum_{i=1}^{n} p_{ij} \ln p_{ij} \qquad 公式 5-4$$

公式 5-4 与公式 5-2 保持一致，其中 k 值一般取评价对象个数对数的倒数，即：

$$k = \frac{1}{\ln n} \qquad 公式 5-5$$

从公式 5-4 中可以看出，x_{ij} 的差异越小，则 p_{ij} 的差异越小，e_j 就越大。相反的，x_{ij} 的差异越大，则 p_{ij} 的差异越大，e_j 就越小。

（4）计算评价指标 x_j 的差异性系数 g_j，计算公式为：

$$g_j = 1 - e_j \qquad 公式 5-6$$

公式 5-6 中 x_j 表示第 j 个指标，g_j 是对应指标的差异性系数。g_j 越大，说明该指标对评价对象之间的比较作用就越大，所应赋予的权重就越大。相反，g_j 越小，说明该指标对评价对象之间的比较影响较小，所应赋予的权重就越小。

（5）权重系数 w_j 的确定，计算公式为：

$$w_j = g_j / \sum_{j=1}^{m} g_j \qquad 公式 5-7$$

公式 5-7 中 w_j 即通过熵值法计算而得的权重系数，它实质上是各指标差异性系数的比例。

最终农民收入质量指数（IQI）计算方法为：

$$IQI = y_i = \sum_{j=1}^{n} w_j x_{ij} \qquad 公式 5-8$$

（三）　农民收入质量测算结果分析

前文提到，使用熵值法时需要将数据进行无量纲化处理，本书采用的是较为简便的极值处理法，将所有指标值集中在 0 至 1，便于分析。在无量纲化处理过程中，需要注意的是正指标和逆指标的区分。顾名思义，正指标是指该指标数值越大，对农民收入质量的提高越有利；逆指标是指该指标数值越小，对农民收入质量的提高越有利。正指标和逆指标的极值处理法对应公式如下。

正指标：

$$x_{ij}^* = \frac{x_{ij} - min_j}{max_j - min_j} \qquad 公式 5-9$$

逆指标：

$$x_{ij}^* = \frac{max_j - x_{ij}}{max_j - min_j} \qquad 公式 5-10$$

在公式 5-9 和公式 5-10 中，x_{ij}^* 表示无量纲化处理后的指标值，max_j 和 min_j 分别表示第 j 个指标中的极大值和极小值。从本书第三章第三节验证性因子分析中可知，逆指标包括 B3、D1、D3 和 D4，其余为正指标。

由于熵值法属于客观赋值法，得到的权重系数与被处理数据的特征直接相关。因此，需要注意的是，选取的数据既要能反映农民收入质量指数的纵向（各年全国指数）变化，又要能反映农民收入质量指数的横向（某一年各地区指数）变化。因此，本书选择 1997 年至 2014 年的省级面板数据作为计算权重的基础。选择 1997 年作为数据的起始年有如下四个方面的原因。第一，1997年是亚洲金融风暴的爆发之年，这一事件对亚洲乃至世界的经济影响都较大，是世界经济从低谷复苏之年，是新的经济周期的开始。第二，1997 年我国农民人均纯收入突破了 2000 元，同年，世界银行将中国正式从"低收入国家"划入"中等收入国家"。第三，国家统计局于 1997 年首次将重庆市作为直辖市纳入统计单位，31 个省、自治区、市的行政区划正式形成。1997 年之前重庆市的统计数据包含于四川省的统计数据之中。第四，1997 年之前的统计数据较为重视全国整体数据，缺少部分地区数据。从 1997 年开始，本书需要使用的分地区统计数据逐渐完善。综上所述，本书将 1997 年作为数据的起始年，截至 2014 年，共 18 年 558 个省级面板数据，在满足农民收入质量指数纵向和横向对比的同时确保了样本的充足。如没有特殊说明，本书随后章节均采用该阶段数据。

根据上文熵值法的计算方法，权重系数的计算结果见表 5 - 1。

表 5 - 1　农民收入质量体系中各指标对应权重

农民收入质量维度	评价指标名称	权重系数
收入充足性（A）	农民总收入（A1）	0.1206
	农民纯收入（A2）	0.1343
	农民收入结余（A3）	0.0656
收入结构性（B）	主要收入来源比例（B1）	0.0661
	转移性收入比例（B2）	0.1050
	城乡居民收入水平对比（B3）	0.0494
收入成长性（C）	经营性收入增长率（C1）	0.0463
	工资性收入增长率（C2）	0.0458
	转移性收入增长率（C3）	0.0654
收入成本性（D）	农业生产资料价格指数（D1）	0.0497
	家庭经营费用现金支出（D3）	0.0459
	购买生产性固定资产支出（D4）	0.0444
收入知识性（E）	劳动力受教育年限（E1）	0.0473
	成人技术培训比例（E2）	0.1141

数据来源：通过历年《中国农村统计年鉴》和《中国教育年鉴》数据计算而得。

通过表 5 - 1 可以发现，各维度之间的差异性较大，收入的充足性和结构性的指标所占权重普遍较大，收入的成长性、成本性所占权重普遍较小，收入的知识性权重大小居中。这说明，在 1997 年至 2014 年的各地区农民收入质量各指标变化的过程中，收入的充足性和结构性的指标变化幅度都很明显。以我国农民的纯收入为例，1997 年我国农民平均纯收入为 2090.1 元，而 2014 年我国农民平均纯收入已达到了 9892.0 元。在不考虑价格变动的因素下，18 年间我国农民纯收入增长了 300% 以上。同时，转移性收入比例的权重较高，说明了转移性收入比例的巨大变化。1997 年我国农民转移性收入比例只有 3% 左右，而 2014 年已接近 10%。收入成长性和收入成本性权重较低，说明较之其他维度，收入增长率增长以及农业生产成本增加的幅度较小。在收入的知识性两个指标中，劳动力受教育年限的比重也较低。由于我国较早实行了九年义务教育制度，因此我国农民的劳动力受教育年限变动很小。以陕西省为例，1997 年该省农民的劳动力受教育年限平均为 7.46 年，到 2014 年仅增加至 8.48 年。然而，成人技术培训比例权重较高，表明了我国政府对农民成人技术培训的重视。但随着技术培训学校的减少以及农民大量进城务工，除个别地区外，农民成人技术培训比例呈减少的趋势。

　　根据表 5-1 的权重系数，对 1990 年至 2014 年的对应指标的年度数据进行计算，历年农民收入质量指数以及纯收入见表 5-2。

表 5-2　1990 年至 2014 年我国农民收入质量指数及纯收入

年份	农民收入质量指数	农民纯收入（元）
1990	0.2836	686.3
1991	0.3331	708.6
1992	0.2706	784.0
1993	0.2457	921.6
1994	0.3513	1221.0
1995	0.3608	1577.7
1996	0.3817	1926.1
1997	0.3568	2090.1
1998	0.3540	2162.0
1999	0.3557	2210.3
2000	0.3809	2253.4

年份	农民收入质量指数	农民纯收入（元）
2001	0.3869	2366.4
2002	0.3707	2475.6
2003	0.3210	2622.2
2004	0.3561	2936.4
2005	0.3880	3254.9
2006	0.4016	3587.0
2007	0.4460	4140.4
2008	0.4821	4760.6
2009	0.4982	5153.2
2010	0.5767	5919.0
2011	0.6221	6977.3
2012	0.6527	7916.6
2013	0.6870	8895.9
2014	0.7112	9892.0

数据来源：通过历年《中国农村统计年鉴》数据以及计算而得。

由表 5-2 可以看出，我国农民收入质量指数与农民纯收入变动大趋势基本相同，从 1990 年保持增长势头。但是，仔细对比可以发现，农民收入质量指数与农民纯收入有很大差别。农民收入质量指数与农民纯收入变动见图 5-1。

在图 5-1 中，实线代表农民纯收入，虚线代表农民收入质量指数。通过观察可知，两者之间存在三个方面的重要差别。首先，我国农民纯收入变动幅度较大，农民收入质量指数变动较小，这固然与计算过程中将农民收入质量指数无量纲化有关，但是也从侧面证明了我国农民收入数量变化并不能反映真实的收入水平，纯收入高估了我国农民收入增长速度。其次，我国农民纯收入的变动呈几何增长的态势，增长较为平滑，并不能反映我国农民收入增长过程中出现的问题。图 5-1 显示，1993 年和 2003 年，农民收入质量指数均出现幅度较大的下降。1993 年农民收入

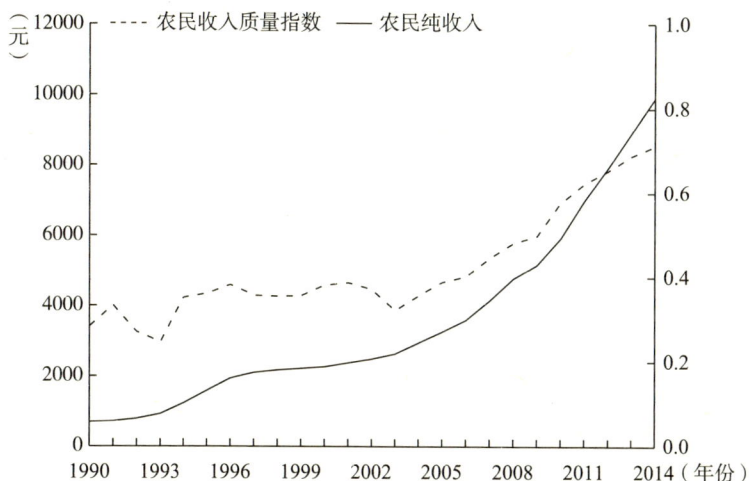

图 5 - 1 农民收入质量指数与农民纯收入变动

质量指数下降的主要原因是收入的成长性和收入的成本性问题。当年经营性收入增长率比 1992 年下降了接近 4 个百分点，而农业生产资料价格比 1992 年上涨了 14.1%，因此整体的收入质量指数出现下降。2003 年农民收入质量指数下降的原因主要是收入的结构性问题。当年人均转移性收入比 2002 年减少了 33.9 元，转移性收入所占比例降低，增长率为负，因此整体的收入质量指数出现下降。农民收入质量指数的变化可以反映农民收入增长过程中出现的问题，并且可以通过将问题细化，追溯该问题出现的根本原因。同理，收入质量指数可以体现收入增长过程中的优势。最后，正如本书研究背景所阐述的，我国农民收入不能体现我国经济增长的态势。在图 5 - 1 中，农民收入质量指数与纯收入在最近几年的变化趋势不尽相同：纯收入呈现直线上升的趋势，而农民收入质量指数呈现增长速度减缓的趋势。实践证明，农民收入质量指数的变动与经济增长的变动趋势更加贴近，这是农民收入质量指数的研究意义，也是本书的立足点之一。

根据表 5 - 1 的权重系数，本书测算了 1997 年至 2014 年各地区农民收入质量。因篇幅有限，表 5 - 3 仅列出 1997 年、2001

年、2005 年、2009 年和 2014 年的测算结果。

表 5 - 3   我国各地区农民收入质量指数测算结果

	1997 年	2001 年	2005 年	2009 年	2014 年
北京	0.3561	0.4114	0.4613	0.5805	0.7165
天津	0.3416	0.3717	0.3706	0.4907	0.5911
河北	0.3006	0.3353	0.3269	0.3511	0.4678
山西	0.3271	0.3433	0.2950	0.3321	0.4692
内蒙古	0.3469	0.3249	0.3349	0.3653	0.4302
辽宁	0.3809	0.3380	0.3174	0.3781	0.4574
吉林	0.3574	0.3326	0.3307	0.3750	0.4484
黑龙江	0.3819	0.3620	0.3283	0.3655	0.4345
上海	0.3775	0.3901	0.4579	0.5882	0.7301
江苏	0.3402	0.3172	0.3505	0.4275	0.5754
浙江	0.3283	0.3541	0.3665	0.4476	0.6089
安徽	0.3241	0.3137	0.2727	0.3178	0.4850
福建	0.3553	0.3540	0.3336	0.3837	0.4742
江西	0.3298	0.2912	0.2920	0.3364	0.4785
山东	0.3589	0.3385	0.3252	0.3605	0.4826
河南	0.3396	0.3321	0.3114	0.3556	0.5258
湖北	0.3499	0.3171	0.2966	0.3426	0.5176
湖南	0.3250	0.2992	0.2844	0.3275	0.4699
广东	0.3431	0.3135	0.3238	0.3656	0.5162
广西	0.3423	0.3248	0.2765	0.3295	0.4862
海南	0.3523	0.3840	0.3359	0.3740	0.4443
重庆	0.3640	0.3381	0.3119	0.3555	0.5108
四川	0.3374	0.3218	0.3070	0.3343	0.4669
贵州	0.3074	0.3089	0.2819	0.3225	0.3944
云南	0.3375	0.3170	0.3165	0.3682	0.4615
西藏	0.2578	0.2695	0.2350	0.3082	0.4301
陕西	0.3216	0.2980	0.2853	0.3207	0.4444
甘肃	0.3042	0.3118	0.2838	0.3150	0.4263

	1997 年	2001 年	2005 年	2009 年	2014 年
青海	0.2955	0.3054	0.3159	0.3552	0.3965
宁夏	0.3105	0.2886	0.2809	0.3077	0.3864
新疆	0.3431	0.3344	0.3599	0.3587	0.4414

数据来源：通过历年《中国农村统计年鉴》和《中国教育年鉴》数据计算而得。

由表 5-3 可以看出我国各地区农民收入质量的部分特点。首先，我国各地区农民收入质量变化与我国总体农民收入质量变化保持一致，即在波动中增长；其次，东部沿海地区农民收入质量较高，西部地区农民收入质量较低；再次，各地区农民收入质量增长情况不一，北京和上海的农民收入质量指数分别从 1997 年的 0.3561 和 0.3775 升至 0.7165 和 0.7301，而宁夏的农民收入质量指数仅从 1997 年的 0.3105 升至 0.3864；最后，我国各地区农民收入质量呈现两极分化趋势，1997 年各地区农民收入质量指数较为接近，但随着时间的推进，各地区农民收入质量已经出现较为明显的不同。

在农民收入质量各维度方面，由于数字较多，此处仅给出 1997 年至 2014 年我国各地区农民收入质量各维度的描述性统计结果。

表 5-4　各地区农民收入质量指数各维度的描述性统计

农民收入质量	平均值	最大值	最小值	标准差
收入充足性	0.0697	0.3105	0.0114	0.0538
收入结构性	0.0857	0.1669	0.0485	0.0197
收入成长性	0.0369	0.0890	0.0216	0.0073
收入成本性	0.1096	0.1358	0.0392	0.0163
收入知识性	0.0570	0.1598	0.0000	0.0226

数据来源：通过历年《中国农村统计年鉴》和《中国教育年鉴》数据计算而得。

从表 5-4 可以看出，农民收入质量各维度之间存在较大的差异。收入充足性维度均值仅排在所有维度中的第三位，且该维度标准差数值最大，说明我国各地区农民收入充足性差异极大，中西部地区的农民收入充足性依然处于较低水平。收入结构性的均值排在所有维度中的第二位，说明收入结构的优化是提升农民收入质量的重要原因之一。收入结构性维度的最小值在所有维度最小值中最大，说明我国农民收入结构起步较好，为今后收入结构的优化奠定了基础。收入成长性的均值在所有维度中最小，说明我国农民收入的成长性并不乐观。收入成长性的标准差在所有维度中同样最小，说明我国各地区农民各收入来源增长率差异较小，是我国农民收入质量区域间差异的主要形成原因之一。收入成本性的均值排在所有维度中的第一位，是因为农民在获取收入过程中支付的成本是衡量收入水平的最为重要的因素。收入知识性的均值排在所有维度中的第四位，同样为重要的收入质量维度，该维度标准差较大，说明我国各地区农民的受教育年限和技术培训情况差异同样十分明显，西部地区收入知识性极低。

2014 年各地区农民收入质量指数及人均纯收入对比见表 5-5。

表 5-5　2014 年各地区农民收入质量指数及排名

地区	农民收入质量指数	指数排名	人均纯收入（元）	收入排名
北京	0.7165	2	18867.3	3
天津	0.5911	4	17014.2	4
河北	0.4678	17	10186.1	13
山西	0.4692	16	8809.4	22
内蒙古	0.4302	26	9976.3	16
辽宁	0.4574	20	11191.5	9
吉林	0.4484	21	10780.1	11
黑龙江	0.4345	25	10453.2	12
上海	0.7301	1	21191.6	1
江苏	0.5754	5	14958.4	5
浙江	0.6089	3	19373.3	2
安徽	0.4850	11	9916.4	18
福建	0.4742	14	12650.2	6
江西	0.4785	13	10116.6	14

地区	农民收入质量指数	指数排名	人均纯收入（元）	收入排名
山东	0.4826	12	11882.3	8
河南	0.5258	6	9966.1	17
湖北	0.5176	7	10849.1	10
湖南	0.4699	15	10060.2	15
广东	0.5162	8	12245.6	7
广西	0.4862	10	8683.2	24
海南	0.4443	23	9912.6	19
重庆	0.5108	9	9489.8	20
四川	0.4669	18	9347.7	21
贵州	0.3944	30	6671.2	30
云南	0.4615	19	7456.1	27
西藏	0.4301	27	7359.2	28
陕西	0.4444	22	7932.2	26
甘肃	0.4263	28	6276.6	31
青海	0.3965	29	7282.7	29
宁夏	0.3864	31	8410.0	25
新疆	0.4414	24	8723.8	23

数据来源：通过《中国农村统计年鉴2015》数据以及计算而得。

表5-5是2014年我国各省区市的农民收入质量指数和相应排名，以及对应的农民纯收入和相应排名。从表5-5中可以看出，农民收入质量指数的排名与农民纯收入的排名大致相同：东部地区排名普遍较高，西部地区排名普遍较低。北京、上海、天津、浙江、江苏在两个排名中均位列前五。这说明，收入质量指数以收入数量为基础，与收入质量的核心思想相同。然而，收入质量指数与收入数量的不同之处在于，收入质量指数不但考察农民的收入数量，也对收入质量体系中其他维度进行考察。在表5-5中，农民收入质量指数排名显著高于纯收入排名的地区为河南、广西和重庆。以河南省为例，该地区2014年农民人均纯收入为9966.1元，排在全国的第17位，收入数量仅为上海市农民

人均纯收入的约 47%。但是河南农民收入质量指数为 0.5258，排在全国的第 6 位，位于全国前列。河南在收入结构性、成长性和成本性三个方面拥有优势：河南省农民转移性收入比例达到 22.9%，位列全国第四位，人均转移性收入由 2013 年的 448.1 元增加至 2014 年的 2282.1 元，增长速度位居全国第一位；2014 年河南省生产资料价格指数仅为 97.9，仅高于宁夏和新疆。同时，河南省家庭经营费用现金支出和购买生产性固定资产均低于全国平均水平。因此，综合上述三个方面的优势，河南省的农民收入质量指数排名高于其纯收入排名。农民收入质量指数排名显著低于纯收入排名的地区有内蒙古、辽宁、吉林和黑龙江。这些地区普遍存在收入成长性、成本性和知识性较差的现象。

农民收入质量指数的分布与农民纯收入分布不同。我国农民纯收入呈现较为清晰的"东高西低"的阶梯状分布，而农民收入质量指数呈现沿海及其毗邻地区较高、边境地区较低、西部内陆地区最低的辐射状分布。本书认为，这种现象的出现可能存在以下三个原因：第一，东部沿海地区农民收入充足性远远高于其他地区；第二，"三北"边境地区和西藏自治区虽然农业生产条件各异，但表现出收入成本性偏高与知识性偏低的共性；第三，西部内陆地区资源禀赋差，开放程度相对于其他地区较低，相较于边境地区，西部内陆地区相关政策扶持力度较低，农民收入的充足性和知识性仍然远落后于全国平均水平。

此外，值得注意的是，2014 年河南省农民收入质量指数虽然排名全国第 6 位，但是与紧随其后的地区如湖北和广东差距不大，而与排名靠前的地区如江苏却有一定的差距。这个现象反映了两个问题：第一，我国各地区农民收入质量状况相差较大；第二，如何评价农民收入质量指数？如何分辨各地区农民收入质量的优劣？需要对农民收入质量指数进行从定性到定量、再从定量回到定性的研究。从研究的实用性出发，农民收入质量优劣评价的优先级应高于数字评价。如上文所述，2014 年河南省的农民收入质量指数为 0.5258，落后于北京市（0.7165）和上海市（0.7301），与湖北省（0.5176）和广东省（0.5162）大致相同，如何从数理统计的角度证明 2014 年河南省的农民收入质量低于北京市和上海市，而与湖北省和广东省大致持平呢？河南省的农民收入质量在全国的评价属于"好"还是"中等"呢？本书将采用正态云模型评价方法解答上述问题。

二　农民收入质量评价

（一）农民收入质量评价方法

正态云模型属于用语言值表达的某个定性概念与其定量表示之间的具有不确定性的转换模型。对于本书而言，不确定性体现在定量（农民收入质量指数）到定性（农民收入质量优劣）的转换过程。该模型由我国人工智能专家李德毅院士于 2004 年提出，相对于传统的模糊评价法，云模型保留了评价指标和评价结果等级判定中的模糊性和随机性。

假设 U 是用精确数值表示的单个论域，记作 U $\{x\}$，C 是 U 上的概念。如果论域 U 中的元素 x 对 C 的隶属度 u_c（x）是一个稳定的随机数，且该随机数在 0 至 1 之间，则 u_c（x）在 U 上的分布称为隶属云，简称云。本书所使用的正态云，是指 u_c（x）是一个在 0 至 1 内服从正态分布的随机数，其在 U 上的分布即为正态云。即

$$u_c(x) = \exp\left[-\frac{(x - Ex)^2}{2En'^2}\right] \qquad 公式 5-11$$

其中，

$$En' \sim N(En, He^2) \qquad 公式 5-12$$

由定义可知，云是一个隶属度的分布，因此在该分布下每一个组成元素都被称为"云滴"。云滴是对某个定性概念的定量描述，而该定性概念的整体特征即正态云的形状。正态云是最常用

的云模型之一，因为很多社会指标都显示出正态特征。某个正态云的分布特点与传统正态分布类似，但由下列三个参数反映：期望（Ex）、熵（En）和超熵（He），其分布形式可参见公式 5 - 11 和 5 - 12。其中，期望 Ex 与正态分布中的均值意义相近，主要功能为确定某个正态云的位置。熵 En 与正态分布中的标准差意义相近，反映了该模型功能中不确定性转换的不确定性。在上文中也提到，熵实际上是混乱度的度量。因此该参数的主要功能为限制某个正态云的范围，即高度和广度。超熵 He 是该模型中的独特参数，代表熵的不确定性，其主要功能为确定云的厚度。超熵越大，云层越厚。在一般情况下，云的中心位置、高度和广度基本可以确定某正态云的基本形态。正态云模型的计算步骤如下。

步骤 1：建立农民收入质量体系的因素（实质上是各指标，以下统称为指标）论域 $U = \{u_1, u_2, \cdots, u_{14}\}$，本书拟将农民收入质量指数评价为五个等级，因此建立收入质量指数的评语集为 $V = \{v_1, v_2, \cdots, v_5\} = \{$好，较好，中等，较差，差$\}$。

步骤 2：建立指标权重集 W。本书已使用采用熵值法计算各指标的权重，具体结果见表 5 - 1。

步骤 3：生成农民收入质量各指标 u_i 对应的其评语等级 v_j 的正态云。设指标 $u_i (i = 1, 2, \cdots, 14)$ 分别对应的评语等级 $v_j (j = 1, 2, \cdots, 5)$ 的上、下边界值为 x_{ij}^u、x_{ij}^d，则正态云模型可完成农民收入质量指标（定量）向评语等级（定性）的转换，其三个参数的计算方法如下。期望为：

$$Ex_{ij} = (x_{ij}^u + x_{ij}^d)/2 \qquad\qquad 公式\ 5 - 13$$

上、下边界值既可认为隶属于本评语等级，也可认为隶属于另一评语等级。这种隶属度的模糊性导致两个隶属度完全相等，即属于某等级的分布概率为二分之一。

$$\exp\left[-\frac{(x_{ij}^u - Ex_{ij})^2}{2(En_{ij})^2}\right] = 0.5 \qquad\qquad 公式\ 5 - 14$$

解得熵值为：

$$En_{ij} = \frac{x_{ij}^u - x_{ij}^d}{2.355}$$ 公式 5 – 15

由于仅依靠期望和熵值基本能够确定正态云的形态，又由于反映云厚度的超熵 He_{ij} 较难使用数学方法确定，因此该参数主要通过经验取值法或实验法获得。

步骤 4：单指标评价。根据 2014 年所有地区的各个指标值，利用正向正态云发生器，在论域 U 与信用评语集 V 之间进行单指标评价。正向正态云发生器由云的数字特征产生云滴的过程，亦即"制造"云的过程。首先，生成以 En 为期望值，He 为标准差的一个正态随机数 En′。然后，将指标值 x 代入公式 5 – 11 计算得到该指标对不同云的隶属度 $u_c(x)$。由于云的生成和隶属度的计算均具有随机性，因此重复此过程 100 次，将所有获得的隶属度结果进行算术平均。根据所有指标的隶属度可以建立单指标评价集 R_i = （r_{i1}，r_{i2}，…，r_{im}），R_i 中元素 r_{ij} 表示农民收入质量中某指标 u_i 对应于评语集 ｛好，较好，中等，较差，差｝中每个评语的隶属度。

步骤 5：得到最终评价结果。利用步骤 2 中熵值法计算的权重集 W 与步骤 4 中得到的某个指标评价矩阵 R 进行加权求和，得出各地区在评语集 V 上的最终评价集 B：

$$B = W \cdot R = (b_1, b_2, \cdots, b_5)$$ 公式 5 – 16

由公式 5 – 16 可以得出各地区在五条评语上的综合隶属度。隶属度越大，说明该地区农民收入质量评价更接近于该条评语，由此得到最终评价结果。

（二）农民收入质量评价过程及结果分析

本书对我国各地区农民收入质量进行评价，即探究各地区农民收入质量的相对优劣。本书设定五个级别的"好、较好、中等、较差、差"来评价，该定性分析与定量分析研究意义相仿，但能弥补定量分析不足之处。本书的评价标准参考《中国农村统计年鉴 2015》和《中国统计年鉴 2015》中的各指标的五等分分组统计中的相关数据以及参考相关文献，部分缺乏依据的指标数据评价区间将平均分配。具体各指标评价标准见表 5 - 6。

表 5 - 6　农民收入质量体系状况评价标准

指标	评价标准				
	好	较好	中等	较差	差
A1	14683. 0 - 24288. 5	13748. 2 - 14683. 0	9175. 5 - 13748. 2	8501. 0 - 9175. 5	6483. 6 - 8501. 0
A2	12052. 1 - 21196. 6	9909. 2 - 12052. 1	8376. 5 - 9909. 2	6833. 6 - 8376. 5	5107. 8 - 6833. 6
A3	4245. 8 - 6371. 5	2977. 3 - 4245. 8	1597. 8 - 2977. 3	780. 3 - 1597. 8	- 952. 4 - 780. 3
B1	90. 2 - 71. 3	59. 5 - 65. 5	53. 5 - 59. 5	47. 5 - 53. 5	35. 9 - 47. 5
B2	15. 0 - 27. 8	10. 1 - 15. 0	8. 3 - 10. 1	6. 7 - 8. 3	1. 0 - 6. 7
B3	2. 0 - 2. 4	2. 40 - 2. 7	2. 7 - 2. 9	2. 9 - 3. 2	3. 2 - 3. 8
C1	0. 10 - 1. 8	0. 08 - 0. 10	0. 05 - 0. 08	0. 00 - 0. 05	- 0. 39 - 0. 00
C2	0. 25 - 1. 2	0. 18 - 0. 25	0. 15 - 0. 18	0. 10 - 0. 15	- 0. 36 - 0. 10
C3	0. 30 - 4. 1	0. 30 - 0. 30	0. 10 - 0. 18	0. 08 - 0. 10	0. 02 - 0. 08
D1	- 1. 0 - 0. 0	0. 0 - 1. 5	1. 5 - 2. 5	2. 5 - 3. 0	3. 0 - 4. 3
D3	418. 8 - 1516. 8	1516. 8 - 1900. 3	1900. 3 - 2436. 2	2436. 2 - 4013. 9	4013. 9 - 6998. 1
D4	16. 1 - 100. 5	100. 5 - 189. 3	189. 3 - 250. 5	250. 5 - 503. 4	503. 4 - 1014. 4
E1	9. 0 - 12. 0	8. 6 - 9. 0	8. 3 - 8. 6	7. 5 - 8. 3	4. 0 - 8. 3
E2	20. 0 - 35. 0	10. 0 - 20. 0	5. 0 - 10. 0	2. 0 - 5. 0	0. 0 - 2. 0

　　数据来源：《中国农村统计年鉴 2015》和《中国统计年鉴 2015》中的各指标的五等分分组统计中的相关数据以及参考相关文献。

　　根据表 5 - 6 以及公式 5 - 13 和 5 - 15，可以计算各指标所对应的不同评语等级的正态云模型的参数——期望 Ex 和熵 En，根据经验和相关文献，代表云厚度的超熵值与代表云广度的熵值具有一定的相关性，一般超熵取值为对应熵值的十分之一左右。根据正态云模型的三个参数，按照步骤 4 中的正态云生成方法，得到农民收入质量每个指标对应的五个等级的正态云。以指标 A2 为例，其对应的 5 个等级的正态云（N = 5000）分布如图 5 - 2

所示。

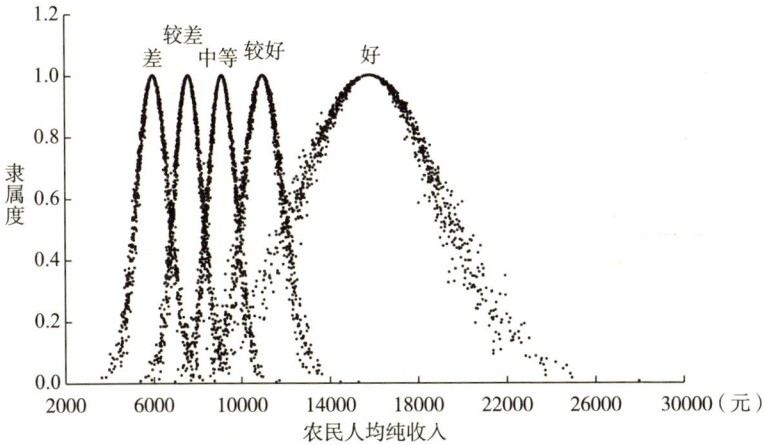

图 5-2 农民纯收入（A2）指标五个等级正态云

根据步骤 5，将各指标值代入公式 5-13 计算得到每个地区所有指标在不同评语等级的隶属度 $u_c(x)$。为消除不确定性，按照公式 5-13 重复计算 100 次。隶属度等于 100 个计算结果的平均值。以陕西省为例，其单指标评价矩阵如表 5-7 所示。

表 5-7 2014 年陕西省单指标评价矩阵

指标	评语等级				
	好	较好	中等	较差	差
A1	0.0188	0.0000	0.2790	0.4032	0.3947
A2	0.0339	0.0000	0.2528	0.7813	0.0002
A3	0.0000	0.0000	0.0289	0.4138	0.5408
B1	0.0000	0.0000	0.7358	0.3246	0.0222
B2	0.0243	0.4126	0.7095	0.0052	0.0000
B3	0.0000	0.0000	0.0000	0.0004	0.9968
C1	0.0752	0.0040	0.9645	0.3139	0.2293
C2	0.0000	0.0092	0.0078	0.9954	0.2392
C3	0.1264	0.9532	0.0010	0.0000	0.0419
D1	0.0000	0.0211	0.3289	0.7552	0.2162

续表

指标	评语等级				
	好	较好	中等	较差	差
D3	0.1284	0.8027	0.3449	0.1291	0.0177
D4	0.0000	0.0011	0.1654	0.4829	0.0440
E1	0.3868	0.9990	0.0716	0.0001	0.0000
E2	0.0000	0.0000	0.0155	0.9156	0.1434

数据来源：通过《中国农村统计年鉴》和《中国教育年鉴》数据计算而得。

最后，由上文步骤5，根据各地区单指标评价矩阵和表5-1中的权重系数，由公式5-16可以得出各地区在五条评语上的综合隶属度。隶属度越大，说明该地区农民收入质量评价更接近于该条评语，应选取该条评语作为最终评语。2014年各省、自治区、市的农民收入质量评价结果见表5-8。

表5-8　2014年各省区市的农民收入质量状况评价结果

地区	评语等级					最终评语
	好	较好	中等	较差	差	
北京	0.5994	0.1647	0.0535	0.0167	0.0421	好
天津	0.3880	0.0928	0.1456	0.2338	0.1253	好
河北	0.0942	0.2267	0.3951	0.1498	0.1169	中等
山西	0.0788	0.2078	0.4335	0.2293	0.1963	中等
内蒙古	0.1152	0.2515	0.2585	0.3400	0.1722	较差
辽宁	0.1958	0.2459	0.3081	0.2239	0.0920	中等
吉林	0.1475	0.1321	0.3524	0.1532	0.2055	中等
黑龙江	0.0828	0.1864	0.2266	0.4364	0.1372	较差
上海	0.4879	0.1505	0.0047	0.0093	0.1530	好
江苏	0.2739	0.2669	0.2120	0.2387	0.0769	好
浙江	0.4173	0.1090	0.3044	0.2040	0.0394	好
安徽	0.0352	0.0922	0.4133	0.3916	0.1625	中等
福建	0.1881	0.2627	0.3502	0.1512	0.1778	中等
江西	0.0669	0.2277	0.3656	0.1955	0.1781	中等

地区	评语等级					最终评语
	好	较好	中等	较差	差	
山东	0.0899	0.2216	0.3291	0.2786	0.1917	中等
河南	0.1929	0.3518	0.2305	0.1567	0.0402	较好
湖北	0.0632	0.5097	0.3154	0.1304	0.0677	较好
湖南	0.1270	0.1767	0.4233	0.1972	0.1696	中等
广东	0.2329	0.4823	0.2147	0.1233	0.1566	较好
广西	0.0716	0.1496	0.3371	0.2959	0.2538	中等
海南	0.1136	0.2382	0.3669	0.2820	0.0325	中等
重庆	0.1262	0.3521	0.2803	0.1477	0.1172	较好
四川	0.0585	0.2225	0.3128	0.2643	0.2300	中等
贵州	0.0348	0.0562	0.1040	0.3127	0.4062	差
云南	0.0532	0.1325	0.4012	0.1924	0.2875	中等
西藏	0.1037	0.1016	0.1391	0.2978	0.3394	差
陕西	0.0397	0.1786	0.3850	0.3190	0.2037	中等
甘肃	0.0435	0.0419	0.1477	0.4273	0.2360	较差
青海	0.2009	0.1197	0.0637	0.1762	0.4113	差
宁夏	0.0538	0.0883	0.2704	0.3622	0.4056	差
新疆	0.1531	0.1928	0.2090	0.4347	0.1785	较差

数据来源：通过《中国农村统计年鉴》和《中国教育年鉴》数据计算而得。

根据表 5-8，我国 2014 年各省区市的农民收入质量评价大体情况如下。收入质量为"好"的地区包括北京市、天津市、上海市、江苏省和浙江省，收入质量为"较好"的地区包括河南省、湖北省、广东省和重庆市。以上九个省市大部分位于我国东部沿海，经济发展水平处于全国前列，农民收入质量评价较高。收入质量为"中等"的地区包括河北省、山西省、辽宁省、吉林省、安徽省等共 14 个地区，主要分布在我国中部地区，经济发展水平处于全国中等或较低水平。收入质量为"较差"的地区包括内蒙古自治区、黑龙江省、西藏自治区、甘肃省和新疆维吾尔自治区，主要分布在我国边境地区。收入质量为"差"的地区为贵州省、青海省和宁夏回族自治区，属于西部内陆地区。

综上，我国接近一半的地区的农民处于收入质量的"中等"层面，"中等"之上和之下的地区数基本相等。结合表 5 - 5 的各地区农民收入质量指数，可以大致推测 2014 年我国农民收入质量评价对应的农民收入质量指数区间："好"与"较好"的分界线在 0.5258 至 0.5754；"较好"与"中等"的分界线在 0.4862 至 0.5108；"中等"与"较差"的分界线在 0.4414 至 0.4443；"较差"与"差"的分界线在 0.3965 至 0.4263。

三　本章小结

本章在上一章构建我国农民收入质量体系的基础上，使用熵值法获取农民收入质量体系指标权重，进而测算我国农民收入质量指数。本章还以正态云模型为评价方法，对 2014 年全国各省份的农民收入质量进行模糊评价，得到相应评语等级，这是我国各地区农民收入质量的直观体现。本章的主要研究结论如下。

（1）通过计算农民收入质量各指标权重系数，发现各指标权重系数差异较大，说明农民收入质量各维度之间有一定差异性。其中，收入的充足性和结构性维度各指标权重相对较大，收入的成长性、成本性和知识性维度各指标权重相对较小。根据熵值法的计算原理可知，在农民收入质量体系中，收入的充足性和结构性维度指标值变化较为明显，各地区之间差异较为显著。

（2）通过测算 1990 年至 2014 年我国农民收入质量指数，本书认为，农民收入质量指数与我国农民纯收入变动大趋势基本相同，从 1990 年开始呈增长势头。但是，二者的具体变化有较大差异。我国农民纯收入变动幅度较大，我国农民收入质量指数变动幅度较小。我国农民纯收入的变动保持呈几何增长的态势，增长较为平滑，我国农民收入质量指数出现一定的波动现象。在近几年的变化中，我国农民纯收入表现出了直线上升的趋势，而我国农民收入质量指数表现出了增长速度减缓的趋势。由此可知，我国农民纯收入的变化已经不能完全反映农民收入状况及其增长过程中出现的问题，农民收入质量指数的变动与经济增长的变动趋势更加贴近。

（3）我国各地区农民收入质量变化同样在波动中增长，东部沿海地区农民收入质量较高，西部地区农民收入质量较低。各地区农民收入质量增长情况不一，北京和上海的农民收入质量指数分别从 1997 年的 0.3561 和 0.3775 升至 0.7165 和 0.7301，而宁夏的农民收入质量指数仅从 1997 年的 0.3105 升至 0.3864。我国各地区农民收入质量呈现两极分化趋势，1997 年各地区农民收入质量指数较为接近，但随着时间的推进，各地区农民收入质量已经出现较为明显的不同。

各维度间也存在较大的差异。收入充足性维度分配到的权重较大，说明收入充足性是农民收入质量中最为重要的维度。但是该维度均值仅排在所有维度中的第三位，且该维度标准差数值最大，说明我国各地区农民收入充足性差异极大，中西部地区的农民收入充足性依然处于较低水平。收入结构性的均值排在所有维度中的第二位，说明收入结构的优化是提升农民收入质量的重要原因之一。收入结构性维度的最小值在所有维度最小值中最大，说明我国农民收入结构起步较好，为今后收入结构的优化奠定了基础。收入成长性的均值在所有维度中最小，说明我国农民收入的成长性并不乐观。收入成长性的标准差在所有维度中最小，说明我国各地区农民各收入来源增长率差异较小，是我国农民收入质量区域间差异的主要形成原因之一。收入成本性的均值排在所有维度中的第一位，是因为农民在获取收入过程中支付的成本是衡量收入水平的最为重要的因素。收入成本性均值较高，也说明了如今我国农民面临的收入成本问题依然处于"可容忍"状态，对从事农业生产和非农经营的影响较小。收入知识性的均值排在所有维度中的第四位，同样为重要的收入质量维度。我国各地区农民的受教育年限和技术培训情况差异同样十分明显，西部地区收入知识性极低。因此，收入知识性同样是提升农民收入质量的关键因素。

（4）2014 年我国各地区农民收入质量指数的排名与农民纯收入的排名大致相同：东部地区排名普遍较高，西部地区排名普遍较低。这说明，农民收入质量指数以收入数量为基础。但是，农民收入质量指数与农民纯收入排名的差异同时说明，农民收入质量中收入的结构性、成长性、成本性和知识性同样重要。我国农民纯收入呈现较为清晰的"东高西低"的阶梯状分布，而农民收入质量指数呈现沿海及其毗邻地区较高、边境地区较低、西部内陆地区最低的辐射状分布。本书认为，这种现象的出现可能存在以下三个原因：第一，东部沿海地区农民收入充足性远远高于其他地区；第二，"三北"边境地区和西藏自治区虽然农业生产条件各异，但表现出收入成本性偏高与知识性偏低的共性；第三，西部内陆地区资源禀赋差，开放程度相对于其他地区较低，相较于边境地区，西部内陆地区相关政策扶持力度较低，农民收入的充足性和知识性仍然远落后于全国平均水平。

（5）2014 年我国各省区市的农民收入质量评价为，收入质量为"好"的包括北京市、天津市、上海市、江苏省和浙江省 5 个地区；收入质量为"较好"的包括河南省、湖北省、广东省和重庆市 4 个地区；收入质量为"中等"的包括河北省、山西省、辽宁省、吉林省、安徽省、福建省、江西省、山东省、湖南省、广西壮族自治区、海南省、四川省、云南省和陕西省共 14 个地区；收入质量为"较差"的包括内蒙古自治区、黑龙江省、西藏自治区、甘肃省和新疆维吾尔自治区共 5 个地区；收入质量为"差"的为贵州省、青海省和宁夏回族自治区。我国大部分地区农民仍然处于收入质量的中等及中等以下水平，收入质量仍有很大的改善空间。

第六章 ◄
农民收入质量对农民消费的影响分析

　　西方经济学认为，消费是社会再生产过程的最后一个环节，也是最重要的环节之一。本书的消费特指农民消费，是农村居民为满足物质、文化和精神生活需要所购买的货物和服务支出的总和。

　　与收入和经济增长等宏观概念从经济学创建伊始就受到重视不同，有关消费的研究起步较晚。在凯恩斯将消费引入宏观经济学领域之前，消费一直作为微观供求关系的一部分：消费数量与价格成反比。凯恩斯提出的绝对收入理论，将收入和消费两个概念结合在一起。凯恩斯认为，在两部门经济中，社会总需求等于消费支出与投资支出之和。在均衡状态下总支出应等于总收入，因此消费是收入的前提。从此，消费成为宏观经济学的基本变量之一。

　　受到凯恩斯观点的激励和启发，诸多收入与消费假说理论纷纷问世。有学者从收入与消费的长期互动视角入手，提出了生命周期消费理论，认为人的一生具有一定的生命周期，人们在第一阶段参加工作，退休后第二阶段只有消费而无收入，因此需要使用第一阶段的储蓄来弥补第二阶段的消费，亦即储蓄率和边际消费倾向主要取决于消费者的年龄。美国经济学家杜森贝利在绝对收入理论上进行创新，提出了相对收入理论。他认为，消费者进行消费既受到周围消费水平的横向影响，也受到自身曾经消费水平的纵向影响，因此消费的决定因素是相对的。相对收入理论认为，长期边际消费倾向相对稳定，因此长期的消费函数是直线，但短期消费受到相对收入影响，因此短期的消费函数是曲线。美国经济学家弗里德曼认为持久收入和暂时收入是消费者收入的唯二组成部分。其中持久收入是可预料的、比较稳定的收入，而暂时收入属于偶然所得。持久收入对消费的影响较为显著，这些思想形成了持久假说理论。

根据上述消费理论可知，自从凯恩斯的绝对收入理论提出之后，消费就与收入联系紧密。随着对消费研究的深入，研究发现消费的影响因素还包括利率、价格、文化传统、年龄和心理预期等，但是学术界公认的影响消费的最主要因素仍然是收入。因此，本章将进行农民收入质量对农村居民消费的影响分析。

一 农民收入质量影响农民消费的理论分析

（一）农村居民消费趋势及特点

诸多研究认为，居民消费不足是制约我国居民生活水平提升和经济转型的重要原因之一，农村居民消费水平尤为偏低。从1978 年改革开放以来，我国农村居民消费增长率跌宕起伏，30多年来的平均增长率仅有 11.80%。2013 年的消费增长率更是只有 9.4%，除去受到金融危机影响的 2009 年，这一年的消费增长率为 10 年内最低（见图 6-1）。2014 年农村居民消费增长率为15.8%，该增长速率为 20 年内第二高。相对于农村居民消费，城镇居民消费平均增长率达到了 17.22%。农村和城镇居民消费比例也发生了巨大变化。1978 年农村居民消费支出比例占到全体居民的 62.1%，而 2014 年只占到了 22.5%。

《中国统计年鉴》按支出法将国内生产总值分解为最终消费支出、资本形成总额与货物和服务净出口，通过对年鉴数据的整理可以发现，我国的最终消费率（最终消费支出占支出法国内生产总值的比重）持续走低，但国内生产总值中支出法的另一重要

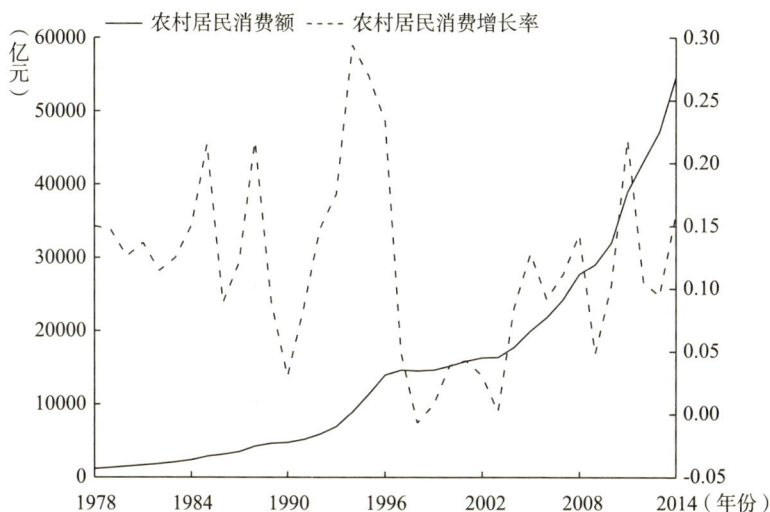

图 6-1 我国农村居民消费额及其增长率

组成——资本形成总额的比重却占据了较大份额。根据发达国家的经济增长经验，消费应对一国经济增长起关键性作用。但我国经济仍以投资、出口拉动为主，因此我国政府不断出台拉动内需、刺激消费的政策，使"三驾马车"平衡拉动经济增长。为应对目前的经济形势，在努力吸引高质量投资和增加进出口商品和服务的技术含量的同时，我国需要进行产业结构改革，重点培育服务业，开发新的消费模式，从而摆脱过去粗放型的经济增长模式，并向发达国家模式靠拢。通过对已有文献的梳理和数据的分析，本书认为，我国居民尤其是农村居民消费率降低主要有下面三个原因。首先，农村居民收入在国民收入中的比重偏低。农村居民平均纯收入占人均 GDP 的比重从 1978 年的 35.07% 减少到 2014 年的 22.49%。经济学的消费理论认为消费建立在收入基础上，农村居民收入在国民收入中比例过低，不利于促进农村居民消费对经济增长的拉动作用。其次，劳动报酬占收入法国内生产总值的比例下降。收入法国内生产总值分为劳动者报酬、生产净税额、固定资产折旧与营业余额四个方面。我国 1999 年劳动者报酬占收入法国内生产总值比例为 52.3%，到 2014 年下降为

46.5%。然而主要发达国家同期的劳动者报酬比重分别为：美国
55.32%，日本50.60%，英国54.41%，法国53.31%。劳动者报
酬与消费联系最为紧密，而我国劳动者报酬比重降低、营业余额
比重增加，导致我国消费率低而投资率高的现象。最后，农村居
民的消费观念落后、储蓄倾向高、消费环境落后，均抑制了农村
居民的消费需求。近10年来，我国农民纯收入平均增长率为
13.03%，而农村居民消费平均增长率仅为11.27%，收入和消费
之间出现了较大的缺口。

（二）农民收入质量影响消费的理论模型

本书第二章理论框架部分具体推导了农民收入质量对消费的
影响，此处进行简要回顾。本书理论模型的推导以消费理论为基
础，加入心理预期和收入质量各维度。根据适应预期理论，人们
在进行预期的过程中，由于往往达不到预期的结果，就需要对预
期进行调整。将该理论应用在消费函数中，假设第 t 期的消费预
期值为 C_t^e，则该预期值应为：

$$C_t^e = \alpha + \beta Y_t \qquad \text{公式 6 - 1}$$

根据本书的农民收入质量理论和各维度的特性，对消费直接
产生影响的包括收入的充足性、收入的结构性和收入的知识性
（详见本书第二章）。

因此，公式 6 - 1 中的 Y_t 应为以上三个维度的函数：

$$Y_t = f(Y_a, Y_s, Y_k) \qquad \text{公式 6 - 2}$$

其中，Y_a、Y_s、Y_k 分别代表收入的充足性、收入的结构性和
收入的知识性。根据适应预期理论，实际消费往往与这种预期存
在调整系数为 λ 的缺口，即：

$$C_t - C_{t-1} = \lambda(C_t^e - C_{t-1}) \qquad \text{公式 6 - 3}$$

将公式 6 - 1 代入到公式 6 - 3 中，得到：

$$C_t = \lambda\alpha + (1 - \lambda)C_{t-1} + \lambda\beta Y_t + \mu_t \qquad \text{公式 6 - 4}$$

公式 6 - 4 表达的经济学意义是，本期消费是本期收入和前一期消费的函数。然而，农民的消费预算需要减去预防性储蓄 S_t。根据预防性储蓄假说，预防性储蓄 S_t 是永久收入 P_t 和收入不确定性 ω_t 的线性加和：

$$S_t = \beta_1 + \beta_2 P_t + \beta_3 \omega_t \qquad 公式 6 - 5$$

因此，公式 6 - 4 应写为：

$$C_t = \alpha_1 + \alpha_2 C_{t-1} + \alpha_3 (Y_t - S_t) + \mu_t \qquad 公式 6 - 6$$

永久收入 P_t 和收入不确定性 ω_t 均属于收入的成长性。永久收入比例高，不确定性降低，收入的成长性就会提高。此外，根据上文分析，预防性储蓄的另一个目的是应对生产过程中的成本。因此，预防性储蓄 S_t 是收入成长性 Y_b 和收入成本性 Y_c 的函数：

$$S_t = g(-Y_b, Y_c) \qquad 公式 6 - 7$$

将公式 6 - 2 和公式 6 - 7 代入到公式 6 - 6 中，得到：

$$C_t = \alpha_1 + \alpha_2 C_{t-1} + \alpha_3 [f(Y_a, Y_s, Y_k) - g(-Y_b, Y_c)] + \mu_t$$
$$公式 6 - 8$$

在公式 6 - 8 中，中括号内的代数表达式即为农民收入质量。如果农民收入质量为线性模型，则公式 6 - 8 可以写为：

$$C_t = \alpha_1 + \alpha_2 C_{t-1} + \alpha_3 (\lambda_1 Y_a + \lambda_2 Y_s + \lambda_3 Y_k + \lambda_4 Y_b - \lambda_5 Y_c) + \mu_t$$
$$公式 6 - 9$$

$$C_t = \alpha_1 + \alpha_2 C_{t-1} + \alpha_3 IQI_t + \mu_t \qquad 公式 6 - 10$$

公式 6 - 9 中小括号内即为本书第四章利用熵值法计算的农民收入质量指数 IQI，公式 6 - 10 说明，在考虑预期的前提下，本期消费 C_t 主要由上一期消费 C_{t-1} 和本期农民收入质量指数 IQI_t 决定。本书以此模型为基础，探究农民收入质量对农民消费的影响。

二 农民收入质量对农民消费影响的实证分析

（一）数据的选取和检验

1. 数据的选取、统计性和趋势描述

本章采用我国 1997 年至 2014 年 18 年间 31 个省、自治区和市的农民收入和消费相关的面板数据，其中人均农村居民消费数据来自历年《中国农村统计年鉴》，农民收入质量指数的计算方法见本书第四章，其中 A1 指标数据来自历年《中国农村住户统计年鉴》（2011 年《中国农村住户统计年鉴》和《中国城市住户统计年鉴》合并为《中国住户统计年鉴》），E2 指标数据来自历年《中国教育统计年鉴》，其他指标数据均来自历年《中国农村统计年鉴》。模型变量的描述性统计见表 6 - 1。

表 6 - 1　变量的描述性统计

变量名	代码	均值	最大值	最小值	标准差
农村居民消费（万元）	C_t	0.3667	1.4820	0.0710	0.2579
上一期农村居民消费	C_{t-1}	0.3250	1.4235	0.0710	0.2195
农民收入质量指数	IQI_t	0.3588	0.7301	0.2343	0.0730
收入充足性	Adq_t	0.0697	0.3105	0.0114	0.0538
收入结构性	Str_t	0.0857	0.1669	0.0485	0.0197
收入成长性	Gro_t	0.0369	0.0890	0.0216	0.0073
收入成本性	$Cost_t$	0.1096	0.1358	0.0392	0.0163
收入知识性	Kno_t	0.0570	0.1598	0.0000	0.0226

数据来源：通过《中国农村住户统计年鉴》（1998—2010）、《中国住户统计年鉴》（2011—2015）、《中国农村统计年鉴》（1998—2015）和《中国教育统计年鉴》（1998—2015）数据及计算而得。

我国农民收入质量指数的变动趋势在第四章已有分析，其时间序列见图 6 - 2。

从图 6 - 2 可以发现，在研究区间内，我国农民收入质量指

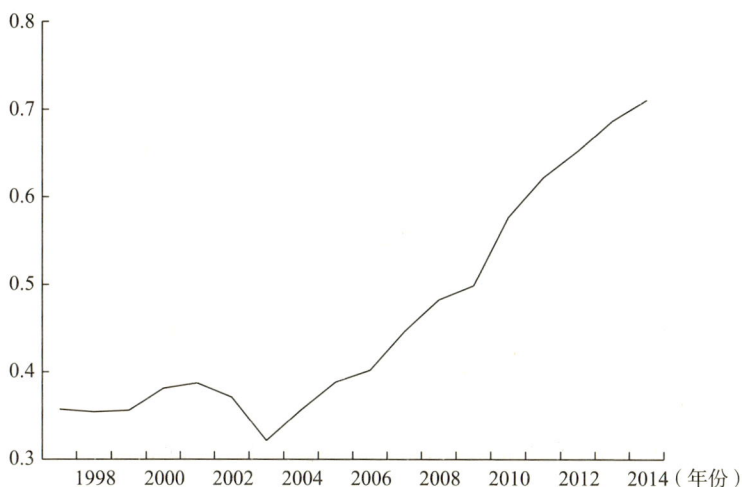

图 6 - 2　我国农民收入质量指数的变动趋势

数变化存在明显的周期性和阶段性。1997 年至 2003 年，农民收入质量指数发生了较大的波动。2004 年至 2009 年，农民收入质量指数处于快速攀升时期，直到受到国际金融危机影响，增长速度有所回落。2010 年至 2014 年，农民收入质量指数处于增速放缓的增长状态。为了详细了解农民收入质量指数的变动情况，本书以 Eviews 软件为工具，使用 H - P 滤波法，将农民收入质量指数（IQI）分解为趋势成分（TIQI）和周期成分（CIQI）。我国农民收入质量指数的 H - P 滤波分解见图 6 - 3。

根据图 6 - 3，我国农民收入质量指数中的趋势成分保持着增长态势，2005 年之前增长较为平稳，2005 年之后增长较为快速。而农民收入质量指数中的周期成分却表现出剧烈的波动，在 2003 年跌至最低水平。从 CIQI 的柱状图可以看出，我国农民收入质量指数具有较为明显的周期性。

我国人均农村居民消费的 H - P 滤波分解见图 6 - 4。

此处选取 1997 年至 2014 年人均农村居民消费额（C）分解为趋势成分（TC）和周期成分（CC）。根据图 6 - 4，我国人均农村居民消费额的趋势成分同样保持着增长趋势，增长速度逐渐

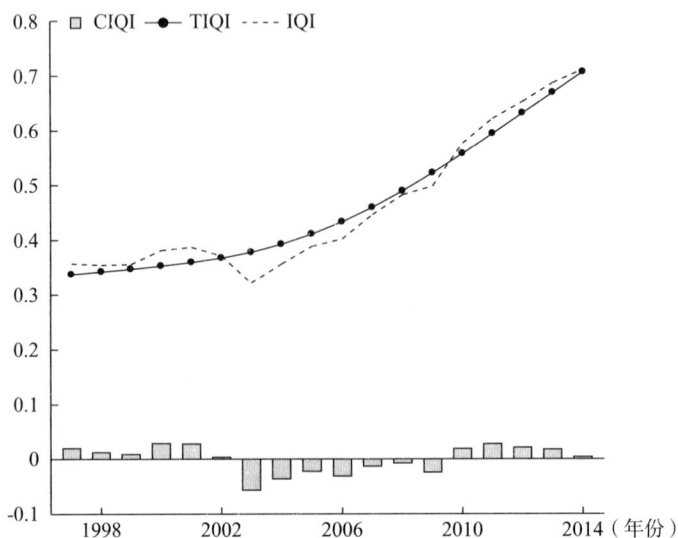

图 6-3　农民收入质量指数的 H-P 滤波分解

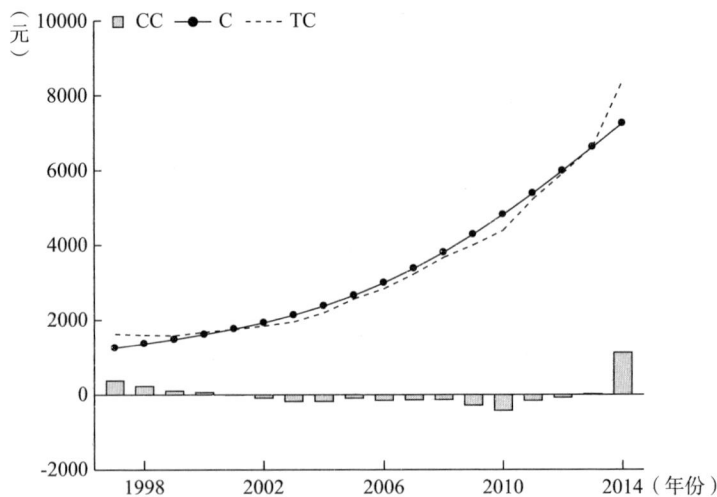

图 6-4　农村居民消费额的 H-P 滤波分解

加快。而人均农村居民消费额的周期成分变动较为明显，2001 年
至 2012 年始终处于负值，周期性较长。

2. 数据的平稳性和协整检验

平稳性检验最早应用于时间序列数据。不存在理论相关性的时间序列数据，仍能通过高度相关的检验，因为时间序列数据往往具有随时间变化而变化的特点。对未进行平稳性检验的数据直接进行回归分析极易产生"伪回归"，即模型失去经济意义。时间序列的平稳性检验主要使用单位根检验。随着对面板数据研究的深入，大量学者认为，由于同时存在截面数据和时间序列数据的特点，面板数据同样需要进行平稳性检验，数据进行回归分析的前提是所有变量平稳或存在协整关系。本书使用 ADF 单位根检验我国农民收入质量指数 IQI 和我国人均农村居民消费额 C 两个面板数据的平稳性。

ADF 单位根检验包括三个检验方程：

不包含常数项：

$$\Delta X_t = \gamma X_{t-1} + \sum_{i=1}^{p} \beta_i \Delta X_{t-i} + \varepsilon_t \qquad \text{公式 6 - 11}$$

包含常数项：

$$\Delta X_t = \alpha + \gamma X_{t-1} + \sum_{i=1}^{p} \beta_i \Delta X_{t-i} + \varepsilon_t \qquad \text{公式 6 - 12}$$

包含常数项和趋势项：

$$\Delta X_t = \alpha + \gamma X_{t-1} + \sum_{i=1}^{p} \beta_i \Delta X_{t-i} + ct + \varepsilon_t \qquad \text{公式 6 - 13}$$

上述三式中 p 为滞后阶数。这三个回归模型的原假设为 H_0：$\gamma = 0$，即存在单位根，序列不平稳。备择假设为 H_1：$\gamma < 0$，即不存在单位根，序列平稳。

在面板数据的 ADF 单位根检验中，检验值为基于 ADF-Fisher 的卡方统计量，与时间序列数据的单位根检验中使用的 γ 值不同。使用 Eviews 软件，变量的单位根检验结果见表 6 - 2。

表 6 - 2　单位根检验结果

变量	ADF 单位根检验	
	包含常数项	包含常数项和趋势项
IQI	9.6071	8.2899
$\triangle$ IQI	79.7807 [*]	259.683 [***]

续表

变量	ADF 单位根检验	
	包含常数项	包含常数项和趋势项
C	0.0106	2.1345
△C	30.1896	185.704 ***
ADQ	0.2042	1.3471
△ADQ	28.9500	174.772 ***
STR	31.2943	60.7623
△STR	188.530 ***	202.026 ***
GRO	38.8211	17.6947
△GRO	448.222 ***	342.552 ***
COST	28.6037	30.013
△COST	493.664 ***	358.869 ***
KNO	32.6219	24.9129
△KNO	301.966 ***	217.868 ***

数据来源：运用软件计算年鉴数据而得。

注：***、**和*分别代表在0.01、0.05和0.1显著性水平下显著。

根据表6-2的单位根检验结果，无论是包含常数项还是趋势项，我国农民收入质量指数（IQI）和人均农村居民消费额（C）均未通过检验，说明两个变量均不平稳。但是对两个变量进行一阶差分之后，△IQI在0.01显著性水平下通过了ADF单位根包含常数项和趋势项的检验，△C在0.01显著性水平下同样通过了ADF单位根包含常数项和趋势项的检验，说明△IQI和△C属于平稳序列，我国农民收入质量指数（IQI）和我国人均农村居民消费额（C）均属于一阶单整，可以做进一步的协整检验。

协整是指多个变量的随机性变化具有趋同性。协整检验的原理是通过将多个具有不平稳序列的变量进行线性转换后观察这些变量的组合是否平稳。两个时间序列的趋势成分相同是伪回归的一种特殊情况，因此需要使用协整检验杜绝伪回归的发生。面板数据的协整检验是建立在时间序列数据的协整检验方法E-G两步法之上。Pedroni于1999年提出了一种检验方法，该检验根据面板数据的特征，从组内和组间两个角度构建了 7 个统计量对变量间是否协整进行综合判定，其中组内维度 4 个，组间维度 3 个。但 Pedroni 同时发现，这些统计量在小样本的研究中除组内的 Panel ADF 和组间的 Group ADF 统计量外检验效果较差。因此，如果无法通过 7 个统计量检验结果判定协整时，主要依据 Panel ADF 和 Group ADF 统计量。本书采用该方法判断农民收入质量指数（IQI）与人均农村居民消费额（C）之间的协整关系，检验的统计量结果见表 6 - 3。

表 6 - 3　Pedroni 协整检验结果

统计量类别	统计量名称	统计量对应值	p 值
联合组内维度	Panel v	23. 5327	0. 0000
	Panel rho	- 1. 3971	0. 0812
	Panel PP	- 4. 6150	0. 0000
	Panel ADF	- 6. 9773	0. 0000
组间维度	Grouprho	1. 8471	0. 9676
	Group PP	- 7. 4585	0. 0000
	Group ADF	- 7. 8937	0. 0000

数据来源：利用年鉴数据运用软件计算而得。

根据表 6 - 3 的协整检验结果，Pedroni 构建的 7 个统计量中 5 个统计量拒绝了原假设：两个变量间不存在协整关系。根据 Pedroni 协整检验原则，Panel ADF 和 Group ADF 统计量为主要标准。因此，协整结果表明，两个变量间存在协整关系。

农民收入质量各维度中，收入的充足性、结构性、成长性、成本性和知识性均为一阶单整，同样通过 Pedroni 协整检验证明了这些变量间的协整关系，证明原理与上文相同，因篇幅问题从略。综上，由于存在变量间的协整关系，可做进一步的回归分析。

（二）农民收入质量对农民消费影响的模型选择

本章总共构建六个模型探究农民收入质量对消费的影响。其中模型 1 至模型 4 均为面板回归模型，探究农村居民消费额受到农民收入质量及各维度的线性影响。模型 1 仅有两个变量：当期农村居民消费 C_t 和当期农民收入质量指数 IQI_t，用来研究农民收入质量对农村居民消费的直接影响。模型 2 加入了上一期农村居民消费 C_{t-1}，用来观测加入预期后前期消费对本期的影响程度及其与农民收入质量的关系。模型 3 探究农民收入质量的各维度对当期农村居民消费的影响。模型 4 探究农民收入质量各维度以及前期消费对当期农村居民消费的影响。模型 1 至模型 4 的表现形式为：

$$C_t = \alpha_0 + \alpha_1 IQI_t + \varepsilon_t \qquad \text{公式 6 - 14}$$

$$C_t = \alpha_1 + \alpha_2 C_{t-1} + \alpha_3 IQI_t + \mu_t \qquad \text{公式 6 - 15}$$

$$C_t = \alpha_0 + \alpha_1 ADQ_t + \alpha_2 STR_t + \alpha_3 GRO_t + \alpha_4 COST_t + \alpha_5 KNO_t + \varepsilon_t$$
$$\text{公式 6 - 16}$$

$$C_t = \alpha_0 + \alpha_1 C_{t-1} + \alpha_2 ADQ_t + \alpha_3 STR_t + \alpha_4 GRO_t + \alpha_5 COST_t + \alpha_6 KNO_t + \varepsilon_t$$
$$\text{公式 6 - 17}$$

面板数据与截面数据、时间序列数据不同，是由截面数据和时间序列数据整合而成，既会体现个体的特征，也会体现截面的特征。在面板数据的计量分析中，如果自变量对因变量的影响不存在个体特征和时间特征，并且不能完全解释因变量，即自变量中不包含能够影响因变量但不可观测的确定性因素，则可将模型设定为固定效应模型，加入虚拟变量反映个体特征和时间特征，或者使用模型的部分截距项描述不可观测的确定性信息。其主要模型形式为：

$$y_{it} = \alpha_i + X'_{it}\beta + \varepsilon_{it} \qquad \text{公式 6 - 18}$$

在公式 6 - 18 中，α_i 是随机变量，表示 i 个个体存在 i 个不同的截距项，且其变化均与 X_{it} 有关。α_i 描述的是不同个体建立模型的差异程度，与 X_{it} 变化有关，因此称之为固定效应模型。

但是，固定效应模型也存在一定的不足。例如当固定效应模型中存在大量虚拟变量时，模型估计的自由度严重降低。此外在实际应用中，固定效应模型的随机干扰项与模型的基本假设存在一些矛盾，容易出现参数的非有效估计。固定效应模型考虑了不完整的确定性信息，却忽视了不完整的随机性信息同样对因变量存在影响。因此，Maddala（1971）将混合数据回归的随机干扰项分解为三个分量，分别是截面随机误差分量、个体时间随机误差分量和时间随机误差分量，统称为随机效应模型。其主要模型形式与固定效应模型相同，区别是 α_i 作为随机变量，其分布与 X_{it} 无关。

综上，由于面板数据具有个体和时间效应的特殊性，因此回归分析前需要首先判定随机变量具有固定效应还是随机效应。现有研究主要使用 Hausman 检验来判定面板数据应使用何种模型。Hausman 检验运用较为广泛，该检验是对同一个参数的两个估计量差异的显著性检验。其检验原理为检验使用两种方法估计的两个估计量的差是否仍然具有一致性。因此，根据其检验原理，面板数据利用 Hausman 方法检验模型形式设定的原理为：假定面板数据误差项满足假设条件，如果应该选取随机效应模型，则 β 的离差变换 OLS 估计量 $\hat{\beta}_W$ 以及可行 GLS 法估计量 $\tilde{\beta}_{RE}$ 同时具有一致性（由于面板数据的特殊性，一般不使用普通最小二乘法估计系数）。如果应该选取固定效应模型，则 β 的离差变换 OLS 估计量 $\hat{\beta}_W$ 和可行 GLS 法估计量 $\tilde{\beta}_{RE}$ 仅有前者属于一致估计量。如果使用这两种方法的回归系数差异较小，应建立随机效应模型。如果回归系数估计结果差异较大，应建立固定效应模型。因此可以通过检验 $\hat{\beta}_W - \tilde{\beta}_{RE}$ 统计量的非零显著性判定使用何种模型。

模型 5 为面板 VAR 模型，该模型主要探究农民收入质量对农村居民消费的滞后影响和贡献率等。VAR 模型又称向量自回归模型，主要充当时间序列研究工具。VAR 模型中因变量为所有变量当期组成的向量，自变量为对所有变量若干相同滞后期组成的向量。VAR 模型的约束条件较少，常用于探究内生变量间的动态关系。它属于 AR 模型（自回归模型）的扩充形式。由于该模型可以包含多个内生变量，并且短期预测十分准确，因此使用较为广泛。

一个 VAR（p）模型可以写成：

$$Y_t = C + A_1 Y_{t-1} + A_2 Y_{t-2} + \cdots + A_p Y_{t-p} + e_t \qquad \text{公式 } 6-19$$

其中：p 是滞后期，C 是 $n \times 1$ 常数向量，A_i 是 $n \times n$ 矩阵，e_t 是 $n \times 1$ 误差向量。

VAR 模型的特点包括如下几点。第一，VAR 模型不以严格的经济理论作为依据，在建模过程中只需要明确将有关系的变量包括在 VAR 模型中并确定滞后期 p 即可。第二，VAR 模型对参数不施加零约束，即 VAR 模型得出结果后 t 检验值不通过的变量依然保存，不需要分析回归参数的经济意义。第三，由于 VAR 模型中解释变量中不存在任何当期变量，所以 VAR 模型适合应用在预测方面，因为不需要对预测期内的解释变量进行预测。第四，VAR 模型参数的个数由滞后期 p 和变量个数 N 决定，参数个数为 pN^2，所以样本容量必须足够大。第五，VAR 模型的变量都需要具有平稳性。如果是非平稳性，则必须具有协整关系。西姆斯（Sims）最初提出向量自回归模型时，认为所有的变量都应该处于系统内，即全部属于内生变量。但现有研究中很多学者认为，仅有单向因果关系的变量也可以作为外生变量加入模型中。面板 VAR 模型与 VAR 模型的原理相同，区别在于由于面板 VAR 模型采用的是面板数据，因此需要使用面板矩估计方法（GMM）对参数进行估计。

模型 6 为面板门槛模型。门槛模型属于非线性模型，主要用来研究变量间影响的阶段性变化。以存在一个门槛值为例，其表达形式为：

$$Y_{it} = \mu_i + \beta_1 d_{it} I(d_{it} \leq \gamma) + \beta_2 d_{it} I(d_{it} > \gamma) + \theta' X_{it} + \varepsilon_{it} \qquad \text{公式 } 6-20$$

在公式 6-20 中，Y_{it} 为被解释变量，μ_i 为常数项，d_{it} 为门槛变量，即该变量对 Y_{it} 的影响为非线性。γ 为门槛值，即 d_{it} 超过该值时，其对 Y_{it} 的影响会产生显著变化。I（$d_{it} \leq \gamma$）和 I（$d_{it} > \gamma$）均为示性函数，反映方程形式的变化，X_{it} 为其他控制变量，ε_{it} 为随机干扰项。根据模型形式可知，门槛变量 d_{it} 的数值在门槛值 γ 之前，对 Y_{it} 产生第一种影响，在超过门槛值 γ 之后，对 Y_{it} 产生第二种影响，直观表现为函数斜率的变化。斜率的变化反映了变量间影响的结构变化。因此，该模型的重点为寻找门槛值 γ。

门槛值 γ 的计算方法为，将门槛变量 d_{it} 的每一个样本值作为门槛值 $\hat{\gamma}$，分别代入公式 6 - 20 中进行回归，使模型的残差平方和最小的门槛值 $\hat{\gamma}$ 为最终的门槛值 γ，即：

$$\gamma = \arg\min S(\hat{\gamma}) \qquad \text{公式 6 - 21}$$

其中，$S(\hat{\gamma})$ 代表当门槛值为 $\hat{\gamma}$ 时模型的残差平方和。在实际情况下，往往会出现第二个甚至更多的门槛值，因此需要在第一个门槛值的基础上运用上述方法继续搜寻。

变量间影响的结构变化被称为门槛效应，在运用门槛模型时，需要检验门槛效应，否则搜寻的门槛值无统计学意义。门槛效应的原假设为公式 6 - 20 中 $\beta_1 = \beta_2$，并构建 F 统计量：

$$F = \frac{S_0 - S_1(\gamma)}{\hat{\sigma}^2} \qquad \text{公式 6 - 22}$$

公式 6 - 22 中，S_0 为原假设下模型的残差平方和，$S_1(\gamma)$ 为备择假设下经过参数估计后的模型残差平方和，$\hat{\sigma}^2$ 是备择假设下经过参数估计后的模型残差的方差。Hansen 证明，原假设成立的情况下该 F 统计量使用传统方法不能识别，因此需要使用 Bootstrap 方法计算该统计量的大样本渐进有效 P 值。当 P 值小于一定的显著性水平时说明拒绝原假设，$\beta_1 \neq \beta_2$，模型的门槛效应存在。

（三）农民收入质量对农民消费影响的面板回归结果分析

根据公式 6 - 14 和公式 6 - 15 的形式，分别考虑变量为当期农村居民消费 C_t 和当期农民收入质量指数 IQI_t，以及加入变量上一期农村居民消费 C_{t-1}，建立两个随机效应模型，使用 Eviews 软件，两个随机效应模型的 Hausman 检验结果见表 6 - 4。

表 6 - 4　Hausman 检验结果（1）

模型	卡方值	卡方自由度	p 值
模型 1	17. 5832	1	0. 0000
模型 2	103. 173	2	0. 0000

数据来源：运用软件计算年鉴数据而得。

表 6 - 4 的检验结果显示，两个模型 Hausman 检验的 p 值均小于 0.05，说明拒绝原假设，即两个模型均应建立固定效应模型。因此，依照公式 6 - 14 和公式 6 - 15 所建立的面板数据模型，应采用固定效应模型形式。本书使用 Eviews 软件，得到两个固定效应模型估计的模型结果，见表 6 - 5。

表 6 - 5　模型 1 和模型 2 的回归结果

变量	模型 1	模型 2
农民收入质量指数（IQI_t）	1. 5104 *** （0. 0755）	0. 1712 *** （0. 0360）
上一期农村居民消费（C_{t-1}）		0. 9891 *** （0. 0235）
常数项	- 0. 1772 *** （0. 0273）	- 0. 0164 （0. 0139）
调整 R^2	0. 9640	0. 9915
F 值	273. 2695	1166. 801

数据来源：运用软件计算年鉴数据而得。
注：括号内为该系数的标准误，*** 代表在 0.01 的显著性水平下显著。

模型 1 的调整 R^2 为 0.9640，被解释变量能够被解释变量解释的部分为 96.40%，解释力度很强。F 检验值为 273.2695，通过了 F 检验，证明模型 1 中各参数均显著不为 0。模型拟合效果良好，估计结果可信。

在模型 1 中，农民收入质量指数 IQI_t 的回归系数估计值为 1.5104，通过了 0.01 的显著性水平的 t 检验。说明农民收入质量 IQI_t 对农村居民消费 C_t 的影响显著。农村居民消费 C_t 将随着农民收入质量指数 IQI_t 的单位变动，同向变动 1.5104 个单位，即我国农民收入质量指数增加 0.1, 我国农村居民平均消费增加 1510.4 元。2014 年全国农村居民人均消费支出为 8382.6 元, 说明农民收入质量对消费的推动影响巨大。农民收入质量不仅包括收入的充足性, 也包括收入的结构性、收入的成长性、收入的成本性和收入的知识性, 是农民收入水平的综合体现。收入水平的提高, 对于促进农村居民消费具有十分重要的促进作用。依照传统理论, 我国农民纯收入持续增长, 势头强劲, 应该能够带动农民消费的迅猛增长以及消费率的增加。但是实际上, 近 5 年来我国农民消费增长速度有所减缓, 消费率有所下降。本书认为, 我国农村居民消费增长速度的减缓, 是由于我国农民收入质量指数增长速度的减缓。凯恩斯的绝对收入假说认为, 随着居民收入的增长, 居民消费率会有所下降, 这与我国当前刺激消费、提高消费率的政策有所出入。因此, 本书认为, 从农民收入质量角度入手或许是破解之道。收入增长会降低消费倾向, 但是收入数量的充足、收入结构的改善、收入成长性的增强、收入成本性的降低和收入知识性的提高, 对消费率提升的影响是毋庸置疑的。关于农民收入质量各维度对消费的影响, 本书将在下一节详细阐述。

模型 1 中, 常数项为 −0.1772, 通过了显著水平为 0.01 的 t 检验。模型的截距项为负, 说明当农民收入质量指数处于较低水平时, 消费可能为负。与消费相对应的是积累或储蓄, 这证明了预防性储蓄的存在。消费者首先完成储蓄目标, 然后再进行消费活动。根据回归结果, 当 C_t 等于 0 时, IQI_t 约等于 0.1173, 即当农民收入质量指数超过 0.1173 时, 农村居民才开始进行消费。由于 IQI_t 的系数大于 1, 因此消费曲线较为陡峭, 消费增长幅度大于农民收入质量指数增长幅度, 该曲线富有弹性。

模型 2 的调整 R^2 为 0.9915, 因变量能够被自变量解释的部分为 99.15%, 解释力度很强（部分原因是加入了被解释变量的滞后项, AR 模型的 R^2 普遍较高, 通过拟合优度判定模型拟合效果意义较小）。F 检验值为 1166.801, 通过了 F 检验, 证明模型 2 中各参数均显著不为 0。模型拟合效果极好, 估计结果可信。

在模型 2 的回归结果中，上一期农村居民消费（C_{t-1}）对本期农村居民消费（C_t）的影响极为明显，回归系数达到了 0.9891，并通过了显著性水平为 0.01 的 t 检验。这说明，上一期农村居民消费每增加一个单位，本期农村居民消费会增加 0.9891 个单位。消费平均增长率中的主要贡献直接来自上一期的农村居民消费。这与美国经济学家杜森贝利提出的"相对收入消费理论"保持一致。农民收入质量提高和降低对农民消费变动影响趋势截然不同。农民收入质量提高时农民消费将发生同比例增长，但由于受到周边和过去自身最高消费水平的影响，农民收入质量降低时农民消费将发生低于同比例的下降，即消费水平下降具有一定滞后性。因此，消费具有惯性，该惯性可能使收入质量较低的农民依然具有较高的消费水平。而从回归方程系数来看，我国农民的消费惯性较为明显，这是我国农民生活环境与消费结构的特殊性所致。相对于城市，我国农村相对落后，农民收入和生活水平较低。我国农民的消费大多为基础消费，如食品、衣着、医疗和子女教育等。这些都属于必要消费，生活中不可或缺。因此，相对落后的生活环境和相对稳定的消费结构，导致我国农民消费惯性较为明显。然而，近年来一些学者认为，消费惯性实际上存在着"双向棘轮效应"，对下一期消费同时存在着促进作用和抑制作用。因此，消费惯性并不能成为我国刺激消费的突破点。相对于收入水平对消费的影响，消费惯性更倾向于非理性。促进消费，依然要提高农民收入水平，即本书所说的农民收入质量。

模型 2 中，农民收入质量指数 IQI_t 的回归系数估计值为 0.1712，通过了 0.01 的显著性水平的 t 检验。这说明农民收入质量指数 IQI_t 对农村居民消费 C_t 有显著影响。农民收入质量指数 IQI_t 每增加 1 个单位，农村居民消费 C_t 增加 0.1712 个单位。虽然在模型 2 中农民收入质量指数 IQI_t 依然是显著变量，但是相对于模型 1，其回归系数大幅度减小。这说明在考虑上一期农村居民消费 C_{t-1} 的前提下，农民收入质量指数 IQI_t 对农村居民消费 C_t 的影响并不如消费惯性的影响。这是我国农村居民消费增长率始终在较低水平波动的根本原因。我国农村居民消费增长的主要动力不是收入水平的增长，而是消费惯性。正如上文所言，消费惯性会对消费造成"双向棘轮效应"，当消费提高到一定水平时，消费惯性反而会抑制消费的增长。因此，我国经济如要实现稳定、健康的增长，消费同样需要稳定和健康的增长。作为占到我国消费市场 22.5% 的农村居民消费市场，不但要挖掘其上升空间，也要保证农村消费市场的健康增长。而农村消费市场的健康增长，便是要以收入水平，即本书所说的农民收入质量作为主要动力。

模型 2 中，常数项依然为负，但是没有通过 t 检验，亦即从统计学意义上该系数与 0 无差异。因此，模型 2 可认为不存在常数项。由于模型 2 中的解释变量取值均为正值，所以被解释变量农村居民消费 C_t 始终大于 0，消费始终存在。这与模型 1 的结论不同。这是由于，模型 2 考虑了上一期农村居民消费 C_{t-1}，在已有消费的带动下，本期消费必然存在。

本书同样构建两个模型探究了农民收入质量各维度对消费的影响。模型 3 只包括当期农村居民消费 C_t 和当期农民收入质量各维度 ADQ、STR、GRO、COST 和 KNO，用来研究农民收入质量各维度对农村居民消费的直接影响。模型 4 加入了上一期农村居民消费 C_{t-1}，以观测前期消费对本期的影响程度以及农民收入质量各维度系数的变化。

根据公式 6-16 和公式 6-17，分别考虑变量为当期农村居民消费 C_t 和当期农民收入质量各维度，以及加入变量上一期农村居民消费 C_{t-1}，建立两个随机效应模型，使用 Eviews 软件，两个随机效应模型的 Hausman 检验结果见表 6-6。

表 6-6　　Hausman 检验结果（2）

模型	卡方值	卡方自由度	p 值
模型 3	27.9097	5	0.0000
模型 4	80.1627	6	0.0000

数据来源：运用软件计算年鉴数据而得。

表 6 - 6 的检验结果显示，两个模型 Hausman 检验的 p 值均
小于 0.01，说明拒绝原假设，即两个模型均不属于随机效应模
型，应建立固定效应模型。因此，依照公式 6 - 13 和公式6 - 14
所建立的面板数据模型，建立固定效应模型。本书使用 Eviews 软
件，得到两个固定效应模型估计的模型结果见表 6 - 7。

表 6 - 7   模型 3 和模型 4 的回归结果

变量	模型 3	模型 4
收入充足性（ADQ_t）	2.9738*** （0.1487）	0.1576** （0.0638）
收入结构性（STR_t）	1.0396*** （0.2120）	0.1837* （0.1011）
收入成长性（GRO_t）	-0.8291** （0.3712）	-0.0640 （0.3960）
收入成本性（$COST_t$）	0.9378 （0.8862）	0.4037*** （0.1357）
收入知识性（KNO_t）	0.6528*** （0.2180）	0.0948* （0.0564）
上一期农村居民消费（C_{t-1}）		0.9817*** （0.0160）
常数项	0.1145*** （0.0348）	0.0417** （0.0163）
调整 R^2	0.9749	0.9937
F 值	361.9598	1539.288

数据来源：运用软件计算年鉴数据而得。

注：括号内为该系数的标准误，*、**、***分别代表在 0.1、0.05 和 0.01 的
显著性水平下显著。

模型 3 的调整 R^2 达到了 0.9749，因变量能够被自变量解释的
部分为 97.49%，解释力度极强。F 检验值为 361.9598，通过了 F
检验，证明模型 3 中各参数均显著不为 0。模型拟合效果很好，
估计结果有效并可信。

在模型 3 中，收入充足性 ADQ_t 的系数为 2.9738，是所有变
量中系数最大、影响最明显的维度。收入充足性每增长一个单
位，我国农村居民消费增加 2.9738 个单位。收入充足性是收入质
量的基础，是农民收入质量的最直观表现。收入越充足，可支配
的收入就越高，在消费上投入相对就多，有利于扩大当期消费。
这与已有研究结论一致：消费的主要影响因素是收入的数量。但
是，进一步思考可知，收入的充足性不但考虑了收入的绝对数

量，也考虑了总收入扣除生产和生活成本之后的相对数量。因
此，收入数量虽然在不断提升，但是由于生产生活成本的增加，
收入的充足性并没有与收入数量的变化保持一致。这种变化的不
同步，说明决定消费的主要因素是收入中可以自由支配的数量。
正如上文分析，我国农民的消费大多为必要消费。但是，欲使消
费成为经济增长的关键动力，"必要消费"之外的增长非常关键。
这不但需要农民转变消费观念，而且要提高农民的收入充足性，
尤其是收入减去生产、生活成本之后的结余。

收入结构性 STR_t 的系数为 1.0396，在所有正向影响的维度中
影响程度仅次于收入的充足性。收入结构性每增长一个单位，我
国农村居民消费增加 1.0396 个单位。收入结构的优化是农民收入
质量提升的动力。工资性收入和经营性收入是我国农民收入的两
大来源。目前的研究认为，工资性收入对农民的消费效应在所有
收入来源中最大。本书认为，这种现象可能存在两方面原因。其
一，相对于经营性收入，工资性收入的获取成本较低，数量稳
定。虽然工资性收入也需要一定的求职成本、交易成本和交通成
本等，但是相对于从事家庭经营的生产成本，工资性收入的生产
成本可忽略不计。另外，工资性收入的支付形式较为稳定，可以
提前进行消费。其二，农民心中均会存在数个"心理账户"。在
"心理账户"理论中，不同来源的收入将进入不同的心理账户，
每个心理账户有单独的预算和支配规则，各账户之间不会流动。
而工资性收入进入的心理账户，主要用于消费。综上，工资性收
入对农民消费效应影响最明显。2014 年我国各省区市中，北京
市、上海市和浙江省农民的工资性收入已经超过了 60%，其消费
水平比全国平均水平高出一倍左右。然而，根据刘易斯的二元经
济理论，随着经济和城市化的发展，农民在城市务工与在农村务
农获得的收入差距将越来越小，当两种收入的数量相同时，农村
向城市的人口流动结束。因此，工资性收入对农民消费效应的主
要影响，将随着城市化进程逐渐减弱，最终与其他收入来源的影
响无差异。

收入成长性 GRO_t 在模型 3 中回归系数为 - 0.8291，通过了显著性水平为 0.01 的 t 检验，说明收入的成长性对农村居民消费的影响为负，这与本书的理论假设有所出入。本书认为，收入的成长性对消费影响为负，主要有以下两个原因。首先，在理论假设中本书将收入的成长性代表收入的不确定性，影响农民的预防性储蓄，进而影响了农民消费。然而，在该理论中，作为影响消费的关键变量之一，收入的不确定性是获取收入过程中面临的各种不确定性因素，是预防性储蓄的重要成因。但是需要指出的是，收入不确定性对农民消费的影响并不总是负的。当收入不确定性表现为收入在预期之外的增加时，消费还有可能进一步扩大。因此，收入不确定性对消费的影响方向为负。其次，也是较为重要的原因，我国各地区收入结构调整的时间段不尽相同。经济和消费水平较高的地区收入结构调整已趋于完善，而经济和消费水平较低的地区收入结构调整正处于起步阶段。例如，2011 年至 2013年北京市农民的经营性收入增长率分别为 - 24.96%、- 3.31%和 - 39.57%，始终处于高速锐减的状态，而工资性收入已趋于平缓，保持 10% 左右的增长水平。甘肃省 2011 年至 2013 年的工资性和经营性收入增长率均在 15% 以上，2014 年该省工资性收入增长率甚至达到了 23.78%，居全国第四。因此，我国农民收入的现状为：收入增长率较高的地区消费较低，收入增长率较低的地区消费较高。这是收入成长性对消费影响为负的统计学解释。

收入的成本性 COST_t 在模型 3 中的回归系数为 0.9378，未通过 t 检验，说明收入的成本性对农村居民消费的影响不显著，与本书的假设不符。本书认为，由于对收入的成本性进行了标准化处理，因此收入的成本性得分越高说明获得收入所花费的成本越低，因此回归系数为正说明了收入的成本性对农村居民消费的抑制作用。从空间分布来看，我国西南地区农民为获取收入而付出的成本最低，而东北地区和新疆最高。在获取收入过程中花费成本过高，不但会抑制农民的生产积极性，而且会对农民消费产生显著影响，进而影响经济增长。然而，生产成本与经济的同步增长，导致收入的成本性与消费又存在负相关。因此，在两个影响的同时作用下，收入的成本性系数不显著。但是，为了开拓农村消费市场，降低获取收入的成本势在必行。在这一方面，我国政府已经采取了一些措施，如发展"一村一品"和特色农业，逐步实现农业产业化，推动农业科技发展，加强农业基础设施建设，这些措施都是为了减轻农民负担，减少其获取收入过程中的成本。实质上，获取收入过程中所需支付的成本是必然存在的，而生产成本的不确定性对消费的抑制作用更为明显。2008 年和 2011 年的农业生产资料价格指数分别环比增长了 20.3% 和 11.3%，直接导致下一年的农村居民消费增长率分别下降了 9.5 和 11.4 个百分点。综上所述，在减少收入成本性的同时，还应注意减少成本的波动。

收入的知识性 KNO_t 在模型 3 中的回归系数为 0.6528，通过了显著性水平为 0.01 的 t 检验，说明收入的知识性对农村居民消费的影响显著为正，即农民受教育水平越高，技能水平越高，对应的农村居民消费也越高。收入的知识性每增加一个单位，我国农村居民消费就会增加 0.6528 个单位。除去收入成本性未通过显著性检验，收入的知识性是影响程度绝对值最小的维度。本书认为，收入知识性影响程度的偏低，主要有两个原因。首先，收入的知识性对消费影响需要的期限在所有维度中最长。其他维度对消费的影响均在较短的时间内完成，而受教育水平和技能水平影响的是农民消费的倾向和结构，影响周期长，程度较低。其次，我国农民的收入知识性偏低。以受教育程度为例，除北京和上海农民受教育水平在高中及高中以上的比例超过 25% 以外，东部沿海各地区农民受教育水平在高中及高中以上的比例仅在 15% 至 20%，西部地区只有陕西省和甘肃省超过了 15%。我国农民从事的工作也以低技能水平工作为主。在收入知识性普遍较低的前提下，收入知识性的增加不会对消费有非常显著的影响。但是，收入的知识性是提高消费率的内在动力。消费成为经济增长关键动力的前提，是"必要消费"之外的消费增长，这需要农村居民消费结构发生重要变化，这种变化需要收入知识性的提升进行引导。综上，通过模型 3 可以看出，我国农民收入知识性水平较低，对消费的影响较小，但收入知识性是消费的重要动力。

模型 4 加入了上一期农村居民消费变量 C_{t-1}，模型的调整 R^2 达到了 0.9937，被解释变量能够被解释变量解释的部分为 99.37%，与模型 3 相比增长幅度不大，解释力度极强。F 检验值为 1539.288，通过了 F 检验，证明模型 4 中各参数均显著不为 0。模型拟合效果优秀，估计结果有效并可信。

模型 4 中，加入的变量上一期农村居民消费变量 C_{t-1} 的回归系数为 0.9817，并通过了显著性水平为 0.01 的 t 检验。这说明，上一期农村居民消费变量对本期的消费影响非常显著。上一期农村居民消费每增加 1 个单位，本期农村居民消费会增加 0.9817 个单位。相较于模型 2，变量上一期农村居民消费变量 C_{t-1} 的影响相对较小，但是回归系数绝对值仍然是模型 4 中所有变量中最大的。这与模型 2 得出的结论一致：目前我国农村居民消费的主要动力是消费惯性。然而，该变量回归系数与农民收入质量部分维度的回归系数差别不大，证明了农民收入质量对消费强有力的推动性。

模型 4 中，农民收入质量各维度的回归系数与模型 3 相比，均有下降。但是回归系数的特点基本未发生变化。如收入的充足性和结构性依然对消费产生显著正向影响，收入的知识性影响程度最低。但是，模型 4 中也体现了一些与模型 3 不同的特点。首先，收入充足性的系数小于收入结构性，这说明在考虑上一期消费的基础上，收入的来源比收入的数量更加重要。在消费惯性的带动下，农民考虑更多的是消费所使用金钱的来源，这也反映了我国农民现如今的消费缺乏理性。其次，收入成本性在模型 4 中是农民收入质量体系五个维度中影响系数绝对值最大的维度，超过了收入的充足性和结构性。这说明，关于以消费惯性带动的消费，农民更加关注收入的成本性。如果收入的成本性过高，即使存在消费惯性，农民的消费依然会减少。最后，收入的成长性在模型 4 中不显著，这说明在考虑上一期消费的情况下，收入是否成长对农民的消费不会造成明显的影响。

（四）农民收入质量对农民消费影响的面板 VAR 结果分析

1. 模型构建和参数估计

根据 VAR 模型的特点，滞后期 p 是极为重要的估计参数之一。估计滞后期一般采用若干信息准则，选取信息准则对应的最佳滞后期。本书滞后期的选择过程见表 6 - 8。

表 6 - 8　面板 VAR 模型滞后期选择

滞后期	赤池准则（AIC）	施瓦泽准则（SC）	汉南 - 奎恩准则（HQ）
0	- 3. 6196	- 3. 5971	- 3. 6107
1	- 10. 1603	- 10. 0929	- 10. 1335
2	- 10. 2160 *	- 10. 0984 *	- 10. 1660 *
3	- 10. 2108	- 10. 0589	- 10. 1533

数据来源：运用软件计算年鉴数据而得。

注：＊表示根据相应准则选取的最佳滞后期。

表 6 - 8 的结果显示，三项信息准则以及预测误差均显示面板 VAR 模型的最佳滞后阶数为 2。根据确定的滞后期，本书建立面板 VAR 模型，模型形式如下：

$$\begin{bmatrix} C \\ IQI \end{bmatrix}_t = \begin{bmatrix} \alpha_1 \\ \alpha_2 \end{bmatrix} + \begin{bmatrix} \beta_{11} & \beta_{12} \\ \beta_{21} & \beta_{22} \end{bmatrix} \begin{bmatrix} C \\ IQI \end{bmatrix}_{t-1} + \begin{bmatrix} \delta_{11} & \delta_{12} \\ \delta_{21} & \delta_{22} \end{bmatrix} \begin{bmatrix} C \\ IQI \end{bmatrix}_{t-2} + \begin{bmatrix} \varepsilon_1 \\ \varepsilon_2 \end{bmatrix}$$

公式 6 - 23

根据上文选取数据以及模型形式，使用 Stata12. 0 软件对面板 VAR 模型的估计结果见表 6 - 9。

表 6 - 9　面板 VAR 模型参数估计结果

变量	C	IQI
	1. 2617	0. 1709
C（ - 1）	(0. 0488)	(0. 0328)
	[25. 8460]	[5. 2058]

续表

变量	C	IQI
C (-2)	-0.1848	-0.1004
	(0.0573)	(0.0385)
	[-3.2287]	[-2.6075]
IQI (-1)	0.3058	0.7825
	(0.0712)	(0.0479)
	[4.2960]	[16.3400]
IQI (-2)	-0.2588	0.1650
	(0.0707)	(0.0475)
	[-4.0735]	[3.4713]
常数项	-0.0096	0.0013
	(0.0071)	(0.0048)
	[-1.3477]	[0.2769]

数据来源：运用软件计算年鉴数据而得。

注：（）中的数值是参数估计的标准差，［］中的数值是参数估计的 t 统计量。

在对表 6-9 中的数据进行分析之前，需要对模型的平稳性和变量之间的关系进行检验，在保证模型平稳以及变量影响方向明确的前提下，数据分析才具有经济意义。

2. 格兰杰因果检验

在面板向量自回归（VAR）模型中，存在两个需要检验平稳性的对象。一个是变量的平稳性检验，一般使用 ADF 单位根检验方法进行检验。另一个是模型整体的平稳性检验，使用协整方程进行检验。该模型整体平稳，其平稳性检验结果见表 6-3。

在模型稳定性检验之后，还需对变量进行格兰杰因果检验。顾名思义，向量自回归（VAR）模型的变量是向量形式的多个变量，因此多个变量间的影响方向需要进行检验。即使前文已经通过大量经济理论证明，农民收入质量对消费具有影响，二者之间存在因果关系，也需要有数理的支持，验证是否二者之间存在双向影响。

格兰杰因果检验的原假设相对其他检验较为特殊，原假设为 H_0 : X 不是引起 Y 的 Granger 原因。检验过程需要建立下列两个回归模型：

无约束回归模型 (u) :

$$Y_t = \alpha_0 + \sum_{i=1}^{p} \alpha_i Y_{t-i} + \sum_{j=1}^{q} \beta_j X_{t-j} + \varepsilon_t \qquad \text{公式 } 6-24$$

有约束回归模型 (r) :

$$Y_t = \alpha_0 + \sum_{i=1}^{p} \alpha_i Y_{t-i} + \varepsilon_t \qquad \text{公式 } 6-25$$

公式 6 - 24 和 5 - 25 中，α_0 表示常数项，p 和 q 分别是变量 Y 和 X 的最大滞后期数，ε_t 为白噪声。根据这两个回归模型的残差平方和RSS_u 和RSS_r 构建 F 统计量：

$$F = \frac{(RSS_r - RSS_u)/q}{RSS_u/(n-q-p-1)} \sim F(q, n-q-p-1) \qquad \text{公式 } 6-26$$

如果检验结果 $F \geqslant F_\alpha$ (q，n - q - p - 1)，则拒绝原假设，X 是 Y 的 Granger 原因。如果检验结果 $F < F_\alpha$ (q，n - q - p - 1)，则接受原假设，X 不是 Y 的 Granger 原因。通过自变量和因变量互换，可以实现从数理上验证二者之间的因果关系。然而需要注意的是，格兰杰因果检验的结果证明的是变量间统计学上的因果关系，仅为一个变量能够预测另一个变量的依据。本书通过 Eviews 软件对我国收入质量指数（IQI）和农村居民消费人均额（C）两个变量进行短期和长期的格兰杰因果检验，检验结果见表 6 - 10 和表 6 - 11。

表 6 - 10　短期格兰杰因果检验结果（滞后期 = 2）

格兰杰因果检验原假设	F 统计量	p 值
C 不是 IQI 的格兰杰原因	86.7275	0.0000
IQI 不是 C 的格兰杰原因	9.5599	0.0000

数据来源：运用软件计算年鉴数据而得。

表 6 – 11　长期格兰杰因果检验结果（滞后期 = 10）

格兰杰因果检验原假设	F 统计量	p 值
C 不是 IQI 的格兰杰原因	2.8964	0.0023
IQI 不是 C 的格兰杰原因	2.7046	0.0043

数据来源：运用软件计算年鉴数据而得。

从表 6 – 10 和 6 – 11 可以看出，在短期内（滞后期等于 2），C 不是 IQI 的格兰杰原因的 F 统计量为 86.7275，p 值为 0.0000，在 0.01 的显著性水平下拒绝原假设，说明 C 是 IQI 的格兰杰原因。IQI 不是 C 的格兰杰原因的 F 统计量为 9.5599，p 值为 0.0000，同样在 0.01 的显著性水平下拒绝原假设，说明 IQI 是 GGDP 的格兰杰原因。根据此检验结果，短期内 IQI 和 C 之间存在着双向因果关系，即二者之间存在交互影响。我国农民收入质量影响农民消费，农民消费促进了经济增长，反过来也影响了我国农民收入质量。在长期内（滞后期等于 10），根据检验结果，IQI 和 C 之间同样存在着双向因果关系，即二者之间依然存在交互影响。综上可知，我国农民收入质量与农民消费在任何时期均相辅相成，互相促进。

3. 模型结果分析与讨论

在模型稳定以及明确变量影响方向的基础上，面板 VAR 模型的结果分析有了数理支持和分析方向。根据表 6 – 8，本书首先分析两个变量对农村居民人均消费额的影响。本年的农村居民人均消费额，将对下一年的农村居民人均消费额有较强的促进作用，影响系数达到 1.2617，即本年农村居民人均消费额增长 1 个单位，会使一年后的农村居民人均消费额增长 1.2617 个单位。这体现了消费增长的强大惯性，消费增长会扩大消费规模和消费水平，显著影响多年内的农村居民人均消费额。然而，在农村居民人均消费额对自身影响的滞后期内，本年农村居民人均消费额对两年后的农村居民人均消费额有微弱的抑制作用，影响系数为 –0.1848。这种现象在消费增长的过程中较为独特。已有关于宏观经济滞后期的研究大多也得到了相同结论：无论是消费、投资或是国内生产总值，都会出现对两期或者三期后的自身出现负向微弱影响的现象。由于滞后期的研究较为重视滞后一期，此后的滞后期由于影响微弱较少有研究涉及。本书认为，这种现象是市场供求关系调节产生的"挤出效应"所致。在经济增长的背景下，消费提高、经济过热导致供给大于需求。供需的不平衡在市场调节下会逐渐趋向于均衡点，导致 IS 曲线左移。在 LM 曲线不变的情况下，国民收入减少，从而导致消费额的减少。但是市场调节较为缓慢，因此不会对自身产生明显的负向影响。就本书变量而言，农村居民人均消费额（C）会对两年后的 C 产生微弱的负向影响，但由于一年后的 C 对两年后的 C 具有较强的促进作用，因此我国农村居民人均消费额依然保持着上升趋势。

我国农民收入质量将对一年后的农村居民人均消费额产生非常显著的影响，影响系数达到了 0.3058，即我国农民收入质量指数增加 1 个单位，我国农村居民人均消费额将增加 0.3058 个单位。例如，从 2012 年至 2013 年，我国农民收入质量指数增加了0.0343 个单位，则其直接对农村居民人均消费额的增长贡献了104.89 元，占当年农村居民人均消费额总增长的 14.62%。然而，我国农民收入质量对农村居民人均消费额的影响随时间衰减较快，IQI 对两年后的农村居民人均消费额影响系数为 −0.2588。这说明，我国农民收入质量对农民消费的影响很可能主要体现在短期。农民在获取当年收入之后，其收入对一年后的消费拥有极强的贡献，却对之后的消费贡献甚微，这与农民职业特点以及其对收入的使用习惯相关。农民群体的储蓄率相对较高，由于活动围绕农业生产，因此消费也呈现较强的季节性和固定性。因此，无论是生产性消费还是生活性消费，其受到影响的周期均较短。此外，IQI 对两年后的 C 影响为负，说明我国的收入分配中很可能存在着"负向涓滴效应"，即收入增加带动了消费，促进了经济增长，但经济增长扩大了贫富差距，导致底层收入的农民收入相对降低，继而影响了其对消费的贡献。

　　根据格兰杰因果检验的结果，农民收入质量与农民消费之间存在着双向影响。农村居民人均消费额对一年和两年之后的农民收入质量影响方向相反，并且对两年之后的农民收入质量影响系数较小。这说明，农民消费对农民收入质量的影响机理与农民收入质量对农民消费影响相同，主要体现在短期。消费对经济增长的贡献较快，进而对农民的收入质量产生影响。农民收入质量指数（IQI）对自身也存在着影响，其表现形式与农村居民人均消费额对自身的影响类似，呈现逐步衰减的态势。IQI 对一年后的IQI 存在较强的正向促进作用，影响系数为 0.7825，对两年后的IQI 存在非常微弱的正向促进作用，影响系数只有 0.1650。这说明，农民收入质量指数的增长惯性较弱，农民收入质量受到外界因素的影响较大。

　　4. 方差分解分析

　　在以上 VAR 模型结果分析的基础上，本书使用方差分解分析方法，检验农民收入质量对农村居民人均消费额的贡献率，以期深入了解农民收入质量对农民消费的影响。在公式 6 - 23 的VAR 模型的基础上，本书使用 Stata12.0 软件，对农村居民人均消费的波动成分进行方差分解，观察 IQI 对农村居民人均消费的贡献率。具体结果见表6 - 12。

表 6 - 12　农民人均消费额的波动成分方差分解结果

年份	标准差	C	IQI
第 1 年	0.361721	100.0000	0.000000
第 2 年	0.460768	94.56466	5.435338
第 3 年	0.484850	85.78778	14.21222
第 4 年	0.546090	87.08850	12.91150
第 5 年	0.668015	88.86036	11.13964
第 6 年	0.712219	82.01198	17.98802
第 7 年	0.742644	78.33817	21.66183
第 8 年	0.817519	79.86594	20.13406

续表

年份	标准差	C	IQI
第 9 年	0.868605	77.32652	22.67348
第 10 年	0.896425	73.15959	26.84041

数据来源：运用软件计算年鉴数据而得。

通过表 6-12 可以看出，我国农村居民人均消费额对自身影响的贡献率随着年份的推移呈现分阶段逐步下降的趋势。其中第 3 年至第 5 年、第 7 年至第 8 年变化基本持平，其余年份贡献率下降，贡献率比重较高，最低贡献率也达到了 73.16%。与之相反，我国农民收入质量（IQI）对农村居民人均消费额的贡献率随着年份推移呈现上升趋势，其中前三年贡献率增长最为明显，贡献率最大达到了 26.84%。也就是说，随着时间的推移，IQI 对 C 的贡献率是逐渐增加的。但是贡献率的增长并不是无限的，通过研究发现，随着年份的继续推移，IQI 对农村居民人均消费额的贡献率基本维持在 33% 到 36%。由此可得出结论，在长期的经济增长过程中，农民收入质量对农民消费的贡献率在 33% 到 36%，是消费增长的重要动力和来源之一。

（五）农民收入质量对农民消费影响的面板门槛模型结果分析

根据模型设定形式，本书使用 Stata12.0 软件对面板门槛模型进行检验。以农民收入质量指数作为门槛变量，获得单门槛模型的门槛值为 0.4508，其 95% 的置信区间为 [0.4431，0.4564]，F 统计量为 30.6801，经过 2000 次 Bootstrap 方法计算该统计量的大样本渐进有效 P 值为 0.000，表示在 0.01 的显著性水平上拒绝原假设，证明门槛效应存在。模型的 LR 趋势见图 6-5。

在图 6-5 中，LR 值在农民收入质量指数取门槛值 0.4508 时达到最小，说明在门槛值前后确实发生了结构性变化。图中直线表示的是 LR 值在 0.05 显著性水平的临界值 7.35。在第一个门槛值的基础上，寻找到的第二个门槛值为 0.3857，F 统计量为

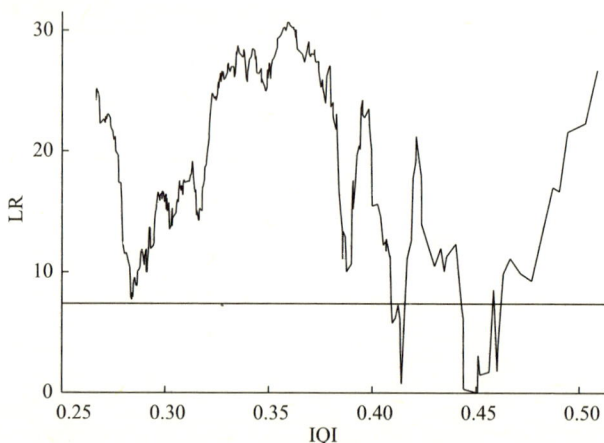

图 6 - 5 农民收入质量指数门槛效应 LR 统计量

15.9181。虽然通过了 1000 次 Bootstrap 方法计算该统计量的大样本渐进有效 P 值检验，但是第二个门槛值 0.3857 处 LR 值大于 0.05 显著性水平的临界值 7.35。因此，本书认为，并不存在第二个门槛值，即该模型应属于单门槛模型，模型形式与公式 6 - 20 一致。本书使用 IQI_1 和 IQI_2 分别代表门槛值之前和之后的农民收入质量指数，其回归系数分别对应 β_1 和 β_2。门槛模型的回归结果见表 6 - 13。

表 6 - 13 门槛模型回归结果

变量名	回归系数	p 值
IQI_1	0.7563 ***	0.0000
IQI_2	1.6622 ***	0.0000
常数项	0.0621 **	0.0291
模型形式	固定效应模型	
Hausman 检验结果 p 值	0.0000	
调整 R^2	0.9678	
F 值	339.1940	

数据来源：运用软件计算年鉴数据而得。

注：** 和 *** 分别代表在 0.05 和 0.01 的显著性水平下显著。

根据表 6–13 的门槛回归结果可以看出，在农民收入质量指数达到门槛值 0.4508 之前，农民收入质量指数对农民消费的影响系数为 0.7563；当农民收入质量指数超越门槛值 0.4508 之后，农民收入质量指数对农民消费的影响系数变为 1.6622。这说明，当农民收入质量指数达到 0.4508 的临界值时，对当年的农民消费具有突破式的影响。2005 年，我国各省区市的农民收入质量指数达到 0.4508 的地区仅有北京市和上海市；而 2014 年，我国各省区市的农民收入质量指数超过 0.4508 的地区已达到 20 个。1997年至 2014 年，农民收入质量指数未达到 0.4508 的地区，农村居民人均消费额仅有 2910 元。农民收入质量指数突破 0.4508 的地区，农村居民人均消费额达到了 8633 元。以上数据一方面说明我国农民收入质量指数增长迅速，一方面说明了农民收入质量对农民消费具有巨大影响。

三　本章小结

本章研究的内容是农民收入质量对农民消费的影响。居民消费不足是制约我国居民生活水平提升和经济转型的重要原因之一，而我国农村居民的消费尤为偏低。2014 年我国农村居民消费增长率虽超过 15%，但消费量只占到我国消费总量的 22.5%。我国农民纯收入持续增加，我国农民最终消费率却持续走低，主要原因是：农村居民收入在国民收入中的比例偏低；劳动报酬占收入法国内生产总值的比例下降；农村居民的消费观念和环境抑制了他们的消费需求。因此，本书在传统消费理论的基础上，加入心理预期和收入质量各维度，推导农民收入质量对消费影响的模型。根据模型形式，采用 1997 年至 2014 年全国各省、区、市的有关农民收入质量和消费的面板数据，探究我国农民收入质量对消费的影响。结果表明，我国农民收入质量对农村居民消费有显著影响。农民收入质量指数每增加 1 个单位，农村居民消费增加1.5104 个单位。我国农村居民消费增长速度的减缓，实质上是我国农民收入质量指数增长速度减缓造成的。从农民收入质量角度入手，或许可以破解凯恩斯的绝对收入假说中"随着居民收入的增长，居民消费率会下降"的难题。在考虑上一期我国农村居民消费的情况下，农民收入质量指数的回归系数大幅度减小，其对我国农村居民消费的影响低于消费惯性的影响。这是我国尤其是农村居民消费增长率始终在较低水平波动的根本原因。我国农村居民消费增长的主要动力不是收入水平的增长，而是影响消费惯性。将收入质量的五个维度代替收入质量指数纳入模型中，结果显示，收入的充足性、结构性、成长性和知识性均显著影响我国农村居民消费，而收入的成本性影响不显著。收入成本性影响不显著的原因主要是收入成本性对消费存在抑制以及客观上生产成本不断增长。其中，收入充足性对消费的影响程度最大，收入的成长性次之，然后是收入的结构性和知识性。但是，在模型中加入上一期我国农村居民消费后，收入成本性对消费的影响最为明显，收入结构性对消费的影响大于收入的充足性。

通过面板 VAR 模型的分析，农民收入质量对农村居民人均消费额的滞后影响为两年。农民收入质量与农村居民人均消费额之间存在协整以及双向影响关系。我国农民收入质量指数增加 1 个单位，我国农村居民人均消费额将增加 0.3058 个单位。然而，我国农民收入质量对农村居民人均消费额的影响随时间衰减较快，IQI 对两年后的农村居民人均消费额影响系数为 -0.2588。这说明，我国农民收入质量对农民消费的影响很可能主要体现在短期环节，以及我国收入分配可能存在"负向涓滴效应"。本年的农村居民人均消费额，将对下一年的农村居民人均消费额有较强的促进作用，本年农村居民人均消费额增长 1 个单位，会使一年后的农村居民人均消费额增长 1.2617 单位。这同样体现了消费增长的强大惯性。通过方差分解发现，在长期的经济增长过程中，农民收入质量对农民消费的贡献率在 33% 到 36%。

通过面板门槛模型发现，农民收入质量的门槛值为 0.4508。在农民收入质量超越门槛值 0.4508 之前，农民收入质量指数对农

民消费的影响系数为 0.7563；当农民收入质量指数超越门槛值
0.4508 之后，农民收入质量指数对农民消费的影响系数变为
1.6622。这说明，当农民收入质量指数达到 0.4508 的临界值时，
对当年的农民消费具有突破式的影响。然而，2014 年，全国依然
有 11 个地区的农民收入质量指数未超过 0.4508。这说明我国农
民收入质量对农民消费产生结构性影响的门槛较高，反映了我国
农民消费要发生突破式增长，成为经济增长新动力，提高收入质
量是根本。

　　通过对农民收入质量影响消费的研究，本书认为，我国农村
居民消费增长过于依赖消费惯性，而不是收入水平。消费惯性部
分导致农民消费不理性。此外，消费惯性会对消费造成"双向棘
轮效应"，当消费提高到一定水平时，消费惯性反而会抑制消费
的增长。因此，消费惯性主导消费对我国消费市场的发展不利。
综上，本书认为，改善农民收入质量，是使消费健康稳定增长，
成为经济增长关键动力的必要条件。"必要消费"之外的消费增
长非常关键。这需要提高农民的收入充足性，尤其是增加收入减
去生产、生活成本之后的结余；优化农民的收入结构性，最大限
度地提高不同收入来源的综合消费效应；保持农民的收入成长
性，虽然模型中变量为负，但收入的增加有利于刺激消费；减少
农民的收入成本性，尤其在考虑消费惯性时，收入成本性是影响
消费最显著的维度；提升农民的收入知识性，有助于转变消费观
念，引导消费结构发生变化。

▶ 第七章

农民收入质量对农民投资的影响分析

本章所涉及的投资概念，均对应的是农民投资。在阐释农民投资之前，首先要对资本加以解释。在西方经济学的理论中，资本是生产过程中的一部分投入，是生产的基本要素，如资金、厂房、设备、材料等。传统的资本指物质资本。但随着经济学对资本研究的深入，资本的分类逐渐详细。如今，广为认同的资本分类为：物质资本、人力资本、自然资源和技术知识。其中，物质资本和人力资本是资本的主要构成形式和研究热点。

通俗地讲，投资便是通过一定投入而形成资本的过程。具体来说，投资是通过购买资本（该资本并未被消耗掉）用来未来生产，亦即资本形成的过程。但是，在我国的国民经济核算中，投资的概念较为宽泛。我国的资本形成总额，是指常住单位在一定时期内增加的固定资产和存货，并不重视固定资本形成总额和存货变动是否用于未来生产，关注的是资本形成的总额和存货的市场价值。因此，农民的住宅等与生产无直接相关的投入，也均算在资本形成总额之中。农民的住宅投入，算作农村住户固定资产投资。

综上，根据资本形成特点以及我国的统计口径，本书将农民投资定义为，农民为了获得一定收益投入一定资金并形成资本的过程。虽然国家统计局对农民投资进行统计时，考虑了我国农民在投资过程中主要以农户为单位的现状，以"户"为单位，但是在宏观视角下计算某地区农户资本形成总额除以农民总人数，与人均农民投资指标无异。

投资与经济增长的关系和相关理论在前文中已有概述，本章只简单进行回顾。在斯密的《国富论》中，资本积累和资本的正确配置是经济增长的重要因素。许多学者以此为基础提出了投资与经济增长的古典经济学理论。然而，真正将资本与经济增长联系起来并加以模型化的标志，是哈罗德－多马模型的提出。在哈罗德－多马模型中，经济增长等于储蓄率比资本－产出比。资本－产出比越小，即资本使用越有效率，经济增长率越高。而储蓄率越高，被投资吸收的储蓄量越高，经济增长越快。该模型为当时资本主义的经济增长提供了理论支持。

从新古典经济学创建开始，投资与经济增长的关系研究变得深入。目前，已有研究认为，投资对经济增长的影响体现在三个方面：物质资本积累、技术进步和人力资本积累。以典型的柯布－道格拉斯生产函数为例。

$$Y = Af(K, L) \qquad\qquad 公式 7-1$$

在公式 7-1 中，Y 代表总产出，K 为资本总量，L 为劳动力总量，A 为系数，表示其他影响总产出的影响因素，一般认为 A 代表技术进步。投资会增加资本总量，这从古典经济学理论开始就已有定论。当技术进步作为外生变量时，可以通过增加科研经费以及购买科技含量较高的生产资料影响生产效率，进而影响经济增长。从舒尔茨对人力资本进行研究开始，技术进步逐渐内生化，罗默甚至提出了完全内生化技术进步的 R&D 模型。该模型认为，技术进步实际上是资本存量和资本积累的结果。而对人力资本的投资，不但有助于人素质的提升，而且可提高生产效率和技术进步速率，是经济增长的根本动力。因此，本章分析内容为农民收入质量对农民投资的影响。

一　农民收入质量对农民投资影响的理论分析

（一）　农民投资趋势及特点

众所周知，拉动我国经济增长的"三驾马车"为净出口、消费和投资。净出口对我国经济增长影响明显，但其比重只占到国内生产总值的 2.7%（2014 年数据），影响程度有限。另外，世界经济尚处于复苏期，这对我国的净出口也有很大影响。我国净出口从 2008 年的极值 2.42 万亿锐减至 2014 年的 1.75 万亿，下降了 27.69%。而我国农村居民消费的特点在本书第五章已加以详细分析：消费惯性强，消费结构差，消费观念较为落后，易受到收入因素影响。我国整体消费特点与我国农村居民消费特点相近，虽然消费将成为主要增长点，是历史必然，但是现如今消费对我国经济增长的拉动能力有限。自 2005 年起，投资在我国经济增长中所占比例开始大于消费（不包括政府购买）的比例。而近十年中，投资对经济增长的贡献率（投资增加额与国内生产总值增加额之比），仅在 2011 年、2012 年和 2014 年低于消费的贡献率，2013 年投资的贡献率为 54.4%。从诸多数据可知，我国经济增长依然属于投资拉动型。现阶段我国以投资拉动经济增长存在一些弊端。首先，投资的最终目的是再生产。但是我国消费水平相对较低，会出现产能过剩的现象。其次，投资过快增长，加速了能源和资源消耗，不利于环境保护；对原材料的过度需求，会造成超额需求通货膨胀，不利于生产和民众生活。因此，"三驾马车"平衡发展，经济增长才能保持健康稳定。

我国农村居民投资情况（以固定资产投资为例）变动趋势见图 7 - 1。

根据图 7 - 1，我国农村居民投资情况变动趋势与消费相近，分阶段的特征较为明显。从 1981 年统计我国农村居民投资情况伊始，我国农村居民投资变动可细分为六个阶段。第一阶段从

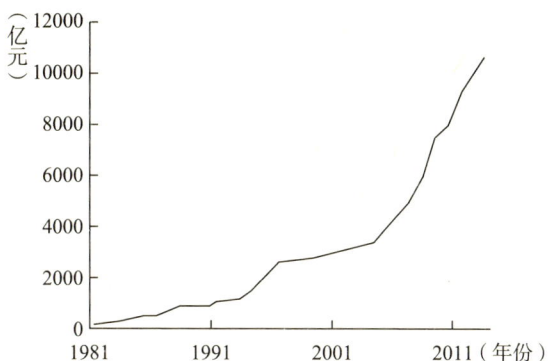

图 7 - 1 我国农村居民投资情况（以固定资产投资为例）变动趋势

1981 年至 1988 年，我国农村居民投资处于缓慢增长阶段。第二个阶段从 1989 年至 1992 年，正值邓小平"南方谈话"前夕，我国农村居民投资处于罕见的不增长时期。第三阶段从 1993 年至 1996 年，我国农村居民投资在全社会投资热潮中快速增长，几年间农村居民投资额翻了一番。第四阶段从 1997 年至 2004 年，由于在第三阶段投资过热导致通货膨胀，在国家一系列宏观调控措施下，我国农村居民投资增长缓慢。第五阶段从 2005 年至 2009 年，我国农村居民投资极速增长直至国际金融危机爆发。第六阶段从 2010 年至今，我国农村居民投资增长率相对于第五阶段有所降低，但依然处于较高增长水平。

虽然我国农村居民投资增长状态良好，但与全社会投资情况相比差异巨大。以国家统计局对农村住户固定资产投资的统计为例：2014 年，农村住户固定资产投资完成额为 10755.8 亿元，而当年全社会固定资产投资完成额为 512020.7 亿元，农民投资仅占到了全社会的 2.1%。2014 年农村住户固定资产投资中，建筑工程占到了 76.54%，其中住宅更是占到了 68.68%。而全社会固定资产投资中，住宅投资比重只有 15.74%。2014 年全社会固定资产投资额增长率为 14.73%，农村住户固定资产投资额增长率只有 1.98%。从以上数据可以看出我国农村住户投资主要有以下特点。第一，农村住户投资增长速度较快，但占全社会投资比例极小。与农村居民消费占到全社会消费 22.5% 相比，农村住户投资对经济增长的贡献微弱。第二，农村住户投资增长率相对较低，这反映了农民缺乏对投资的认知。第三，农村住户投资主要方向为建筑工程，而建筑工程中又以住宅为主，反映了农民过于重视房屋的现状，设备工具等生产器具的投资比重过小。2014 年我国农村居民的农业生产设备投资仅为 1557.2 亿元，只占到全部固定资产投资的 14.48%。由此可以看出，我国农村居民的投资倾向于生活而不是生产。综上，从投资总量、投资增长以及投资结构等方面来看，我国农民投资的现状不容乐观。

（二）农民收入质量影响农民投资的机理分析

我国经济增长的主要动力是资本形成，资本形成总额中 95% 以上为固定资产形成总额，因此下文的理论模型推导和变量选择均以固定资产形成总额为主。没有特殊说明的，农民投资均为农民的固定资产投资。农民固定资产是农民为从事农业生产、经营管理或出租而本身拥有或后购置的非货币类资产。根据固定资产种类的不同，其范围具有使用时间和价值下限的规定，常见的农民固定资产有房屋、其他建筑物、大型农用机械和运输工具等。

决定投资规模的因素有很多，主要的因素有实际利率水平、预期收益率以及投资风险等。但是，决定投资的根本是成本－收益原则，成本的资金来源同样是十分重要的影响因素。古典经济学认为，资本来源于储蓄，储蓄源自收入。国家可通过利率杠杆来调节消费的时间分配和资本供需。但是利率杠杆有效的前提是资本市场健全以及投资主体理性。尽管我国农民的储蓄额增长明显，但是农业的高风险和弱质性导致农民投资效率和收益均保持较低水平。2014 年，农民固定资产实际到位资金中，自筹比例达到了 82.5%，这说明投资的资金主要来源于自筹。农民投资与企业投资不同，其资金的主要来源只有收入和贷款。而由于极易受到信贷约束，因此相对企业，农民较难获得贷款。农民收入是投资的最主要资金来源。农民收入对投资的影响分为两方面：一方面是农民将收入进行储蓄（此处指狭义储蓄，即将收入存放在金融机构），金融机构将其贷款给其他单位或个人（非农民）进行投资，这不属于本章讨论的农民投资范畴；另一方面，农民将收入直接进行投资，主要为固定资产方面的投资。

通过对农民收入水平的深入分析，本书认为，农民收入质量代表着农民收入水平，并从多维度影响农民投资。农民收入质量不但对农民投资有直接影响，并且通过贷款对农民投资有间接影响。农民收入质量通过贷款影响投资将在本章后半部分详细讨论，本节仅讨论农民收入质量对农民投资的直接影响。

农民收入数量是农民收入质量的表现形式。从收入质量角度出发，收入数量属于收入的充足性。收入充足是农民投资的最主要因素，收入的充足不但保证投资资金充足，也保证了在贷款过程中受信贷配给的影响较小。然而，农民收入充足性对农民投资的影响具有一年的滞后期。究其原因，现阶段的农民收入依然具有较为明显的周期性，并且农民上一年收入决定着下一年的预期。另外，农民投资多发生在统计年度初期，资金主要来源于上一年收入。因此，本书认为，收入充足性对下一年的投资具有正向影响。

收入结构性对农民投资的影响较为复杂。第一，收入水平是伴随着收入结构的不断变动而不断改变的。在农民收入水平较低的阶段，收入结构的多元化有助于收入水平的提升。但是随着收入水平的提高，农业产业化和专业化更有利于收入水平提高，而收入水平决定投资水平。第二，收入结构影响投资结构。正如本书第五章所述，依照心理账户理论，不同收入来源的收入会进入不同的心理账户，进而进行不同的消费或投资等经济活动。因此，收入结构不同，投资的方向和多少也有所差异。第三，工资性收入可以视为从事农业生产的机会成本，与农民投资是互为替代关系。如果工资性收入的收益较高，将会对农民投资产生一定的负面影响。综上，收入结构性对农民投资有较大影响，但方向未知。但是，收入结构性对农民投资影响也存在一年的滞后性。

原因与收入充足性相仿，农民投资决策均需要根据上一年收入状况确定，这既包括收入的充足性，也包括收入的结构性、成长性、成本性和知识性。因此，农民收入质量各维度均对农民投资有滞后影响，下文不再赘述。

收入成长性对农民投资的影响体现在农民的风险规避和谨慎程度方面。收入的成长性差导致了获取收入过程中蕴含较大风险，同时，农民投资同样存在风险。根据经济人假设，农民必将以收益最大化为目的，同时减少风险。收入中的风险如果无法规避，那么农民会选择在其他渠道投资来降低风险，因此收入成长性差会对农民投资造成负面影响。在第六章中提到的预防性储蓄，实际上是农民在风险规避过程中的行为。收入成长性差的农民，将会持有更多的预防性储蓄，该储蓄既有预防功能，又在于其风险低于投资。综上，收入成长性差的农民，在风险规避心理影响下，提高了预防性储蓄，减少了投资的可能性和资金来源。同理，收入成长性强的农民，承受风险能力较强，投资倾向更高。

收入成本性较高的农民，需要更多的储蓄以应对生产过程中的高额成本。由于农民收入的周期性较为明显，因此收入成本性和投资相互制约。上文提到，农民投资多发生在统计年度初期，而农民在生产过程中需要支付的成本基本发生在同期，而这两者的资金来源均以上一年的收入为主。如果农民的收入成本性较高，则在上一年收入不变的前提下，投资金额将相应减少。毕竟，在现实情况中，农民在生产投入上获得的收益大于投资获得的，因此生产的重要性在投资之前。因此，从该角度进行思考，收入成本性对农民投资具有一定抑制作用。然而，农民获取收入过程中的成本，包含了一部分固定资产（例如机器、机械、运输工具等）投资，虽然这部分投资在总体中比例较低，但是收入成本性依然对农民投资具有促进作用。因此，根据这两个结果不同的推论，本书需要通过实证研究检验收入成本性对投资的影响方向。

收入知识性主要改变了农民对投资的认知。本书认为，关于农民投资在我国资本形成总额中比例极低的原因，农民收入低固然是重要原因之一，但农民对投资的认识不够全面也是其中一个原因。随着各种惠民政策的推行，我国城乡居民收入比例稳定在3∶1左右，甚至部分省市城乡居民收入比例已经达到2∶1。虽然收入对投资的影响可能存在"门槛效应"（即收入突破一定数值时会对投资产生结构性影响），但是如此的城乡收入差距不会造成农民投资仅占全社会资本形成总额的2.1%极端现象。这种现象产生的原因，除了农业属于弱势产业之外，还有农民对投资的认知依然匮乏。其表现之一就是固定资产投资中住宅比例过高，生产性固定资产投资和农业方向固定资产投资比例过低。2012年，我国农村居民家庭人均在生产性固定资产上的投资只有267.8元。因此，收入知识性的提高，可以促进农民对投资的认知，优化我国农民投资结构。

综上，农民投资会受到收入的充足性、结构性、成长性、成本性和知识性的综合影响，亦即农民投资受到了农民收入质量的影响。

二　农民收入质量对农民投资影响的实证分析

（一）农民收入质量影响农民投资的模型构建

根据上文分析可知，农民投资受到农民收入质量的影响。本书欲探究的影响主要包括：农民收入质量整体如何影响农民投资；农民收入质量每个维度如何影响农民投资；农民收入质量影响农民投资的过程中是否存在"门槛效应"。

如本章第一节所述，农民收入质量各维度影响的是下一年的农民投资，因此有：

$$Inv_t = f(IQI_{t-1})$$ 公式 7 - 2

公式 7 - 2 中，Inv_t 代表当期农民投资，IQI_{t-1} 代表上一期的农民收入质量指数。现有研究认为，除了农民收入之外，农民投资的主要影响因素是利率和地区性政策。利率可以认为与农民投资收益率相互替代，如果利率较高，则农民投资较少，反之亦然。地区性政策的不同，对农民投资的引导有很大的差异。将以上两个因素作为控制变量，代入公式 7 - 2，将公式写为线性形式：

$$\mathrm{Inv}_t = \beta_0 + \beta_1 \mathrm{IQI}_{t-1} + \beta_2 i_t + \beta_3 \mathrm{area}_t + \mu_t \qquad 公式\ 7-3$$

公式 7 - 3 中，i_t 代表当期利率，area_t 代表当期地区性差异，μ_t 代表随机干扰项。当研究农民收入质量各维度对农民投资的影响时，公式 7 - 3 可写为：

$$\mathrm{Inv}_t = \gamma_0 + \gamma_1 \mathrm{Adq}_{t-1} + \gamma_2 \mathrm{Str}_{t-1} + \gamma_3 \mathrm{Gro}_{t-1} + \gamma_4 \mathrm{Cost}_{t-1} + \gamma_5 \mathrm{Kno}_{t-1} + \gamma_6 i_t + \gamma_7 \mathrm{area}_t + \varepsilon_t$$
$$公式\ 7-4$$

从我国城乡收入差距日益减小以及农民投资比例减小的情况来看，农民收入质量很可能存在一个或几个"点"，当农民收入质量指数突破该"点"时，农民投资会出现较大幅度的增长。Tong 最早提出该理论，并将这些"点"称为门槛（Threshold）。Hansen 于 1999 年提出了静态面板门槛模型，不但将门槛模型应用到面板数据，并且提出了门槛值的估计方法和是否存在门槛效应的检验方法。

门槛模型的表现形式已在本书第五章中进行了详尽介绍，该模型属于非线性模型，主要用来研究变量间影响的阶段性变化。以存在一个门槛值为例，其表达形式为：

$$Y_{it} = \mu_i + \beta_1 d_{it} I(d_{it} \le \gamma) + \beta_2 d_{it} I(d_{it} > \gamma) + \theta' X_{it} + \varepsilon_{it} \qquad 公式\ 7-5$$

在公式 7 - 5 中，Y_{it} 为被解释变量，μ_i 为常数项，d_{it} 为门槛变量，即该变量对 Y_{it} 的影响为非线性。γ 为门槛值，即 d_{it} 超过该值时，其对 Y_{it} 的影响会产生显著变化。$I(d_{it} \le \gamma)$ 和 $I(d_{it} > \gamma)$ 均为示性函数，反映方程形式的变化，X_{it} 为其他控制变量，ε_{it} 为随机干扰项。根据模型形式可知，门槛变量 d_{it} 的数值在门槛值 γ 之前，对 Y_{it} 产生第一种影响，在超过门槛值 γ 之后，对 Y_{it} 产生第二种影响，直观表现为函数斜率的变化。斜率的变化反映了变量间影响的结构变化。因此，该模型的重点为寻找门槛值 γ。

门槛值 γ 的计算方法为，将门槛变量 d_{it} 的每一个样本值作为门槛值 $\hat{\gamma}$，分别代入公式 7 – 5 中进行回归运算，使模型的残差平方和最小的门槛值 $\hat{\gamma}$ 为最终的门槛值 γ，即：

$$\gamma = \mathrm{argmin}S(\hat{\gamma}) \qquad\qquad 公式\ 7-6$$

其中，$S(\hat{\gamma})$ 代表当门槛值为 $\hat{\gamma}$ 时模型的残差平方和。在实际情况中，往往会出现第二个甚至更多的门槛值，因此需要在第一个门槛值的基础上运用上述方法继续搜寻。

变量间影响的结构变化被称为门槛效应，在运用门槛模型时，需要检验门槛效应，否则搜寻的门槛值无统计学意义。门槛效应的原假设为公式 7 – 5 中 $\beta_1 = \beta_2$，并构建 F 统计量：

$$F = \frac{S_0 - S_1(\gamma)}{\hat{\sigma}^2} \qquad\qquad 公式\ 7-7$$

公式 7 – 7 中，S_0 为原假设下模型的残差平方和，$S_1(\gamma)$ 为备择假设下经过参数估计后的模型残差平方和，$\hat{\sigma}^2$ 是备择假设下经过参数估计后的模型残差的方差。Hansen 证明，原假设成立的情况下该 F 统计量使用传统方法不能识别，因此需要使用 Bootstrap 方法计算该统计量的大样本渐进有效 P 值。当 P 值小于一定的显著性水平时拒绝原假设，$\beta_1 \neq \beta_2$，说明模型的门槛效应存在。

（二）变量和指标选择

在我国有关资本形成总额的统计分为两大部分：固定资本形成总额和存货变动。其中，固定资本形成总额对资本形成总额贡献最大，2012 年、2013 年、2014 年固定资本形成总额占资本形成总额的比例分别为 95.7%、95.9% 和 95.9%。因此，历年《中国统计年鉴》和《中国农村统计年鉴》均将固定资产投资单独列为一章。而在有关农村居民投资的相关统计中，固定资产投资更是农民投资的代表性指标。因此，本书遵循选取指标的代表性和可获得性，选取某地区农村住户固定资产投资完成额除以该地区农民人数，求出农民人均固定资产投资额，作为农民投资 Inv_t 的代表指标。

本书选取 IQI_{t-1} 作为我国农民收入质量的代表指标。计算该农民收入质量指数的体系及方法详见本书第三章和第四章。根据理论推导，我国农民收入质量对农民投资的影响存在一年的滞后，因此我国农民收入质量指数需要添加下标。ADQ_{t-1}、STR_{t-1}、GRO_{t-1}、$COST_{t-1}$ 和 KNO_{t-1} 为我国农民收入质量的组成部分，分别由各维度下的指标加权求和而得。

本书选取中国人民银行当年的一年期贷款利率代表控制变量利率 i_t。由于贷款利率直接关系到贷款需求，因此贷款利率可能对农民投资存在负向影响。近年来利率作为宏观调控的重要工具之一，变动较为频繁，甚至在一年内会多次调整。因此，本书计算该年的平均存款利率作为当年存款利率，具体计算方法为根据当年不同利率所处天数进行加权平均。

由于地区性差异较难量化，因此本书选取地区离散变量（西部 = 1，中部 = 2，东部 = 3）作为指标代表控制变量 $area_t$，使用该变量衡量我国东中西部农民投资的差异。本书东中西部的划分方法参照国家统计局对三大经济地带的规定。东部拥有 12 个省级行政区，对应东北地区的辽宁，华北地区的北京、天津和河北，不包括安徽和江西的华东地区和所有华南地区。中部拥有 9 个省级行政区，对应除东部外的东北地区和华北地区，华东地区的安徽省、江西省和所有华中地区。西部拥有 10 个省级行政区，对应所有西北地区和西南地区。由于数据缺失，本书的研究不包括香港特别行政区、澳门特别行政区和台湾省。

（三）指标的数据来源与平稳性检验

本章采用我国 1997 年至 2014 年 31 个省区市的农民收入和投资相关的面板数据，其中人均投资数据来自历年《中国农村统计年鉴》，农民收入质量指数的计算方法见本书第四章，数据来源已在前文说明。各变量的描述性统计见表7-1。

表7-1　变量的描述性统计

变量名	代码	均值	最大值	最小值	标准差
农民人均固定资产投资（万元）	Inv_t	0.0791	0.3659	0.0000	0.0643
上一期农民收入质量指数	IQI_{t-1}	0.3424	0.7736	0.2171	0.0721
上一期收入充足性	ADQ_{t-1}	0.0697	0.3105	0.0114	0.0538
上一期收入结构性	STR_{t-1}	0.0857	0.1669	0.0485	0.0197
上一期收入成长性	GRO_{t-1}	0.0369	0.0890	0.0216	0.0073
上一期收入成本性	$COST_{t-1}$	0.1096	0.1358	0.0392	0.0163
上一期收入知识性	KNO_{t-1}	0.0570	0.1598	0.0000	0.0226
贷款利率（%）	i_t	5.9085	7.3483	5.3100	0.5656
地区变量	$area_t$	2.0645	3.0000	1.0000	0.8409

数据来源：利用《中国农村住户统计年鉴》（1998—2010）、《中国住户统计年鉴》（2011—2015）、《中国农村统计年鉴》（1998—2015）和《中国教育统计年鉴》（1998—2015）数据计算而得。

从表7-1中数据可知，1997年至2014年我国各省区市的农民人均固定资产投资额的平均值为791元，而同时段内我国农民人均纯收入平均为4907.15元，农民人均固定资产投资额仅占到纯收入的16.12%。近年我国各省区市的农民人均固定资产投资额的最大值出现在2014年的浙江省，达到了3659元，占到了上一年浙江省农民人均纯收入的22.72%。由农民人均固定资产投资额的描述性统计可知，我国农民的投资额在其纯收入中占有一定比重。2009年至2014年我国贷款利率平均为5.91%，年平均利率最高为7.35%，利率绝对值最高为1997年1月1日至1997年10月23日的10.08%。

本书第五章曾提到，面板数据回归的前提是数据平稳或协整。因此，本书运用ADF单位根检验，使用Eviews软件得到各变量的单位根检验结果，见表7-2。由于$area_t$属于离散变量，因此不需要进行平稳性检验。

表 7 - 2　单位根检验结果

变量	ADF 单位根检验	
	包含常数项	包含常数项和趋势项
Inv	8.7594	28.7036
△Inv	63.1531	82.8540 **
IQI	9.6071	8.2899
△IQI	79.7807 *	259.683 ***
ADQ	0.2042	1.3471
△ADQ	28.9500	174.772 ***
STR	31.2943	60.7623
△STR	188.530 ***	202.026 ***
GRO	38.8211	17.6947
△GRO	448.222 ***	342.552 ***
COST	28.6037	33.013
△COST	493.664 ***	358.869 ***
KNO	32.6219	24.9129
△KNO	301.966 ***	217.868 ***
i	70.479	34.504
△i	272.926 ***	178.827 ***

数据来源：运用软件计算年鉴数据而得。

注：***、** 和 * 分别代表在 0.01、0.05 和 0.1 显著性水平下显著。

通过表 7 - 2 可知，农村居民人均固定资产投资 Inv 在一阶差分包含常数项和趋势项的情况下平稳，属于一阶单整。农民收入质量 IQI 同样属于一阶单整，通过协整检验可知二者存在协整关系。农民收入质量各维度中，收入的充足性、结构性、成长性、成本性和知识性，当年平均贷款利率 i 均为一阶单整序列，Pedroni 协整检验证明了这些变量间的协整关系，可以做进一步的回归分析。

（四）面板回归模型结果分析

本书使用 Eviews 软件，对模型 1（模型形式见公式 7 - 3）和模型 2（模型形式见公式 7 - 4）进行参数估计。两个模型的回归结果见表 7 - 3。

表 7 - 3　模型 1 和模型 2 的回归结果

变量	模型 1	模型 2
上一期农民收入质量指数（IQI_{t-1}）	0.4893 *** （0.0418）	
上一期收入充足性（ADQ_{t-1}）		0.7470 *** （0.0455）
上一期收入结构性（STR_{t-1}）		- 0.4199 *** （0.1160）
上一期收入成长性（GRO_{t-1}）		0.0231 * （0.0116）
上一期收入成本性（$COST_{t-1}$）		0.9270 *** （0.1539）
上一期收入知识性（KNO_{t-1}）		- 0.5278 *** （0.1187）
贷款利率（i_t）	- 0.0096 * （0.0057）	- 0.0104 * （0.0056）
地区变量（$area_t$）	0.0138 *** （0.0038）	0.0036 ** （0.0015）
常数项	- 0.1567 *** （0.0262）	0.1720 *** （0.0267）
模型形式	随机效应模型	随机效应模型
Hausman 检验结果 p 值	0.2209	0.2456
调整 R^2	0.7578	0.6680
F 值	54.7175	134.3641

数据来源：运用软件计算年鉴数据而得。

注：括号内为该系数的标准误，* 、* * 、* * * 分别代表在 0.1、0.05 和 0.01 的显著性水平下显著。

通过使用 Hausman 检验，模型 1 和 2 均应采用随机效应模型。根据表 7 - 3，模型 1 的调整 R^2 为 0.7578，F 值为 54.7175，说明模型拟合较为良好。在模型参数估计中，上一期农民收入质量指数（IQI_{t-1}）为 0.4893，通过了显著性水平为 0.01 的显著性水平检验。这表明，上一期农民收入质量指数每增长 0.1 个单位，农民人均固定资产投资额将增加 489.3 元，为 2014 年全国农民人均固定资产投资额的 36.72%。考虑到我国农民收入质量指数偏低（平均值为 0.3588）的现状，提高我国农民收入质量，将非常有利于推动我国农民投资，进而推动经济增长。影响农民投资的根本因素是农民收入质量，农民收入质量各维度对农民投资的影响较为复杂，本书将在对模型 2 回归结果分析中进行详细阐述。我国农民投资占全社会投资比重从 1989 年的 21.6% 降至 2014 年的 2.1%，这虽然从侧面证明了我国投资增长迅速以及投资结构发生了深远变化。但是农民投资过低，不利于经济增长，尤其不利于农业生产。农业投资是影响农业生产的最重要变量，贡献率在 60% 以上。随着我国改革的深入，农民超越了政府、企业等，成为农业投资的主体。但是，现如今的农民投资方向却在偏离农业生产，不利于农业生产的稳定和可持续发展。

模型 1 中贷款利率 i_t 对农民人均固定资产投资额有显著的负向影响，这与前文的分析一致。贷款利率较高，农民获得贷款需要付出的利息金额较高，会减少贷款需求。此外，由于我国贷款利率和存款利率同步变化，较高的贷款利率意味着较高的存款利率，农民会减少投资而转向储蓄。因此，从理论而言，贷款利率应对投资具有负向影响。也正因如此，利率成为宏观调控的重要手段。但是，模型中该变量系数极小，只有 −0.0096，即利率每下降 1%，农民人均固定资产投资额仅增长 96 元。本书认为，该变量系数极小有如下两个原因。首先，前文提到农民投资的资金来源以自筹为主，贷款只占到一小部分。并且由于信贷配给现象的存在，普通农民贷款申请难度较大。其次，由于本书选择 2014 年作为样本截止时间，样本期内大部分金融机构利率放开政策尚未实施，我国贷款利率仍处于管制阶段，利率的非市场化会导致利率对经济现象的影响程度较低。因此，贷款利率 i_t 对农民人均固定资产投资额有显著的负向影响但影响程度极小，这主要由投资金额中贷款比例较少以及政府管制利率所致。

模型 1 中常数项为 −0.1567，通过了显著性水平为 0.01 的 t 检验。这说明，农民投资需要一定的农民收入质量作为基础。当农民收入质量达到一定值后，才会考虑进行投资活动。常数项为负与现实情况相同。

模型 2 的调整 R^2 为 0.6680，F 值为 134.3641，说明模型拟合良好。在模型 2 的农民收入质量各维度中，上一期收入充足性（ADQ_{t-1}）为 0.7470，通过了显著性水平为 0.01 的 t 检验。收入充足性每增加 0.1 个单位，农民人均固定资产投资额增加 747 元。相对于模型 1 中上一期农民收入质量指数（IQI_{t-1}），收入充足性对农民投资的影响更大。收入充足性是农民收入质量的直观表现，收入充足性越高，投资的资金越充分。由于现阶段农民投资的资金来源主要为自筹，因此收入的充足性对农民投资起到决定性的影响。此外，从表 7 - 1 中可以看出，虽然收入充足性是农民收入质量中最重要的维度，但是，我国农民收入充足性水平却非常低。收入充足性量化得分只有 0.0704，尤其是在东部沿海部分省市农民收入充足性较高提升了收入充足性平均值的情况下，更加说明了我国农民总体收入水平依然不高。随着我国惠农富农和地区均衡发展政策的不断推行，农民收入充足性有望实现较高增长，从而带动农民投资的增长。

上一期收入结构性（STR_{t-1}）的系数为 - 0.4199，通过了显著性水平为 0.01 的 t 检验。收入结构性每增加 0.1 个单位，农民人均固定资产投资额会减少 419.9 元。这证明了工资性收入与农民投资互为替代的关系。本书衡量收入结构性的主要指标是主要收入来源的比例。在样本区间内，我国农民收入结构正在发生根本性的变化。工资性收入逐渐成为农民收入的主要来源。2012年，我国已有 13 个省市的农民工资性收入超过了家庭经营性收入，2013 年我国农民工资性收入更是首次超过了家庭经营性收入。正如前文的分析，工资性收入收益较高，对农民投资具有一定的负向影响，这种影响不但体现在农业投资的减少，也会体现在对住宅投资偏好的降低。虽然收入结构性对农民投资产生了负向影响，但是本书认为，收入结构性对农民投资的这种影响不是永久性的。随着城乡一体化进程和户籍制度改革推进，农民群体将发生分化。一部分农村居民以工资性收入为主，进入城市，退出农民群体；另一部分农民依然以家庭经营性收入为主。该分化过程与刘易斯提出的理论一致。随着以工资性收入为主的农村居民退出农民群体，收入结构性对农民投资的影响将排除工资性收入对农民投资的替代作用。农民投资方向将主要以规模化农业生产为主，同时，农民收入结构将正向影响农民投资。

上一期收入成长性（GRO_{t-1}）的系数为 0.0231，通过了显著性水平为 0.1 的 t 检验。在第五章中，收入成长性对消费的影响不显著，而在本章，收入成长性对投资的影响显著。本书认为，这种差异是收入对消费和投资影响方式不同所致。收入对消费的影响主要体现在本期，收入和消费的行为同时发生。消费次数较多，金额较低，且多为必要消费，较少考虑收入的成长性。而收入对投资的影响主要体现在未来几期，投资金额相对较大，需要考虑收入的成长性。但从回归系数看，收入成长性每增加 0.1 个单位，农民人均固定资产投资额仅增加 23.1 元，影响程度极低。由于我国农民收入成长性较差，收入成长性得分很低。从表 7 - 1 可以看出，1997 年至 2014 年我国农民收入成长性是农民收入质量体系所有维度中得分最低的，平均仅有 0.0369。这主要是因为我国农民收入结构正在发生变化，经营性收入大幅较少，而工资性收入却上升幅度不大，这造成了收入成长性较差。因此，收入成长性对农民投资的影响微弱。

上一期收入成本性（$COST_{t-1}$）的影响系数为 0.9270，通过了显著性水平为 0.01 的 t 检验。由于收入成本性为逆指标，数据标准化后收入成本性越高得分越低，因此影响系数为正说明收入成本性对农民投资实质存在负向影响，这与上文的理论分析一致。并且，与第六章相似的是，收入成本性同样是回归系数绝对值最大的维度。这说明，无论是在消费还是投资的过程中，获得收入需要支付的成本均是农民应重点考虑的维度。

上一期收入知识性（KNO_{t-1}）的影响系数为 - 0.5278，通过了显著性水平为 0.01 的 t 检验。该结果与传统理论并不一致。传统理论认为，农民知识水平和学历越高，投资倾向越高。但是本书认为，农民的知识水平、学历和技能，改变的是农民对投资的认知，因此对投资的影响体现在投资的结构和方向上。收入知识性较高的农民，对生产性固定资产投资较多，而收入知识性较低的农民，住宅投资较多。在现阶段，住宅投资所需金额远远大于生产性固定资产投资额，因此会出现收入知识性对农民投资呈显著反向影响的结果。笔者通过查阅《中国农村统计年鉴》发现，收入知识性较低的农民，住宅投资显著高于收入知识性较高的农民。2014 年，我国农民投资中，住宅投资额与生产设备投资额之比为 4.96：1，因此，收入知识性较低的农民住宅投资额更高。上一期收入知识性（KNO_{t-1}）的影响系数为负，虽然其影响系数较高，但是我国农民收入知识性偏低（均值只有 0.0570），并且收入知识性增长缓慢，所以，收入知识性对农民投资的影响有限。

模型 2 中贷款利率（i_t）的回归系数为 − 0.0104，通过了显著性水平为 0.1 的 t 检验。与模型 1 相同，贷款利率变量对农民投资起到显著但程度较小的抑制作用，这依然是投资金额中贷款比例较少以及政府管制利率所致，具体分析见上文模型 1 中的贷款利率系数的分析。

模型 1 和 2 中地区变量（$area_t$）的回归系数分别为 0.0138 和 0.0036，并分别通过了显著性水平为 0.01 和 0.05 的 t 检验。这说明，我国东中西部的农民投资有显著的统计学差异。回归系数为正，说明东部的农民投资额最高，其次为中部，西部农民投资额最低。在样本区间内，东部地区的农民投资平均额为 860 元，中部为 843 元，西部仅为 599 元。中部和东部地区差异较小，但西部地区与中东部相差较大。

（五）面板门槛模型结果分析

根据公式 7 – 5 以及上一节对控制变量的分析，由于我国利率受到管制以及地区变量系数过小，本书重点考察农民收入质量指数对农民人均固定资产投资的影响，因此，本章研究的模型 3 门槛模型形式（假定只有一个门槛值）更改为：

$$Inv_{it} = \beta_0 + \beta_1 IQI_{i,t-1} I(IQI_{i,t-1} \leq \gamma) + \beta_2 IQI_{i,t-1} I(IQI_{i,t-1} > \gamma) + \varepsilon_{it}$$

公式 7 – 8

根据模型设定形式，本书使用 Stata12.0 软件对面板门槛模型进行检验。以上一期农民收入质量指数作为门槛变量，获得单门槛模型的门槛值为 0.3464，其 95% 的置信区间为 [0.3463，0.3467]，F 统计量为 67.3526，经过 1000 次 Bootstrap 方法计算该统计量的大样本渐进有效 P 值为 0.000，表示在 0.01 的显著性水平上拒绝原假设，证明门槛效应存在。模型的 LR 趋势见图 7 – 2。

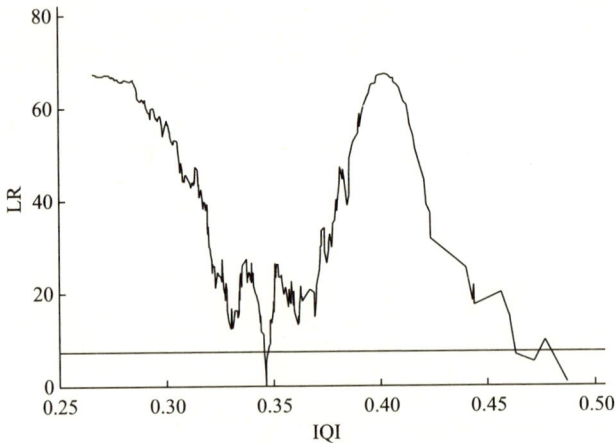

图 7 – 2　农民收入质量指数门槛效应 LR 统计量

在图 7 – 2 中，LR 值在农民收入质量指数取门槛值 0.3464 时达到最小，说明在门槛值前后确实发生了结构性变化。图中直线表示的是 LR 值在 0.05 显著性水平的临界值 7.35。在第一个门槛值的基础上，寻找到的第二个门槛值为 0.4870，F 统计量为 26.3545。虽然通过了 1000 次 Bootstrap 方法计算该统计量的大样本渐进有效 P 值检验，但是第三个结构区间内样本数量过少，并且在第二个门槛值 0.4870 附近，LR 值并没有发生十分明显的变化。因此，本书认为，并不存在第二个门槛值，亦即该模型应属于单门槛模型，模型形式与公式 7 – 8 一致。本书使用 IQI_1 和

IQI$_2$ 分别代表门槛值之前和之后的农民收入质量指数，其回归系数分别对应 β$_1$ 和 β$_2$。模型 3（面板门槛模型）的具体回归系数及部分模型拟合值见表 7 - 4。

表 7 - 4　模型 3 回归结果

变量	系数值	p 值
IQI$_1$	0. 2750 ***	0. 0007
IQI$_2$	0. 5283 ***	0. 0000
常数项	− 0. 0133	0. 1494
模型形式	固定效应模型	
Hausman 检验结果 p 值	0. 0000	
调整 R^2	0. 7617	
F 值	178. 30	

数据来源：运用软件计算年鉴数据而得。

注：＊＊＊代表在 0. 01 的显著性水平下显著。

根据表 7 - 4 的门槛回归结果可以看出，在农民收入质量指数达到门槛值 0. 3464 之前，上一期农民收入质量指数对农民投资的影响系数为 0. 2750；当农民收入质量指数超越门槛值 0. 3464 之后，上一期农民收入质量指数对农民投资的影响系数变为 0. 5283。常数项不显著是由于非线性方程的常数项不一致。这说明，当农民收入质量指数达到 0. 3464 临界值时，对下一年的农民投资具有突破性的影响。2000 年，我国各省区市的农民收入质量指数达到 0. 3464 的地区仅有北京市、天津市、上海市、黑龙江省、福建省和海南省；而 2012 年，我国各省区市的农民收入质量指数未达到 0. 3464 的地区仅有贵州省、甘肃省和宁夏回族自治区。1997 年至 2014 年，农民收入质量指数未达到 0. 3464 的地区，农民人均固定资产投资额仅有 536 元。农民收入质量指数突破 0. 3456 的地区，农民人均固定资产投资额达到了 1079 元。以上数据一方面说明我国农民收入质量指数增长迅速，一方面说明了农民收入质量指数对农民投资具有巨大影响。

三　农民收入质量通过信贷对农民
投资的影响分析

（一）农民收入质量通过信贷影响农民投资的理论分析

信贷并非单纯的信用贷款，而是经济活动中借贷行为的总称。具体而言，"信"指授信，是信贷中的限度衡量；"贷"指贷款，是信贷中的额度衡量。广义上的信贷还包括金融机构的存款与结算行为。本节所讨论的信贷，是狭义的信贷，是指农民从银行或信用社申请的贷款。

通过上一节分析可知，信贷是农民收入质量影响农民投资的重要中间变量。信贷资金对农民投资十分重要。虽然贷款只占到农民投资金额的 20% 左右，大部分仍为自筹，但是随着投资金额的增加以及农民对信贷认知的改变，贷款占投资金额比例必将有所提高。农村金融学术界已证实，在信贷市场不健全的前提下，农民倾向于以自身资产抵御外部冲击，而放弃或减少投资。因此，信贷的获得可以显著提升农民的投资规模，但是其平均边际影响小于 1，说明部分贷款进入了非生产领域。正规金融的信贷约束现象比较严重，虽然受到信贷约束的农民投资回报更高，但是信贷约束导致获得的贷款金额有限。因此，非正规信贷成了农村金融重要的组成部分。有学者通过对孟加拉国的信贷的研究证明，正规金融渠道提供的贷款对固定资产投资影响更为显著，而非正规渠道的贷款对农业生产投入更为显著。由于非正规渠道的信贷较难考察和衡量，因此本书仅将正规信贷作为农民收入质量对农民投资影响的中间变量。

已有学者从收入质量的微观视角研究了其对贷款行为的影响，结果表明，收入质量对贷款行为的起始阶段、决策阶段和实施阶段均有显著影响。在收入质量的各维度上，收入充足性对农户贷款需求、贷款用途、贷款渠道以及还款期限的影响最为显著。收入的结构性、稳定性和知识性均对以上贷款行为具有显著影响。而收入的成本性仅对贷款需求具有负向影响，该学者认为是因为"中西部农户普遍具有勤俭意识，成本支出差异较小"。本书认为，农民收入质量对信贷的影响不仅在于农民的贷款需求，也影响了金融机构的贷款决策。金融机构决定是否放贷的主要因素是申请者是否具有还款能力，如果申请者不具有或部分具有还款能力，即会出现信贷配给现象，导致申请者无法得到或只能得到部分贷款。而金融机构考虑的还款能力，即农民的收入质量——收入的充足性、结构性、稳定性、成本性和知识性。有学者在大量调研的基础上，通过发放农户和信贷员问卷，从信贷约束的需求方和供给方角度讨论了收入质量对信贷的影响。研究证明，在农户视角下，收入质量的各维度中仅有收入知识性对缓解信贷约束影响不显著，说明农户在贷款过程中并不重视知识性维度。在金融机构视角下，收入质量的各维度中仅有收入成本性对缓解信贷约束影响不显著，说明信贷员在决定放贷过程中最重视农户收入本身，而对农户获取收入的成本关注度较低。从对信贷需求方和供给方的研究可以认为，双方对收入质量缓解信贷约束的认识基本一致。以上研究说明，收入质量与农户正规信贷有着密切联系，是正规信贷约束的重要影响因素。

通过上述分析，农民收入质量（IQI）、信贷（AC）和农民投资（Inv）之间的关系见图7-3。

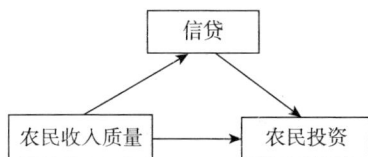

图7-3　农民收入质量、信贷和农民投资关系

图7-3表示农民收入质量、信贷和农民投资之间的关系。农民收入质量会直接影响农民投资，同时也会通过信贷影响农民投资。在经济活动中，图7-3中的单向箭头存在双向关系，即

农民投资也会影响农民收入质量和信贷，信贷也会影响农民收入质量。但是由于本书的重点是农民收入质量对投资的影响，因此反向影响的研究在本书中省略。

农村地区经常发生信贷约束，即农民的信贷需求不能或不能完全得到满足。该现象产生的原因是，金融机构等受到信息不对称的影响，无法判断农民的信用，因此其实际放贷额度低于自身放贷能力。金融机构做出的选择被称为信贷配给，金融机构实际放贷与放贷能力的差距是信贷配给程度，在现实中，信贷配给程度通常与贷款者自身选择有关。根据 Guirkinger 和 Boucher（2008）以及任劼、孔荣和 Turvey（2015）关于信贷配给分类的研究，贷款者通常通过提高利率、限制授信额度、添加风险合同条款制造数额差距，对应的信贷配给形式分别为价格配给、数量配给和风险配给。由于现有关于信贷配给研究和农民实际信贷行为均以"户"为单位，因此本节有关信贷配给类型的研究主要以农户为研究对象。

价格配给型的农户受到的影响体现在是否同意利率即利息价格，受到金融供给方的约束。刘西川、程恩江（2009）和任劼、孔荣和 Turvey（2015）的研究均提到，价格配给中存在一种特殊的未借贷形式，即没有贷款需求。这种农户同样被归类为价格配给型，因为绝大部分没有贷款需求的农户在无息或者极低利率下依然会考虑贷款，这说明没有贷款需求的主要原因是利率过高。少部分没有贷款需求的农户是不需要贷款。

数量配给型的农户受到的影响体现在授信额度的高低，其同样受到金融供给方的约束。授信额度既包括客观的金融机构限定，也包括农户主观预期的限定。因此数量配给的表现形式主要有三种：第一，农户申请贷款，但被金融机构拒绝；第二，农户申请贷款，但金融机构只向农户发放部分贷款；第三，农户主观认为自身收入过低，并且考虑到即使申请贷款也将被金融机构拒绝，因此没有申请贷款。

风险配给型的农户受到的影响体现在其对贷款合同中风险的

担忧，受到金融需求方即农户自身的约束。该类型的农户在调查过程中表现出极低的信贷需求，但深究发现，实际他们存在信贷需求但因畏惧风险无法表达真实意愿。贷款合同中的风险主要为还款失败后抵押物的丧失，或自身信用评级被降低，或连累其他共同担保人。任劼、孔荣和 Turvey（2015）提出了一些缓解风险配给，使该类型农户能够参与信贷市场的举措：完善保险市场对农村金融的支持；部分删除贷款合同中的风险条款，通过其他方式弥补金融机构的潜在损失；降低农户贷款利率以提高其还款可能性。

　　根据以上理论分析，本书认为，信贷是农民收入质量影响农民投资的中介变量。中介变量有两种形式：只能通过中介变量进行传导的完全中介变量和部分通过中介变量进行传导的部分中介变量。农民收入质量对农民投资存在一部分直接影响，同时存在通过信贷的间接影响，因此信贷属于部分中介变量。信贷配给是决定信贷的关键因素和核心问题。农民收入质量的高低，决定了受到信贷配给影响的可能性。农民收入质量高，更易于接受金融机构的贷款利率水平，受到金融机构授信额度的约束低。现有研究认为，风险配给是否发生的重要原因是农民面对风险的态度，该态度由风险规避心理和风险激励心理共同决定。然而，这两种心理对不同收入群体的作用方式并不一致，有时甚至会呈现完全相反的影响方向，即农民收入质量高，既可能倾向于风险配给，也可能远离风险配给。任劼、孔荣和 Turvey（2015）在一篇文章中的描述性统计中证明，收入数量高、收入结构差、受教育水平较高的农民易受到风险配给的影响，即农民收入质量对风险配给的影响较为复杂。但是，现有研究均表明，风险配给虽然是信贷配给的新型研究热点和组成部分，但受到风险配给影响的农户比例极低（在 10% 以下），农户绝大部分属于价格配给型和数量配给型。因此，农民收入质量能够较好地缓解信贷配给，增加获得信贷的可能性。而信贷配给发生可能性的降低，有利于充实农民投资资金，提高农民投资额。综上，本章提出以下理论假设。

　　假设 1：信贷配给是农民收入质量影响农民投资的部分中介

变量。

假设 2：农民收入质量提升能够有效缓解农民面临的信贷配给。

假设 3：农民信贷配给的缓解，能够促进农民投资。

（二）数据来源和模型选择

农民收入质量和农民投资的数据在本章中已有说明。农民收入质量由农民收入质量指数代表，农民投资由农民人均固定资产投资额代表，数据来自《中国农村统计年鉴》，但进行了相应计算。农民人均固定资产投资额数据为 1997 年至 2014 年我国各地区的面板数据。值得一提的是，由于影响金融机构贷款决策的信息一般都是根据上一年的农民收入情况汇总，因此，此处的农民收入质量指数为上一年的农民收入质量指数。

信贷配给在微观中的衡量方法主要为信贷需求和实际获得贷款的差额。已有文献主要通过 DEM（直接诱导式询问方法）判断受调查农民的信贷配给类型，但鲜有着眼于农民受到信贷配给程度的研究，这主要受限于数据获取的难度以及信贷需求的量化等。宏观中信贷配给的研究重视的是各产业之间信贷的均衡发展（刘春志等，2015），因此宏观经济中农民面临信贷配给程度的衡量方法为涉农贷款占贷款总额的比重与农村经济在全社会经济中比重的差距。其衡量公式为：

$$CR = 1 - \frac{AC/C}{AGDP/GDP} \qquad \text{公式 7-9}$$

在公式 7-9 中，CR 表示某地区农民面临的信贷配给程度，AC 表示该地区的涉农贷款，C 表示该地区当年贷款总额，AGDP 表示该地区农业总产值，GDP 表示该地区当年总产值。信贷配给指数越大，说明农民获得信贷资金的比例越低，信贷配给程度越严重。2008 年之前各地区涉农贷款与贷款总额数据来自《新中国60 年统计资料汇编》，2008 年之后各地区涉农贷款与贷款总额数据来自历年《中国农村金融服务报告》和网络资料。各地区农业总产值和 GDP 数据来自历年《中国统计年鉴》。

根据图 7 - 3 农民收入质量、信贷和农民投资之间的关系，本书使用 Baron 提出的中介变量检验模型检验信贷配给作为农民收入质量对农民投资影响的中介变量的科学性，观察信贷配给的参数及其变化范围。该方法包括以下三个步骤。

第一步，构建自变量农民收入质量 IQI 和因变量农民投资 INV 的回归模型，检验 IQI 与 INV 是否相关，表达式为：

$$INV = a + bIQI + e \qquad 公式 7 - 10$$

第二步，构建自变量 IQI 和中介变量 CR 的回归模型，检验 IQI 与 CR 是否相关，表达式为：

$$CR = a + bIQI + e \qquad 公式 7 - 11$$

第三步，构建 IQI、INV 和 CR 的回归模型，检验 CR 是否为 IQI 和 INV 的中介变量，表达式为：

$$INV = a + b_1 IQI + b_2 CR + e \qquad 公式 7 - 12$$

根据以上各式各系数大小和显著性程度不以判断信贷配给是否为农民收入质量和农民投资的中介变量。

在证明信贷配给是农民收入质量影响农民投资的中间变量的基础上，本书使用一个较为简单的结构方程模型探究农民收入质量、涉农贷款与农民投资之间的关系。此处使用涉农贷款作为信贷的代表指标主要基于以下三个方面的考虑：首先，涉农信贷配给是农民收入质量影响农民投资的深层机理并非表征，信贷配给的最终经济表现形式为涉农贷款；其次，信贷配给在农民收入质量影响农民投资的路径中均为负向影响，而农民收入质量影响农民投资为正，使用涉农贷款作为指标更能够清晰解释结构方程的路径系数；最后，由于信贷配给 CR 的计算方法限定了其取值小于1，并且数据过多集中在 1 附近，不满足结构方程数据属于正态分布的基本假设。结构方程模型在本书第三章中已有阐述，该模型可以对潜在变量的结构或影响关系进行有效的分析。SEM 由测量模型和结构模型两部分组成，其模型表达形式为：

测量模型：

$$X = \Lambda_x \xi + \delta \qquad\qquad 公式\ 7-13$$

$$Y = \Lambda_y \eta + \varepsilon \qquad\qquad 公式\ 7-14$$

结构模型：

$$\eta = B\eta + \Gamma\xi + \zeta \qquad\qquad 公式\ 7-15$$

在测量模型中，因变量均为观测变量，X 和 Y 的分别为外生变量和内生变量。因此，对应的自变量分别为外生潜变量 ξ 和内生潜变量 η，其对应的系数 Λ_x 和 Λ_y 为因子载荷矩阵。结构模型中，所有变量均为潜变量，B 和 Γ 分别是内生和外生潜变量路径系数。δ、ε 和 ζ 分别为测量模型中内生误差项、外生误差项和结构模型的误差项。

（三）中介变量检验与结构方程模型结果分析

由于选取指标的数据属于面板数据，具有个体效应和时间效应，不适合使用普通最小二乘法进行估计，因此本书均采用 Stata12.0 软件进行估计。

Baron 提出的中介变量检验模型检验结果见表 7-5。

表 7-5　中介变量检验模型检验结果

变量	模型 1	模型 2	模型 3
	Inv	CR	Inv
IQI	0.4947 ***	-14.9728 ***	0.0721 **
CR			-0.039 ***
C	-0.0965 ***	5.1878 ***	0.1000 ***
R^2	0.1431	0.3792	0.4172
Wald	144.27	582.9	463.34
模型形式	随机效应模型	随机效应模型	随机效应模型

数据来源：运用软件计算年鉴数据而得。

注：*** 和 ** 分别代表在 0.01 和 0.05 的显著性水平下显著。

从表 7 – 5 中可以看出，在模型 1 中，农民收入质量 IQI 对农民投资 Inv 呈现正向影响，影响系数为 0.4947，在 0.01 的显著性水平下显著，再次证明农民收入质量是农民投资的关键影响因素。模型 2 中，农民收入质量对信贷配给 CR 呈现负向影响，影响系数为 – 14.9728，在 0.01 的显著性水平下显著，验证了上文的假设 2，提高农民收入质量，能够有效缓解农民受到的信贷配给。模型 3 中，农民收入质量 IQI 对农民投资的影响依然为正，但是影响系数变小，显著性水平变低，说明受到了信贷配给变量 CR 的影响。信贷配给 CR 在模型 3 中显著为负，说明信贷配给的存在影响了农民投资的资金来源，进而对农民投资产生了负面影响。而缓解信贷配给可以促进农民投资，这验证了上文的假设 3。综合观察模型 3 与模型 1 的变化可以看出，农民收入质量对农民投资影响的减弱，是因为信贷配给变量的加入。根据中介变量检验的原理可以认为，信贷配给 CR 是农民收入质量 IQI 影响农民投资 Inv 的部分中介变量，该结论验证了上文的假设 1。

在涉农信贷配给被证明是农民收入质量影响农民投资的中介变量基础上，根据图 7 – 3 进行农民收入质量、涉农贷款和投资之间的结构方程路径系数测算。由于该模型涉及的变量均为观测变量，不存在潜变量，因此仅构造一个较简单的结构模型。结构模型的参数估计结果见表 7 – 6。

表 7 – 6　结构方程模型参数估计结果

影响路径	标准化系数	标准误	p 值	置信区间上界	置信区间下界
IQI→AC	0.4554 ***	0.0380	0.0000	0.3809	0.5299
IQI→Inv	0.3542 ***	0.0324	0.0000	0.2906	0.4178
AC→Inv	0.5786 ***	0.0320	0.0000	0.5194	0.6377

数据来源：运用软件计算年鉴数据而得。
注：*** 代表在 0.01 的显著性水平下显著。

在表 7 – 6 中，AC 与上文计算信贷配给变量代表含义相同，为涉农贷款额。从路径关系来看，三条影响路径全部为显著正向影响，即农民收入质量对信贷和农民投资均具有促进作用，同时，信贷对农民投资也具有促进作用。模型结果与本书理论分析一致。从影响作用来看，农民收入质量对农民投资的直接影响作用较大，系数达到了 0.3542，再加上农民收入质量通过信贷影响农民投资的间接作用，总影响作用为 0.6177。农民收入质量影响信贷的作用为 0.4554，这种作用的不完全说明了信贷配给的存在。信贷影响农民投资的作用较大，影响作用为 0.5786。从以上结构方程模型回归结果可知，农民收入质量对信贷具有十分重要的促进作用，从宏观方面证明了收入质量与信贷的关系。同时，信贷对农民投资的影响作用较大，说明了信贷是重要的投资资金来源。但是，农民收入质量对农民投资的直接影响较大，通过信贷影响农民投资的间接影响较小。该结论反映了我国农民投资的三个现状：首先，资金来源仍以自筹（主要为个人收入）为主；其次，信贷配给确实在我国涉农信贷中广泛存在，对农民投资产生了重大影响；最后，农民贷款的使用以住宅投资为主，用于生产经营的较少，同时金融机构的生产经营性贷款产品较少，不能满足农民生产经营性贷款的需求。

四 本章小结

本章阐述的是我国农民收入质量对农民投资的影响。从农民角度出发，通过回顾经济学有关投资的理论，论证了农民投资是农民参与的重要经济活动，并对农村经济做出了贡献。但通过分析我国农民投资的趋势，笔者发现我国农民投资存在投资比重低、投资增长缓慢以及投资结构中住宅投资比重过高的特点。在我国农民投资现状的基础上，本书在理论上分析了农民投资与其主要资金来源——收入的关系，结果表明，农民投资会受到收入的充足性、结构性、成长性、成本性和知识性的综合影响，即农民投资决定于农民收入质量。但由于农民收入的周期性以及农民投资多发生在统计年度初期，影响农民投资的应为上一年的农民收入质量。根据以上理论分析，本书构建了三个模型，分别从农民收入质量整体、农民收入质量各维度以及门槛效应三个方面探究农民收入质量对农民投资的影响，模型结果表明，上一期农民收入质量指数每增长 0.1 个单位，农民人均固定资产投资额将增加 489.3 元。现阶段我国农民收入质量指数偏低，提高我国农民收入质量，将有利于推动我国农民投资，进而推动经济增长。在农民收入质量各维度上，收入充足性和成长性显著为正，这两个维度的增长可以促进农民投资。收入结构性显著为负，说明工资性收入与农民投资具有相互替代的关系，但该负向关系并不长期存在。收入知识性显著为负，说明收入知识性较低的农民更倾向于投资需要金额更高的住宅而不是生产性固定资产。收入的成本性显著为正，是由于收入成本性数据进行过标准化，因此收入成本性抑制农民投资，并且在五个维度中对投资的影响作用最大。贷款利率变量对农民投资起到显著的抑制作用，但系数极小，这可能是由于投资金额中贷款比例较少以及政府对利率的管制。地区变量回归系数为正，说明东部的农民投资额最高，其次为中部，西部农民投资额最低，投资额在统计学上有显著的区别。通过门槛模型可以发现，我国农民收入质量指数对农民投资的影响存在单门槛效应，门槛值为 0.3464。在农民收入质量指数达到门槛值 0.3464 之前，上一期农民收入质量指数对农民投资的影响系数为 0.2750；当农民收入质量指数超越门槛值 0.3464 之后，上一期农民收入质量指数对农民投资的影响系数变为 0.5283。说明当农民收入质量指数达到 0.3464 临界值时，对下一年的农民投资具有突破性的影响。信贷是农民收入质量影响农民投资的重要中间变量，而深层影响机理是信贷配给机制。本书通过衡量宏观信贷配给程度，运用 Baron 中介变量检验模型，验证了信贷配给是农民收入质量影响农民投资的部分中介变量；农民收入质量提升能够有效缓解农民面临的信贷配给；农民信贷配给的缓解，能够促进农民投资。在此基础上，通过构建一个较为简单的结构方程模型发现，农民收入质量对信贷具有十分重要的促进作用，信贷对农民投资的影响作用同样较为明显。农民收入质量对农民投资的直接影响较大，通过信贷影响农民投资的间接影响较小，这是信贷在农民投资资金来源中比重较小、信贷配给现象在涉农贷款中广泛存在以及农民贷款用途主要在生活而不是生产方面的原因所致。

第八章

农民收入质量与经济增长关联性研究

一 农民收入质量与经济增长关联性的
理论分析

从前文的文献综述中可以看出，西方经济学创建伊始就十分重视收入与经济增长的关联。从第六章和第七章亦可看出，农民消费和投资均受到其收入质量的显著影响。农民消费和投资是我国经济增长的重要动力。我国经济增长进入"新常态"，推进供给侧结构性改革，适当拉动内需，研究农民收入质量如何通过消费和投资促进经济增长具有十分重要的意义。因此本章根据收入分配和经济增长理论，从农民收入质量角度入手，分析农民收入质量五个维度与经济增长的关联性。

（一）收入充足性与经济增长关联性分析

收入充足性实质上是收入的直接量化，即收入数量。传统研究中，收入数量长时间作为分析经济增长的变量之一，收入数量是影响经济增长的决定因素。以索洛模型为例：

$$\Delta y / y = \alpha \{ sA[f(k)/k] - s\delta - n \} \qquad \text{公式 8 - 1}$$

在公式 8 - 1 中，δ 表示折旧率，n 表示外生的人口增长率，A 表示技术进步。在以上外生变量不变的情况下，经济增长主要依靠储蓄率 s 和人均资本 k 决定。根据发展经济学相关理论，储蓄率 s 主要取决于边际储蓄倾向。边际储蓄倾向虽然会受到市场结构、利率、民族、生活习惯等因素影响，决定因素仍然是收入。因此，储蓄率 s 可以写成收入数量 I 的函数 s = h（I）。人均资本又被称为资本 - 劳动比率，在索洛模型中假设储蓄全部转化为投资，即资本的形成全部来自储蓄。在国民收入一定的情况下，储蓄 S 与储蓄率 s 成正比，因此可推导人均资本 k 同样是收入数量 I 的函数 k = g（I）。综上，公式 8 - 1 可写为：

$$\Delta y/y = \alpha[Ah(I)g'(I) - h(I)\delta - n] \qquad 公式8-2$$

公式 8 - 2 中 g'（I）等同于 f（k）/k，可以看出，经济增长率 $\Delta y/y = \tau$（I，δ，n，A），该函数中除了收入数量之外均为外生变量。然而随着新增长理论的发展，人口增长率和技术进步被纳入内生变量。已有研究证明，人口增长率与收入数量之间相互制约，技术进步与收入数量之间存在双向影响。因此，在新增长理论框架下，收入数量对经济增长的影响越发明显。

根据上述分析，假设经济只由两部门组成，则国内生产总值等于消费加投资，即 GDP = C + I。农民获得收入之后，一部分转化为消费，另一部分转化为储蓄。消费直接对经济增长做出贡献，储蓄则需转化为投资之后对经济增长做出贡献。在经济增长达到均衡状态时，所有的储蓄均转变为投资，最终达到 I = S 的状态。

综上，经济增长的决定性因素之一是收入数量，即收入的充足性。

（二）收入结构性与经济增长的关联性分析

农民收入结构的优化，实质上反映了我国经济结构的优化。我国农民的农业收入比重大幅减少，以工资性收入和经营性收入为主的非农业收入比重大幅增加，说明了农民的就业岗位已从第一产业逐步向第二、第三产业转移。第三产业已逐渐成为我国经济增长的重要动力。《2014 年国民经济和社会发展统计公报》显示，2014 年我国第三产业增加值为 306739 亿元，占 GDP 的比重达到 48.2%，比第二产业高出 5.6 个百分点。第三产业比重超过第二产业，标志着中国经济正式迈入"服务化"时代。第三产业利润率和附加值均高于其他产业，对经济增长的推动更加有力。因此，农民收入结构的优化，有利于经济增长。

此外，农民收入结构的优化，还体现在农业专业化和城镇化的转变上。正如上文所言，农民收入结构优化应分为两部分，一部分是继续从事农业生产的人，一部分是进入城市脱离农业生产的人。对于继续从事农业生产的农民，主要收入来源为家庭经营性收入，农业专业化经营应成为其发展的方向，由经营多种农业作物转变为经营极少种农业生产项目，增加规模，减少成本。农业专业化既有利于农民发挥本地区资源优势，提高生产技术和管理水平，也有利于节约投资和降低成本，提高土地和劳动生产率，增加经济贡献。对于准备进入城市脱离农业生产的人，主要收入来源将是工资性收入或非农的经营性收入。在政策法规之下进行土地流转，有助于农民的农业专业化经营。现代管理学认为，专业化分工是最有效率的方法之一。农民收入结构的优化，使农业生产整体更加有效率，可促进经济增长。

（三）收入成长性与经济增长的关联性分析

收入成长性对经济增长的影响主要体现在农民对收入的预期上。收入成长稳定的农民，对未来的预期收入较为明确，可以对收入进行合理和充分的应用。收入成长不稳定的农民，对未来的预期收入不明确，对收入的使用较为谨慎，会将收入进行预防性储蓄，进而减少了对经济增长的贡献。农民群体的收入成长性相对较差，这与农民从事的工作相关。务农收入极容易受到气候、病虫害等影响，农产品需求价格缺乏弹性，易造成"谷贱伤农"；以体力为主的务工收入又极容易受到市场供求关系变化的影响。

假设农民当前收入为 I，收入成长概率为 p，$0 < p < 1$，p 越

大说明收入成长性越好，则农民预期的收入为 $I' = pI$。假设农民持有在手中的收入与收入成长概率成反比，即 $\Delta I = \dfrac{q}{p}$。农民消费 C 一般较为固定，按照农民预期收入计算的储蓄率 s' 为：

$$s' = \frac{pI - C - \dfrac{q}{p}}{pI} = \frac{p^2 I - pC - q}{p^2 I} \qquad \text{公式 8-3}$$

与原储蓄率 s 相差：

$$\Delta s = s - s' = \frac{I - C}{I} - \frac{p^2 I - pC - q}{p^2 I} = \frac{(p - p^2)C + q}{p^2 I} \qquad \text{公式 8-4}$$

其中，C、q 和 I 均为常数，Δs 成为 p 的函数，验证单调性可知，Δs 在 $0 < p < 1$ 范围内单调递减，即 p 越接近于 1，Δs 越小，农民收入成长性越高，与原储蓄率的差距越小。这里所涉及的储蓄，是指收入减去消费和持有在手中的货币之后的余额，这一部分既包括一般意义上的在银行储蓄，也包括投资等。根据诸多经济增长理论，经济增长依托于资本积累，而资本积累来自储蓄。综上所述，农民收入成长性越好，与经济增长关联性越强。

（四）收入成本性与经济增长的关联性分析

收入成本性与收入成长性类似，与经济增长的关联主要体现在农民对未来的预期之上。生产成本较高的农民，在进行消费和储蓄的过程中，需要考虑下一期成本。由于农民获得收入具有间隔时间较长的特点，而成本发生在获得收入的过程中，因此农民需要将本期收入的一部分支付下一期收入所需的成本，这对农民的经济行为造成较大影响。

假设本期收入为 I_t，下一期成本为 $Cost_{t+1}$，则本期正常的消费和储蓄减少了：

$$I' = I_t - Cost_{t+1} \qquad \text{公式 8-5}$$

对农民而言，下一期成本 $Cost_{t+1}$ 要么持有在手中，要么在银行进行储蓄。在第一种情况中，成本 $Cost_{t+1}$ 将在下一期生产过程中转化为消费，购买农业生产中必需的种子、农药、化肥、农业服务等等。在第二种情况中，成本 $Cost_{t+1}$ 将会在银行存储较短时间，然后与第一种情况相同。根据上述分析，收入的成本性对经济增长的影响包括：首先，本期的消费和储蓄减少，相应的成本计入下一期；其次，即使成本 $Cost_{t+1}$ 在银行进行储蓄，但是较短时间内又将被取出，储蓄率实际上下降了。成本越高，转化为投资的数额越少。虽然成本 $Cost_{t+1}$ 最后都将转化为消费，但是投资产生的乘数效应带来的影响要远远大于消费。因此，综上所述，农民收入成本越高，转化为投资比例越低，对经济增长贡献越小。根据该理论进行分析，收入的成本性对经济增长情况影响为负。

（五）收入知识性与经济增长的关联性分析

农民收入知识性对经济增长的影响与其他维度不同。由于收入的知识性是收入质量的核心，因此收入的知识性影响经济增长的方式更倾向于内在驱动和间接影响，而不直接表现在消费和储蓄的变动上。收入的知识性体现在农民在获取收入过程中运用的知识和技能的高低。在长期生产过程中，具有较高知识水平的农民，可以较快积累农产品生产、技术工作和管理工作等经验，从而通过增加产量使长期时间内的成本下降。这便是管理学中的"学习效应"。学习效应可表达为：

$$L = \alpha + \frac{1}{\beta N} \qquad\qquad 公式 8-6$$

在公式 8-6 中，L 表示农民每一次生产的劳动投入量，N 是累计从事生产的次数，随着 N 的增加，劳动投入量随之降低。然而，学习效应体现在系数 β 上，β 值越大，说明农民的学习效应越明显，L 减小的趋势也越明显。收入知识性较高的农民，学习效应表现较为明显，可以较大程度上提高生产效率，提高产出从而有助于经济增长。

收入知识性对经济增长的另一个影响体现在农民提升技术水平，从而对技术进步有所推动。农业技术进步不仅体现在农业科研成果的研发，更重要的是科研成果在实践中的应用。现有研究以及欧美发达国家的经验均表明，技术进步不能单纯依靠政府机构，企业和基层单位应成为技术进步的主力，因为它们更接近生产，对生产的优势和劣势了如指掌。在我国农业技术进步的过程中，研究不但包括政府主导的大学、科研院所的研究，而且包括私人企业以及农民组织主导的技术研究，而技术研究的基础是技术水平的提升。在经济增长理论中，无论作为内生还是外生变量，技术进步自从被提出便被所有经济学家认为是重要的影响因素之一，其对经济增长有着显著的正向影响。

综上所述，收入的知识性对经济增长的影响体现在生产效率的提升和技术进步的贡献，农民收入知识性越高，对经济增长的贡献越大。

二 我国农民收入质量与经济增长序列的选取和描述

学术界现有衡量经济增长的指标主要有国内生产总值（GDP）、国民生产总值（GNP）和国民收入（NI）等，以及这些指标的增长值或增长率。本书选取人均国内生产总值（人均 GDP）作为代表指标，原因如下：首先，人均 GDP 具有社会公平和平等的含义。人均 GDP 虽然不能直接等同于居民的人均收入和生活水平，但构成了一国居民人均收入和生活水平的主要物质基础，是提高居民人均收入水平、生活水平的重要参照指标，与本书研究的农民收入质量契合。其次，人均 GDP 排除了人口对经济增长的影响，能够反映较为真实的经济水平。本书第二章的理论回顾中提到，人口或劳动力实际上是经济增长的重要影响因素。GDP 虽然是衡量经济增长的指标，但是不能衡量各地区的经济实力。综上，本书选取人均国内生产总值作为经济增长的指标，选取与农民收入质量指数对应的我国 31 个省区市 1997 年至 2013 年的数据，数据来自历年《中国统计年鉴》。

我国农民收入质量指数的变动趋势在第四章已有分析，其时间序列见图 8-1。

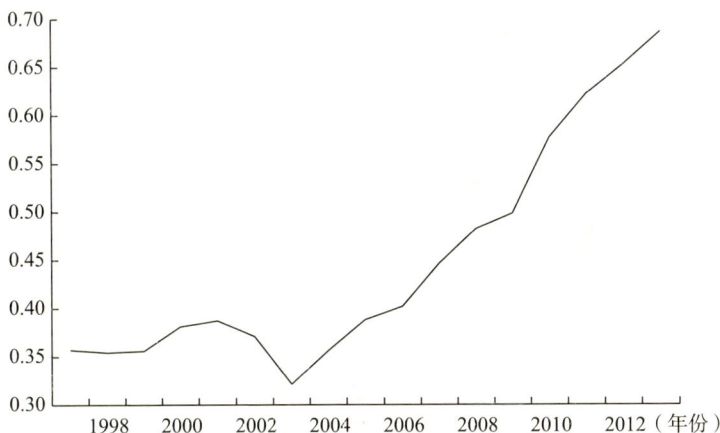

图 8-1　我国农民收入质量指数的变动趋势

从图 8-1 可以发现，在研究区间内，我国农民收入质量指数存在明显的周期性和阶段性变化。1997 年至 2003 年，农民收入质量指数发生了较大的波动。2004 年至 2009 年，农民收入质量指数处于快速攀升时期，直到受到国际金融危机影响，增长速度有所回落。2010 年至 2014 年，农民收入质量指数增速放缓。为了详细了解农民收入质量指数的变动情况，本书以 Eviews 软件为工具，使用 H-P 滤波法，将农民收入质量指数（IQI）分解为趋势成分（TIQI）和周期成分（CIQI）。我国农民收入质量指数的 H-P 滤波分解见图 8-2。

根据图 8-2，我国农民收入质量指数中的趋势成分保持着增长态势，2005 年之前增长较为平稳，2005 年之后增长较为快速。而收入质量指数中的周期成分却呈现剧烈的波动，并于 2003 年跌至最低水平。从 CIQI 的柱状图可以看出，我国农民收入质量指数具有一定的周期性。

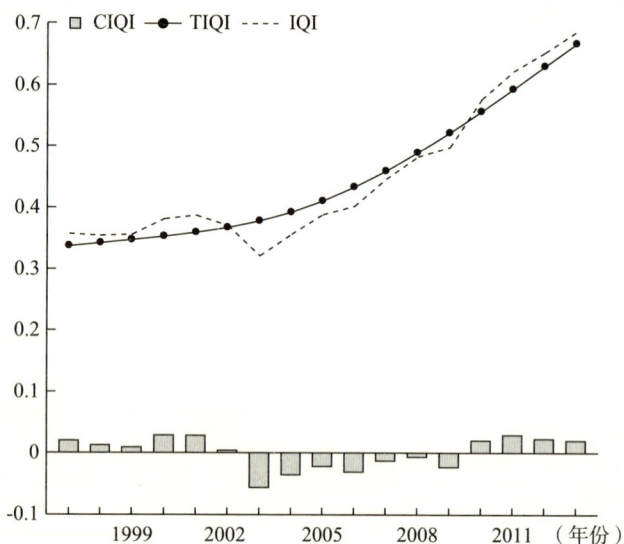

图 8 - 2　农民收入质量指数的 H - P 滤波分解

我国国内生产总值时间序列、人均国内生产总值时间序列以及人均 GDP 的 H - P 滤波分解分别见图 8 - 3、图 8 - 4 和图 8 - 5。

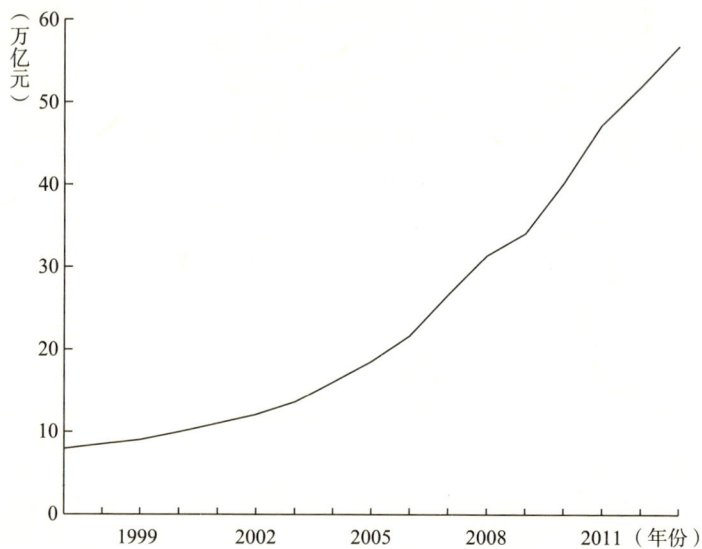

图 8 - 3　我国国内生产总值的变动趋势

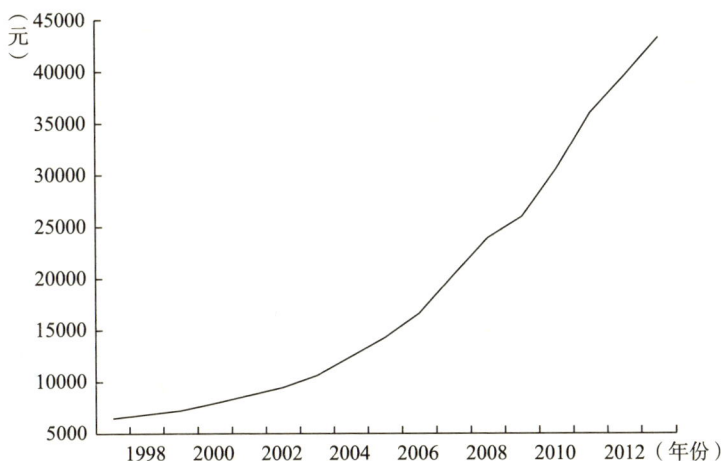

图 8 - 4　我国人均国内生产总值的变动趋势

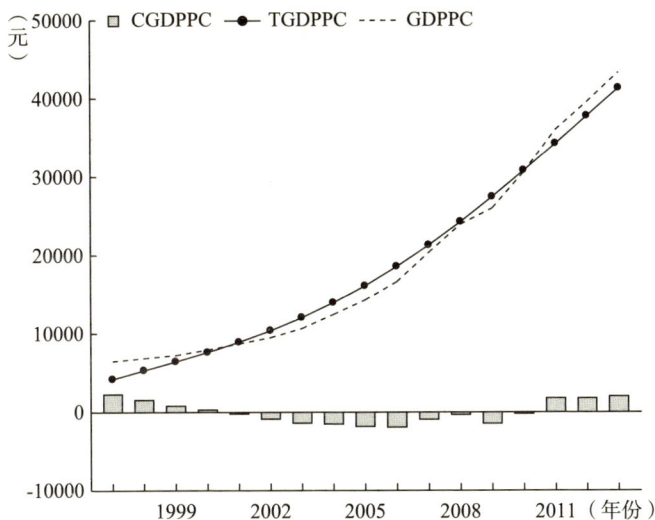

图 8 - 5　我国人均国内生产总值的 H - P 滤波分解

　　从图 8 - 3 和图 8 - 4 可以看出，我国国内生产总值的变动趋势与人均国内生产总值的变动趋势相仿。从 1997 年至今，我国人均国内生产总值始终保持高速增长，并且增长较为平滑，由于受到 2008 年金融危机和我国政策因素影响，近五年我国的人均国内生产总值增长幅度有所降低。在图 8 - 5 中，通过 H - P 滤波分解可以发现，人均国内生产总值的趋势成分（TGDPPC）在指标区间内仍类似于指数增长，说明我国的经济仍然为增长态势。然而，在较快增长的同时，波动性十分明显。人均国内生产总值的周期成分（CGDPPC）与我国农民收入质量指数变动相似，具有一定的周期性。然而，二者之间出现了不同步的现象，这预示着农民收入质量对经济增长的影响存在一定的滞后期。

根据两个变量的数据特点，本书选择使用面板向量自回归（面板 VAR）模型探究农民收入质量对经济增长的影响，并运用格兰杰因果检验、脉冲响应函数和方差分解等方法检验二者之间的关联性。

三　农民收入质量与经济增长关联性实证研究

（一）平稳性检验

平稳性检验最早应用于时间序列数据。不存在理论相关性的时间序列数据，往往能通过高度相关的检验，因为时间序列数据往往具有随时间变化而变化的特点。对未进行平稳性检验的数据进行回归分析易产生"伪回归"，即模型失去经济意义。时间序列的平稳性检验主要使用单位根检验。随着对面板数据研究的深入，许多学者认为，由于同时存在截面数据和时间序列数据的特点，面板数据同样需要进行平稳性检验。本书使用 ADF 单位根检验我国农民收入质量指数 IQI 和我国人均国内生产总值 GDPPC 两个面板数据的平稳性。

ADF 单位根检验包括三个检验方程：

不包含常数项：

$$\Delta X_t = \gamma X_{t-1} + \sum_{i=1}^{p} \beta_i \Delta X_{t-i} + \varepsilon_t \qquad 公式 8-7$$

包含常数项：

$$\Delta X_t = \alpha + \gamma X_{t-1} + \sum_{i=1}^{p} \beta_i \Delta X_{t-i} + \varepsilon_t \qquad \text{公式 8-8}$$

包含常数项和趋势项：

$$\Delta X_t = \alpha + \gamma X_{t-1} + \sum_{i=1}^{p} \beta_i \Delta X_{t-i} + ct + \varepsilon_t \qquad \text{公式 8-9}$$

上述三式中 p 为滞后阶数。这三个回归模型的原假设为 H_0：$\gamma = 0$，即存在单位根，序列不平稳。备择假设为 H_1：$\gamma < 0$，即不存在单位根，序列平稳。

在面板数据的 ADF 单位根检验中，检验值为基于 ADF - Fisher 的卡方统计量，与时间序列数据的单位根检验中使用的 γ 值不同。使用 Eviews 软件，变量的单位根检验结果见表 8-1。

表 8-1　面板数据单位根检验结果

变量	ADF 单位根检验	
	包含常数项	包含常数项和趋势项
IQI	9.6071	8.2899
△IQI	79.7807 *	259.683 ***
GDPPC	2.3222	22.7064
△GDPPC	47.8840	162.914 ***

注：*** 和 * 分别代表在 0.01 和 0.1 显著性水平下显著。

根据表 8-1 的单位根检验结果，无论是包含常数项还是趋势项，我国农民收入质量指数（IQI）和人均国内生产总值（GDPPC）均未通过检验，说明两个变量均不平稳。但是对两个变量进行一阶差分之后，△IQI 在 0.01 显著性水平下通过了 ADF 单位根包含常数项和趋势项的检验，△GDPPC 在 0.01 显著性水平下同样通过了 ADF 单位根包含常数项和趋势项的检验，说明△IQI 和△GDPPC 属于平稳序列，我国农民收入质量指数（IQI）和我国人均国内生产总值（GDPPC）均属于一阶单整，可以做进一步的协整检验。包含常数项以及包含常数项和趋势项的两个检验结果不同，说明△IQI 和△GDPPC 具有较强的时间趋势。

（二）面板向量自回归（VAR）模型的构建和参数估计

1. 向量自回归（VAR）模型

VAR 模型全称为向量自回归模型，是一种常用的计量经济模型，1980 年由克里斯托弗·西姆斯（Christopher Sims）提出。VAR 模型是用模型中所有当期变量对所有变量的若干滞后变量进行回归。VAR 模型用来估计联合内生变量的动态关系，而不带有任何事先约束条件。它是 AR 模型（自回归模型）的推广，此模型目前已得到广泛应用。VAR 模型是处理多个相关经济指标的分析与预测最容易操作的模型之一，因此近年来 VAR 模型受到越来越多的经济工作者的重视。

一个 VAR（p）模型可以写成：

$$Y_t = C + A_1 Y_{t-1} + A_2 Y_{t-2} + \cdots + A_p Y_{t-p} + e_t \qquad 公式 8-10$$

其中：p 是滞后期，C 是 $n \times 1$ 常数向量，A_i 是 $n \times n$ 矩阵，e_t 是 $n \times 1$ 误差向量。

VAR 模型有如下几个特点。第一，VAR 模型不以严格的经济理论作为依据，在建模过程中只需要明确将有关系的变量包括在 VAR 模型中并确定滞后期 p 即可。第二，VAR 模型对参数不施加零约束，即 VAR 模型 t 检验值不通过的变量依然保存，不需要分析回归参数的经济意义。第三，由于 VAR 模型中解释变量中不存在任何当期变量，所以 VAR 模型适合应用在预测方面，该预测的优点是不必对解释变量在预测期内的取值做任何的预测。第四，VAR 模型参数的个数由滞后期 p 和变量个数 N 决定，参数个数为 pN^2，所以样本容量必须足够大。第五，VAR 模型的变量都需要具有平稳性。如果是非平稳性，则必须具有协整关系。西姆斯最初提出向量自回归模型时，认为所有的变量都应该处于系统内，即全部属于内生变量。但是近年来很多学者认为具有单向因果关系的变量，也可以作为外生变量加入 VAR 模型。面板 VAR 模型与 VAR 模型的原理相同，区别在于由于面板 VAR

模型采用的是面板数据，因此需要使用面板矩估计方法（GMM）对参数进行估计。

2. 模型构建和参数估计

根据 VAR 模型的特点，滞后期 p 是极为重要的估计参数之一。估计滞后期一般采用若干信息准则，选取信息准则对应的最佳滞后期。本书滞后期的选择过程如下。

表 8-2　面板 VAR 模型滞后期选择

滞后期	赤池准则（AIC）	施瓦泽准则（SC）	汉南-奎恩准则（HQ）
0	18.7062	18.7250	18.7136
1	11.9124	11.9687	11.9346
2	11.7611*	11.8763*	11.8130*
3	11.7825	11.8925	11.8195

注：*表示根据相应准则选取的最佳滞后期。

根据表 8-2 的显示结果，三项信息准则以及预测误差均显示，面板 VAR 模型的最佳滞后阶数为 2。根据确定的滞后期，本书建立面板 VAR 模型，模型形式见公式 8-11。

$$\begin{bmatrix} GDPPC \\ IQI \end{bmatrix}_t = \begin{bmatrix} \alpha_1 \\ \alpha_2 \end{bmatrix} + \begin{bmatrix} \beta_{11} & \beta_{12} \\ \beta_{21} & \beta_{22} \end{bmatrix} \begin{bmatrix} GDPPC \\ IQI \end{bmatrix}_{t-1} + \begin{bmatrix} \delta_{11} & \delta_{12} \\ \delta_{21} & \delta_{22} \end{bmatrix} \begin{bmatrix} GDPPC \\ IQI \end{bmatrix}_{t-2} + \begin{bmatrix} \varepsilon_1 \\ \varepsilon_2 \end{bmatrix}$$

公式 8-11

根据上文选取数据以及模型形式，使用 Eviews 软件对面板 VAR 模型的估计结果见表 8-3。为了方便数据的显示，表 8-3 中 GDPPC（人均国内生产总值）单位为万元。

表 8-3　面板 VAR 模型参数估计结果

变量	GDPPC	IQI
GDPPC（-1）	1.4029	0.0052
	(0.0470)	(0.0050)
	[29.9190]	[1.0498]

变量	GDPPC	IQI
GDPPC（-2）	-0.3257	0.0080
	(0.0555)	(0.0059)
	[-5.8706]	[1.3578]
IQI（-1）	0.9396	0.7114
	(0.4300)	(0.0456)
	[2.1852]	[15.6201]
IDI（-2）	-1.7080	0.1631
	(0.4193)	(0.0444)
	[-4.0735]	[3.6721]
C	0.2846	0.0272
	(0.0569)	(0.0060)
	[5.0030]	[4.5205]

注：（）中的数值是参数估计的标准差，[ ]中的数值是参数估计的 t 统计量。

在对表 8-3 中的数据进行分析之前，需要对模型的平稳性和变量之间的关系进行检验，在保证模型平稳以及变量影响方向明确的前提下，数据分析才具有经济意义。

3. 协整及格兰杰因果检验

在面板向量自回归（VAR）模型中，存在两个需要检验平稳性的对象。一个是变量的平稳性检验，一般使用 ADF 单位根检验方法进行检验。另一个是模型整体的平稳性检验。一般认为，模型整体稳定的前提是，变量之间存在协整关系。协整是指变量间存在共同的随机性趋势。协整检验的目的是决定一组非平稳序列的线性组合是否具有稳定的均衡关系，两个时间序列的趋势成分相同是伪回归的一种特殊情况，此时可以利用这种共同趋势修正回归使之可靠。面板数据的协整检验是建立在时间序列数据的协整检验方法 E-G 两步法之上。Pedroni 于 1999 年提出了 Pedroni检验，该检验构造了 7 个检验面板数据协整关系的统计量，前4 个是用联合组内维度（within-dimension）来描述，即 Panel v、

Panel rho、Panel PP 和 Panel ADF 统计量，另外 3 个用组间维度
（between-dimension）描述，即 Grouprho、Group PP 和 Group ADF
统计量，Pedroni 指出，每一个标准化的统计量都趋于正态分布，
但在小样本情况下，Panel ADF 和 Group ADF 统计量的检验效果
更好，在检验结果不一致时，要以这两个统计量为标准。本书采
用该方法判断农民收入质量指数（IQI）与人均国内生产总值
（GDPPC）之间的协整关系，检验的统计量结果见表 8 - 4。

表 8 - 4　Pedroni 协整检验结果

统计量类别	统计量名称	统计量对应值	p 值
联合组间维度	Panel v	27.1187	0.0000
	Panel rho	- 2.0733	0.0191
	Panel PP	- 8.7208	0.0000
	Panel ADF	- 5.7466	0.0000
组间维度	Grouprho	0.5750	0.7174
	Group PP	- 9.7846	0.0000
	Group ADF	- 6.8364	0.0000

根据表 8 - 4 的协整检验结果，Pedroni 构建的 7 个统计量中 6
个统计量拒绝了原假设：两个变量间不存在协整关系。根据 Pe-
droni 协整检验原则，Panel ADF 和 Group ADF 统计量为主要标准。
因此，协整结果表明，两个变量间存在协整关系。

在模型稳定性检验之后，还需对变量进行格兰杰因果检验。
顾名思义，向量自回归（VAR）模型的变量是向量形式的多个变
量，因此多个变量间的影响方向需要进行检验。即使前文已经通
过阐述经济理论证明，农民收入质量对经济增长具有影响，二者
之间存在因果关系。但是，仍然需要数理的支持，以及验证二者
之间是否存在双向影响。

格兰杰因果检验的原假设相对其他检验较为特殊，原假设为
H_0: X 不是引起 Y 的 Granger 原因。检验过程需要建立下列两个回
归模型。

无约束回归模型（u）：

$$Y_t = \alpha_0 + \sum_{i=1}^{p}\alpha_i Y_{t-i} + \sum_{j=1}^{q}\beta_j X_{t-j} + \varepsilon_t \qquad \text{公式 8 - 12}$$

有约束回归模型（r）：

$$Y_t = \alpha_0 + \sum_{i=1}^{p}\alpha_i Y_{t-i} + \varepsilon_t \qquad \text{公式 8 - 13}$$

公式 8 - 12 和公式 8 - 13 中，α_0 表示常数项，p 和 q 分别是变量 Y 和 X 的最大滞后期数，ε_t 为白噪声。根据这两个回归模型的残差平方和RSS$_u$ 和RSS$_r$ 构建 F 统计量：

$$F = \frac{(RSS_r - RSS_u)/q}{RSS_u/(n-q-p-1)} \sim F(q, n-q-p-1) \qquad \text{公式 8 - 14}$$

如果检验结果 $F \geqslant F_\alpha$（q，n - q - p - 1），则拒绝原假设，X 是 Y 的 Granger 原因。如果检验结果 $F < F_\alpha$（q，n - q - p - 1），则接受原假设，X 不是 Y 的 Granger 原因。同理，将 X 和 Y 互换，可以检验 Y 是否为 X 的 Granger 原因。将两个检验相结合，可以从数理上验证二者之间的因果关系。本书通过 Eviews 软件对我国收入质量指数（IQI）和我国人均国内生产总值（GDPPC）两个变量进行格兰杰因果检验，检验结果见表 8 - 4。

表 8 - 5　格兰杰因果检验结果（滞后期 = 2）

格兰杰因果检验原假设	F 统计量	p 值
GDPPC 不是 IQI 的格兰杰原因	13.0272	0.0000
IQI 不是 GDPPC 的格兰杰原因	108.023	0.0000

根据表 8 - 5 可以看出，在短期内（滞后期等于 2），GDPPC 不是 IQI 的格兰杰原因的 F 统计量为 13.0272，p 值为 0.0000，在 0.01 的显著性水平下拒绝原假设，GDPPC 是 IQI 的格兰杰原因。IQI 不是 GDPPC 的格兰杰原因的 F 统计量为 108.023，p 值为 0.0000，同样在 0.01 的显著性水平下拒绝原假设，IQI 是 GGDP 的格兰杰原因。根据此检验结果，短期内 IQI 和 GDPPC 之间存在

双向因果关系，即二者之间存在交互影响。我国农民收入质量影响经济增长，经济增长反过来也影响了我国农民收入质量。

4. 模型结果分析与讨论

在模型稳定以及明确变量影响方向的基础上，面板 VAR 模型的结果分析有了数理支持和分析方向。根据表 8 – 3，本书首先分析两个变量对我国人均国内生产总值的影响。本年的人均国内生产总值，将对下一年的人均国内生产总值有较强的促进作用，影响系数达到 1.4029。即本年人均国内生产总值增长 1 个单位，会使一年后的国内生产总值增长 1.4029 个单位。这体现了经济增长的强大惯性，经济增长会扩大消费和投资等的规模，消费、投资等经济增长贡献因素的规模的增长，会显著影响多年内的人均国内生产总值。然而，在人均国内生产总值对自身影响的滞后期内，本年人均国内生产总值对两年后的人均国内生产总值有微弱的抑制作用，影响系数为 – 0.3257。这种现象在经济增长过程中较为独特。已有关于经济增长滞后期的研究大多也得到了相同结论：无论是国内生产总值还是其增长值和增长率，都会出现对两期或者三期后的自身出现负向微弱影响的现象。由于滞后期的研究较为重视滞后一期，此后的滞后期由于影响微弱较少有研究涉及。笔者认为，之所以出现这种现象，是市场供求关系调节产生的“挤出效应”所致。在经济增长的背景下，经济过热导致供给大于需求。供需的不平衡在市场调节下会逐渐趋向于均衡点，导致 IS 曲线左移。在 LM 曲线不变的情况下，国民收入减少，亦即人均国内生产总值减少。但是市场调节力度较为缓慢，因此不会对自身产生明显的负向影响。就本书的变量而言，人均国内生产总值（GDPPC）会对两年后的 GDPPC 产生微弱的负向影响，但由于一年后的 GDPPC 会对两年后的 GDPPC 具有较强的促进作用，因此我国人均国内生产总值依然保持着上升趋势。

我国农民收入质量对一年后的人均国内生产总值产生非常显著的影响，影响系数达到了 0.9396，即我国农民收入质量指数增加 1 个单位，我国人均国内生产总值将增加 0.9396 个单位。例如，从 2012 年至 2013 年，我国农民收入质量指数增加了 0.0343 个单位，则其直接对人均 GDP 的增长贡献了 322.28 元，占当年人均 GDP 总增长的 12.16%。然而，我国农民收入质量对人均国内生产总值的影响随时间衰减较快，IQI 对两年后的 GDPPC 影响系数为 -1.7080。这说明，我国农民收入质量对我国经济增长的影响很可能主要体现在消费和短期投资环节。农民在获取当年收入之后，其收入对一年后的经济增长具有极强的贡献，却对之后的经济增长贡献甚微，这与农民职业特点以及其对收入的使用习惯相关。农民群体的储蓄率相对较高，由于活动围绕农业生产，因此消费也呈现较强的季节性和固定性。因此，无论是生产性消费还是生活性消费，其对经济增长的影响周期均较短。此外，IQI 对两年后的 GDPPC 影响为负，说明我国的收入分配中很可能存在"负向涓滴效应"，即收入增加带动了经济增长，但经济增长扩大了贫富差距，导致收入底层的农民收入降低，继而影响了其对经济增长的贡献。

根据格兰杰因果检验的结果，农民收入质量与经济增长之间存在双向影响。人均国内生产总值对一年和两年之后的农民收入质量均有着正向促进作用，并且对两年之后的农民收入质量影响系数最大，达到 0.0080。这说明，相对于农民收入质量对经济增长的影响集中在短期，经济增长对农民收入质量的影响较为长久。经济增长带动经济发展，就业岗位的改变、收入结构的变迁、生产技术的优化、教育的普及等均需要一定的转变时间，进而对农民的收入质量产生影响。农民收入质量指数（IQI）对自身也存在着影响，其表现形式与人均国内生产总值对自身的影响类似，但与人均国内生产总值影响方式不同的是，农民收入质量指数对自身的影响呈现逐步衰减的态势。IQI 对一年后的 IQI 存在较强的正向促进作用，影响系数为 0.7114，对两年后的 IQI 存在非常微弱的正向促进作用，影响系数只有 0.1631。这说明，农民收入质量指数的增长惯性较弱，收入质量受到外界因素的影响较大。

5. 方差分解分析

在以上 VAR 模型结果分析的基础上，本书使用方差分解分析方法，检验农民收入质量对我国人均国内生产总值的贡献率，以期深入了解农民收入质量对经济增长的影响。在公式 8 - 11 的 VAR 模型的基础上，本书使用 Eviews 软件，对 GDPPC 的波动成分进行方差分解，观察 IQI 对 GDPPC 的贡献率。具体结果见表 8 - 6。

表 8 - 6　GDPPC 的波动成分方差分解结果

	标准差	GDPPC	IQI
第 1 年	0.361721	100.0000	0.000000
第 2 年	0.460768	94.56466	5.435338
第 3 年	0.484850	85.78778	14.21222
第 4 年	0.546090	87.08850	12.91150
第 5 年	0.668015	88.86036	11.13964
第 6 年	0.712219	82.01198	17.98802
第 7 年	0.742644	78.33817	21.66183
第 8 年	0.817519	79.86594	20.13406
第 9 年	0.868605	77.32652	22.67348
第 10 年	0.896425	73.15959	26.84041

通过表 8 - 6 可以看出，我国人均国内生产总值（GDPPC）对自身影响的贡献率随着年份的推移呈现分阶段逐步下降的趋势。其中第 3 年至第 5 年、第 7 年至第 8 年变化基本持平，其余年份贡献率下降，贡献率比重较高，最低贡献率也达到了 73.16%。与之相反，我国农民收入质量指数（IQI）对 GDPPC 的贡献率随着年份推移呈现上升趋势，其中前三年贡献率增长最为明显，贡献率最大达到了 26.84%。也就是说，随着时间的推移，IQI 对 GDPPC 的贡献率是逐渐增加的。但是贡献率的增长并不是无限的，研究发现，随着年份的继续推移，IQI 对 GDPPC 的贡献率基本维持在 33% 到 36%。由此可得出结论，在长期的经济增长中，农民收入质量的贡献率在 33% 到 36%，是经济增长的重要推动力之一。

四 本章小结

　　本章以农民收入质量指数的测算为基础，进一步研究农民收入质量与我国经济增长的关联性。以宏观经济学和管理学理论为基础，本章首先从理论上论证了农民收入质量五个维度与经济增长的关系，除成本性外，其他维度均对经济增长具有促进作用。本书选择农民收入质量指数（IQI）作为农民收入质量的指标，选择我国人均国内生产总值（GDPPC）作为经济增长的指标。对两个指标的序列进行 H－P 滤波分解可以发现，我国农民收入质量指数和我国人均国内生产总值存在明显的周期性和阶段性变化。本章采用 1997 年至 2013 年各地区的面板数据，通过 ADF 单位根检验可知，IQI 和 GDPPC 均为一阶单整，数据平稳，并且二者之间存在协整关系，可以对该面板数据进行研究。以 IQI 和 GDPPC 为内生变量的面板 VAR 模型的最佳滞后期为 2 年，说明本年 IQI 的变动将会显著影响两年内 GDPPC 的变动。格兰杰因果检验结果表明，IQI 和 GDPPC 之间存在双向影响。据此，分析 VAR 模型结果可知，本年的人均国内生产总值，将对下一年的人均国内生产总值有较强的促进作用，影响系数达到 1.4029，即本年国内生产总值增长 1 个单位，会使一年后的国内生产总值增长 1.4029 个单位，但由于"挤出效应"会对两年后的国内生产总值增长值有微弱的抑制作用，影响系数为 －0.3257。我国农民的收入质量将对一年后的人均国内生产总值产生显著影响，影响系数达到了 0.9396。然而，我国农民收入质量对人均国内生产总值影响随时间衰减较快，对两年后的 GDPPC 影响系数为 －1.7080，该现象说明农民收入质量对经济增长的影响主要体现在短期，以及可能存在"负向涓滴效应"。最后，本章使用方差分解方法，对 GDPPC 的波动成分进行分解，结果表明，在长期的经济增长中，农民收入质量的贡献率在 33% 到 36%，是经济增长的重要推动力之一。

第九章

基于促进消费与投资的农民收入
质量提升政策分析

通过上文的研究可以发现，提升农民收入质量，不但有助于促进农民消费和农民投资，进而刺激农村经济，而且有助于从根本上解决"三农"问题。因此，为了加强农民收入质量对消费和投资的促进作用，实现农民收入质量持续、稳定地提升，本章从促进消费和投资角度，对提升农民收入质量进行政策分析。本章首先梳理我国正在实行的促进农民增收的政策，分析现有政策实行效果及不足之处。接着，根据前文的主要研究结论，提出全面提升农民收入质量，促进消费与投资的政策建议。

一　农民增收政策措施简述

（一）种粮直补和良种补贴政策

为了增加农民收入以及调动农民种粮积极性，我国按粮食主产地区农户实际种植面积进行直接补贴，原则上直接发放到农民手中。该政策于 2001 年试行，2004 年在全国全面推行。2015 年中央财政安排种粮直补资金达 140.5 亿元。

良种补贴政策的补贴对象为种植优良农作物的农户，根据品种进行相应补贴，主要目的是增加农民收入、提高粮食产量和推进农业区域化布局。良种补贴政策最早仅针对粮食作物，但 2015

年我国已对全国范围内的水稻、小麦、玉米、棉花，东北地区和内蒙古自治区的大豆，长江流域十个省市及河南省信阳市、陕西省汉中市和安康市的冬油菜，以及藏区的青稞进行补贴，并对马铃薯和花生在主产区开展补贴试点工作，共安排农作物良种补贴资金203.5亿元。

此外，中央财政安排234亿元补贴专业大户、家庭农场和农民合作社等，用于支持粮食适度规模经营。

（二）粮食最低收购价格和农产品目标价格政策

为了保护农民利益，提高农民收入，我国制定了粮食最低收购价格政策，以防止"谷贱伤农"现象的发生。若出现重要粮食品种短缺现象，政府将在粮食主产区实行最低收购价格政策。当市场价格低于国家规定的最低收购价时，政府将委托具有资质的粮食企业按国家最低收购价向农民收购粮食。因此，粮食最低收购价格政策主要针对的是小麦和水稻等重点粮食品种。

为了探索并推进农产品价格的形成机制，以及农产品价格与政府补贴脱钩，我国正在逐步建立农产品的目标价格制度，切实保证农民收益，增加农民收入。2014年我国已经在东北地区、内蒙古自治区和新疆维吾尔自治区对大豆和棉花的目标价格开创改革试点，并在积极探索粮食、生猪等其他重要农产品目标价格保险方式，以及建立粮食生产规模经营主体营销贷款试点。

（三）农业防灾减灾技术补助政策

我国已在小麦主产省实现了"一喷三防"的技术补助政策，并在西北地区的地膜覆盖、东北地区的秋粮施肥、南方地区的水稻促早熟、沿海地区的防台风和洪涝灾害方面安排了农业防灾减灾技术补助，同时在全国范围内有效推广农作物病虫害的专业化统防统治。该政策的实施对预防区域性自然灾害、及时挽回灾害

损失、保障农民收入发挥了十分重要的作用。2014 年我国建立了
"地方先救灾，中央后补助"的救灾机制，在保障救灾效率的同
时最大限度地弥补了农民的收入损失。

（四）促进农民增收的其他政策

我国大力实行耕地保护政策和支持设施农业的发展。改良土
壤、培肥地力、将规模化粮食生产所需要的配套设施用地纳入
"设施农用地"的管理中等政策的实施，促进了农业的可持续发
展，确保了农民收入的稳定增长。另外，我国十分重视现代种业
发展，确保农业生产用种的安全，保障农民生产和收入的稳定增
长，降低生产成本。

（五）相关政策分析与评价

我国促进农民增收的政策主要集中在农业生产方面。由于农
民是农业生产的主要参与者，其收入主要为农产品销售所得，而
农业为国民经济的基础，因此我国促进农民增收的政策以补贴和
控制价格为主要手段，提高农民从事农业生产的积极性。这些政
策的实施，不但令我国粮食连年丰收，也令我国农民纯收入以
10% 左右的速率增长。

根据本书的研究，农民收入水平的提升在于农民收入质量
的提升。因此，我国现阶段针对促进农民增收的政策主要集中
在提升农民收入充足性，以及农民收入结构性中的转移性收入
中。虽然农民收入充足性和收入结构性均为农民收入质量中重
要的维度，但是农民收入的成长性、成本性和知识性同样需要
得到重视。我国现有政策的区域针对性较强，大多数政策的受
众对象为粮食主产区的农民。此外，促进农民增收与促进消费
和投资，进而刺激经济的政策缺乏一定的关联。因此，本书从
促进消费和投资角度出发，提出全面提升农民收入质量的政策
建议。

二 基于促进消费与投资的农民收入 质量提升政策建议

(一) 重视并全面提高农民收入质量

1. 将农民收入质量纳入我国宏观监测指标体系之中

宏观经济指标是体现经济情况的一种形式,对于宏观经济调控起着重要的参考作用。"三农"问题是我国政府面临的重要问题,因为"三农"问题具有其特殊性,我国现有宏观监测与预警体系较难对农业经济的运行和走势进行监测和预警。本书认为,应将农民收入质量纳入我国宏观监测指标体系之中。农民收入质量包含五个维度,可从多方面对农民收入的特征进行监测。相较于单一考虑农民纯收入,农民收入质量能够更多地反映农民在收入过程中的优势与劣势,能够为政府部门及时调整政策提供依据。此外,农民收入质量给涉农政策提供了标尺。以习近平总书记提出的"扶贫开发的成败之举在于精准"的"精准扶贫"为例,按照政府规定,2015 年人均纯收入在 2800 元以下的为贫困人口。但是按照本书的农民收入质量理念,从多个维度对贫困进行定义,更加符合"精准扶贫"的思想。本书认为若将农民收入质量纳入我国宏观监测指标体系,设计为季度数据较为合适。首先,由于农民生产的季节性,月度数据的代表性不强,季度数据大致可反映从事农业生产和非农工作的农民的收入变化。其次,年度数据的监测和预警能力较弱。在农民收入质量纳入监测体系的基础上,可将一系列农村宏观指标吸纳进来,构成宏观监测指标体系中的农村经济板块。

2. 推进新型城镇化,提高农民收入充足性和结构性

城镇化是指居民向城镇集中的过程。城镇化主要表现为城镇数量增加以及城镇人口数量增加。在城镇化过程中,农业对经济增长的贡献逐渐降低,第二、第三产业贡献逐渐增加,城乡人口

数量比将出现显著变化。

2013 年 7 月，李克强总理提出了以人为本的新型城镇化方针。新型城镇化的主要目标是城乡统筹发展、城乡一体进步、产城互动交流、生产节约集约、城乡生态宜居，最终达成我国社会的和谐发展。该目标不仅针对大中城市和小城镇，也为新型农村社区的发展指明了方向。新型城镇化的"新"是以可持续发展理念和科学发展观为指导，以提升城市的文化、生态和公共服务为中心，杜绝过去片面追求城市规模而损害城乡统筹和生态环境的做法。新型城镇化的核心在于以保护农业、农村和农民为基础，不损害农业生产、农村环境和农民利益，实现城乡在基础建设和公共服务方面的统一，促进我国经济社会发展，最终实现共同富裕。

本书认为，推进以人为核心的新型城镇化，应努力安置农业转移人口，将有能力和有意愿的并长期在城市务工或经营的农民工及其家属逐步市民化，这有助于提高转移就业农民的工资性收入。此外，新型城镇化需要与"新四化"其他三个方面——新型工业化、信息化以及农业现代化共同发展。其中，城镇化是平台，农业现代化是发展的基础，两者相辅相成。新型城镇化同样有助于农业的发展，提高农民的经营性收入。目前，推动新型城镇化的主要阻碍是现行的土地制度和户籍制度。在土地制度改革方面，要制定土地流转和农村剩余劳动力转移就业政策，推进土地承包权的确权登记颁证工作，鼓励农户自愿以多种合法方式流转承包土地，解决土地细碎化等问题。在引导土地经营权有序流转的同时，还要注意土地流转用途以及合理确定土地面积，在规模经营上追求"适度"而不是"一味扩大"。在户籍制度改革方面，要注意改革的"求同存异"，充分考虑改革地区的经济社会发展水平、城市安置与接收能力以及城市提供公共服务和公共产品的能力，针对就近城市规模制定不同的政策措施。推进户籍制度改革，要与城镇提升公共服务挂钩，尤其需要提升教育、就业、医疗、养老等城镇基本公共服务。在我国公布的 73 个第二批国家新型城镇化综合试点中，试点城镇已向中西部倾斜，表明了中央政府对中西部发展的重视。在此基础上，新型城镇化政策应进一步向西部内陆地区倾斜。

城市化水平的提升，转移了大量农村剩余劳动力，从事农业生产的农民人均资源增加，生产成本下降，他们进行专业化和规模化生产，有利于提高增收能力和风险防范能力。因此，新型城镇化的推动，既有利于提高农民收入，提升农民收入的充足性，又有利于优化农民收入结构，提升农民收入的结构性。

3. 推动现代农业组织方式发展，提升农民收入充足性

依照中央农村工作会议和 2015 年中央一号文件，参考日本学者今村奈良臣"六次产业"理念，将企业管理中的产业链和价值链等理念引入农业，促进第一、二、三产业的融合与共同发展。"六次产业"理念的主要思想起源于"1＋2＋3＝6"。该理念的核心思想是，鼓励农民改变传统单一的经营方式，延长产业链条，不仅从事农业生产，种植与销售农产品（第一产业），还应注重农产品加工（第二产业）及后续的农产品加工品的流通、销售或农业观光与旅游等（第三产业），相较于传统种植，农民可从中获得更多的增值价值，有助于农业和农村的可持续发展以及农民的增收。"六次产业"组织方式的发展，能够突破农民现有的收入结构束缚，农民收入不再仅简单划分为务农收入和务工收入，而是涉及第一、二、三产业，成为多个产业生产或创造价值的主体。

笔者认为，农业与其他产业的融合发展可参照如下形式：第一是对传统的农业进行整合，主要是种植业和养殖业相结合，实现如粮食牧草混种、稻田养鱼等生态农业；第二是延长农业产业链，将农业与其产业链相关的产业融合。改变农业产业链前后参与主体不同的现状，农业产业链向前主要为种子、农药、肥料、灌溉、农具等的供应，农业产业链向后主要为农产品加工、流通与销售，实现由农民主导的农业产业链前后各产业融合，达到现代农业所要求的产供销一体化；第三是农业与第三产业的融合，

以新兴的休闲农业、旅游农业和特色农业等为融合形式，鼓励一村一品，提升农业的生态价值、休闲价值和文化价值；第四是农业与科学技术的融合，调整农业结构、发展农业产业化，在根本上要靠创新驱动。农业信息技术的广泛应用和"互联网＋"模式的推广，既降低了供求双方交易成本和信息的不对称，也促进了产业融合，使农产品的在线销售、农产品期货等成为主流农业发展方向。"六次产业"不但增加了农产品价值，而且增加了农村就业岗位，拓展了农村就业领域，提高了农民的收入充足性。

4. 完善财政与金融的扶持措施，提升农民收入的结构性和成长性

首先，财政支农需依托政策，扩大规模，合理确定地方与中央财政比例。一是我国应依据现有惠农政策，制定合理透明的财政预算，明确提出各惠农政策的投入。在现有惠民政策的基础上，对重点项目采取重点支持、区别对待的方针，实现惠农政策的效用最大化。二是大力增加财政支农力度，在财政支农预算增长的同时，注重农业基础设施以及科学研究的投入，提升农业抗灾能力和农民增收能力，改变农业和农民的弱势地位。三是优化财政支农的支出结构，重新确定中央财政与地方财政的支农比例。从西方农业大国的发展经验来看，中央财政支农比重较高，更有利于凸显财政的支农效果。合理确定中央财政与财政的支农比例，适当增加中央财政在财政支农中的力度，发挥中央财政的统筹作用，有助于推进农业现代化的发展。

其次，财政支农资金实现科学管理，构建合理的支农绩效测评体系，寻求科学有效的绩效测算方法。在财政支农工作中，虽以效率优先，但要兼顾公平。建立约束和监督机制，确保中央及地方的财政支农资金按时按量到位。对政府财政支农资金实行统一管理，建立财政支农资金绩效考评机制，对财政支农资金起到监管和评估的作用。此外，对于我国财政支农中的专项资金，要重视管理与监督，对于转型资金的投标要保证公正公开，投放要保证按时有序，并追踪和评估资金的绩效，对地方政府的农业投资实行目标成果管理，使政府农业投资拥有制度和技术的双重保障。

再次，实施财政金融的互动措施，支持新型农村金融组织如村镇银行、贷款公司、农村资金互助社等的发展。鼓励新型农村金融组织的发展，一方面简化审批程序，降低准入门槛，对新增设立的新型农村金融机构，地方财政可按其注册资本给予一定补助，开创农村金融市场"百家争鸣"的局面，弥补现有农村金融市场的不足。另一方面政府和金融机构应对新型农村金融组织进行扶持。各级财政可根据当年营业情况对新型农村金融组织进行按比例补贴。此外，对于农村现有金融机构，应继续保障由农村信用社改制农村商业银行的措施，在农村商业银行建立健全现代企业管理制度。鼓励农村金融机构对新兴产业及传统产业改造提升给予优先支持，对农业小微企业增加获批贷款额度。以财政资金为基础，健全农村金融机构的融资分险机制，完善融资担保体系，改善基础金融服务。

最后，金融机构应积极增加农村金融创新产品，适当增加农民的贷款展期。为了活跃金融市场，避免或减少农村地区金融机构因贷款收回难而导致的越发严重的信贷配给现象，应增加政府以及保险机构在农村金融中的作用。以政府产业政策为导向，在金融机构为农户贷款时，保险公司应根据农户符合资质的情况为金融机构提供保险支持。此外，政府应成立专项基金，对贷款难以收回的金融机构提供政策支持，从而对贷款进行有效控制和风险分散。财政与金融的扶持措施，将有效增加农民的转移性收入，增加农民生产生活资金来源，降低收入获取过程中的风险，从而优化农户收入结构，提高农户的收入的成长性。

5. 发展农业新型经营主体和农业中介组织，降低农民收入成本

改进"农户＋公司"或"农户＋合作社"的农业产业化模式。传统的"农户＋公司"或"农户＋合作社"的农业产业化模式虽然有利于农民增收，但是依然不能保障农民的权利。"公司＋

农户"模式的不稳定性已引起了社会关注，"公司＋基地＋农户"的形式成为发展方向。"公司＋基地＋农户"模式以基地作为中心枢纽，基地既监督和约束农户的生产工作，又保障农民的基本利益。同时，基地既是公司的代理，代农户向公司提供农产品，又作为公司对农户在生产和管理技术方面的传播媒介。基地作为第三方的出现，改变了以往"公司＋农户"中农民处于弱势地位的情况，并且延续了该模式的优点，增加了农民的议价能力。农民可根据公司指定的农产品最低收购价格和市场价格自由选择，降低了收入的波动性。另外，"公司＋基地＋农户"模式的出现，消除了以往农户依然在自家耕地种植从而难以管理的弊端。公司通过购买土地使用权，建立农产品生产基地，农民在生产基地进行农业生产，既成为职业农民，也成为公司职工。该模式提高了生产效率，降低了交易成本，保障了农民利益。

在公司与农户之间，亦可加入合作经济组织——合作社，形成"公司＋合作社＋农户"模式。该模式以合作社作为中心枢纽，将农户组织起来进行专业技术培训和生产，并与公司收购农产品达成一定协议。该模式以公司为龙头，加入了合作社作为枢纽，以合作社组织的农户为基础，不但实现了产业链条的融合，也降低了农户获取收入过程中的成本。由于合作社是农民创办的农户间的专业组织，因此合作社能够代表农户利益。

农业新型经营主体——家庭农场亦可加入产业化模式中，形成"公司＋家庭农场"模式，这既能解决"公司＋农户"模式中农户议价能力弱的问题，也能弥补"农户＋合作社"模式下农户经营规模小导致该模式生产水平低、不稳定的缺陷，提高了农户在市场上的竞争能力，降低了农民增收的交易成本。以上农业产业化模式的实现，均有利于降低交易成本、技术服务和信息服务乃至生产资料服务的成本，降低了农民收入的成本性。

6. 积极发展成人教育和科技培训，提升农民收入的知识性

提高农民素质，引导农民科技致富。这不但体现在基础教育的普及上，还要体现在积极发展成人教育和科技培训，在普及农村基础教育方面，我国政府已投入了大量的经费。但是，在经费投入和政策倾斜的基础上，教育观念同样重要。重视基础教育的同时重视职业教育和成人教育，最终实现农村基础教育、职业教育和成人教育"三教统筹"的发展。既要建立城市教师到农村服务、大学生到农村支教的机制，有效整合教育资源，又要保持农村教师数量和素质。在发展成人教育和科技培训上，一方面通过向农民发放"教育券"和"培训券"，以农村劳动力的顺利转移为目标，积极给农民免费提供成人再教育和职业技能培训等知识性服务；另一方面通过组织专业人员进村办班指导，针对不同情况设计特定培训内容，培育新型职业农民。在提高农民收入知识性的过程中，财政支农资金必不可少。财政支农资金对教育和培训等关联产业的带动，将凝聚更多社会资本，增加成人教育和科技培训投入，提升农户收入的知识性。

（二）提高农民收入质量，促进农民消费，拉动农村经济

从本书的研究结论可以看出，农村消费市场的潜力巨大。一方面，农村居民依然是我国人口的主要组成部分；另一方面，农民收入质量对农村经济的消费有着十分显著的影响。因此，在经济增长依靠投资和出口出现问题、拉动内需动力不足的情况下，在进行供给侧结构性改革的同时，开拓农村市场是一个选择，并以农村居民消费为主要开拓领域。目前农村居民收入质量虽有所增加，但收入分配依然不均，传统消费和储蓄观念依然束缚农村消费的发展。此外，农村的消费市场和农民的消费习惯与城市的有所差异，公共设施不足，消费环境较差，均是农民消费停滞不前的重要原因。相对于投资，农民收入质量对农民消费的影响更大，门槛值同样很高，因此本书提出若干政策建议逐步降低农民收入质量影响农民消费的门槛值。首先，改变农村居民的消费观念，通过积极宣传，让农民理解现代消费价值观与勤俭节约的消费价值观的一致性。消费不仅有助于提高农民生活质量，同时还有助于扩大内需，为经济增长做出贡献，破解目前供过于求的困

境。鼓励农民积极消费，并与消费信贷相结合，树立预支消费的新观念。其次，改善农村公共服务，提高农村教育质量，引入高水平的农村基础教育教师，积极开展知识培训，保留和巩固义务教育的已有成果，加大农村中等职业教育力度，优化已有农村教育结构。在农村医疗卫生方面，评估并改善现有新型农村合作医疗的运行模式，加强农村医疗保障，为农民消费消除后顾之忧。在农村文化方面，弘扬先进的社会主义农村文化，去除糟粕，保留精华。政府应加大文化投入，建立文化服务体系，建立农村文化消费的新格局。以"精准扶贫"为指导思想，准确划分贫困线，加大各级财政对农村最低生活保障的补助。进一步加大扶贫开发力度，提升贫困地区农民收入质量，重点提高贫困地区农民的收入获取能力和自我发展能力，这是提高农民消费的根本途径。最后，从开拓农村市场的企业营销角度开发适合农村生活的新产品，因地制宜制定产品价格，根据农村消费季节性较强的特点，建立具有农村市场特色的分销渠道，解决农民消费不便的问题。

本书第五章已证明，我国农村居民消费过于依赖消费惯性，而不是收入水平。消费惯性部分导致农民消费不理性。此外，消费惯性会对消费造成"双向棘轮效应"，当消费提高到一定水平时，消费惯性反而会抑制消费的增长。因此，增加惯性之外的消费对经济增长十分重要。如何增加惯性之外的消费，已在上一段中具体说明。但是，还需要说明的是，虽然增加惯性之外的消费对经济增长十分重要，但是对农民而言，如果收入质量没有稳定提高，"双向棘轮效应"依然存在，非基础性消费会停滞不前。因此，增加惯性之外的消费的前提是提升农民收入质量。

（三）提高农民收入质量，增加农民投资，拉动农村经济

我国农民投资现状不容乐观，农民投资占全社会投资比例极小。但是农民投资作为农业投资的重要组成部分较为萎靡，尤其是长期性的生产性固定资产投资的匮乏，不利于我国农业的发展

和农村经济的增长，会对农民个人收入产生影响。本书第六章研究结论指出，相对于农民消费，农民收入质量对农民投资的影响程度虽然较低，但是改变该影响的门槛较低。因此，提高农民收入质量，可以大幅度地增加农民投资，进而拉动农村经济。提高农民收入质量的政策建议见上文。本节主要讨论在提高农民收入质量的基础上，引导农民投资，尤其是农业投资方面的政策建议。

首先，提高农民投资意识并健全农业生产投资服务体系。由于当前绝大多数农民生产规模较小，缺乏为进一步农业生产进行投资的意识。因此，需要在农村地区建立投资、融资及风险管理等行为的教育培训体系，并建立长效培育机制，改变农民投资观念。但由于农民知识水平较低，因此健全农业生产投资服务体系十分重要。该服务体系需要覆盖农业生产投资的前中后三个阶段：投资前的咨询服务、投资中的控制管理服务以及投资后的反馈服务。

其次，农民投资的重要资金来源是信贷，而信贷配给是农民收入质量影响农民投资的重要中介变量。缓解信贷配给问题的重要途径是缓解信贷市场中的信息不对称问题。因此，我国需要建立可靠的信用评级体系，继续推进利率市场化改革。此外，需要鼓励农业银行、农村商业银行和农村信用社开发新型的、适合农民投资的金融产品。可通过农民投资的用途和方向具体确定贷款金额和利率，增加涉农金融机构对农民投资的资金支持。

最后，为了解决农民投资的后顾之忧，我国需要建立健全农民投资（尤其是农业投资方面）的保险制度。由于农业投资本身风险大于其他产业投资，因此更需要重视农民投资的保险，这有利于提高农民投资的积极性和促进农业发展。

（四）改变现有农民收入质量分布格局，推动农村区域经济均衡发展

本书的研究结论显示，我国农民收入质量指数呈现沿海及其

毗邻地区较高、边境地区较低、西部内陆地区最低的辐射状分布。2013 年各地区农民收入质量指数仅有陕西省、宁夏回族自治区、青海省、贵州省和甘肃省低于 0.35。西部内陆地区农民收入质量最低，除了农民收入质量各维度的自身原因之外，开放程度较低是西部内陆地区农民收入质量较低的主要原因。我国自 20 世纪 90 年代初提出沿边开放战略以来，在扩大边境贸易、加强与周边各国的经济技术合作、增强睦邻友好协作关系等方面取得了显著成效。我国广西、云南、西藏、新疆、内蒙古五个省区拥有内陆边境口岸，西部沿边境地区对外开放是整个西部地区对外开放的重要组成部分。在西部沿边开放政策和各种优惠政策的带动下，西部边境地区经济实力得到显著提升，西部边境地区农民的收入质量逐渐领先于西部内陆省份。根据《沿边地区开放开发规划（2011－2020）》，新一轮西部开放格局雏形初现：内蒙古、新疆、广西和云南分别成为面向蒙古、中亚、东盟和缅甸、印度等国家和地区开放的重要门户和桥头堡。但是，在这一系列政策中，缺乏对西部内陆省份的重视。西部内陆省份虽然缺乏地理优势，但是也能够成为开放前沿。本书认为，在西部内陆省份重点开放区域设立新区，引导资本投向，培育该地区的新兴增长极，能带动整个区域的发展。2014 年 1 月，国务院批准设立陕西西咸新区和贵州贵安新区，这两个新区的设立能够带动西部内陆地区的开放，推动经济发展，提高当地农民收入质量。目前，西部内陆地区仅有青海省和四川省没有设立新区。设立新区建立增长极属于宏观政策，而对西部内陆农村地区而言，可通过城乡统筹发展、交通线路规划以及自然资源开发等方式，增加其与外界的交往，获取更多的信息，满足农民收入质量提升的外部需求。

▶ 第十章
结论与展望

一 研究结论

本书是国家自然科学基金"基于农户收入质量的农村信贷约束模拟检验及政策改进研究（71373205）"的阶段性研究成果，笔者将收入质量理念引入宏观领域，构建农民收入质量体系，测算农民收入质量指数，并探究了农民收入质量对农民消费和投资的影响，主要得出以下结论。

1. 我国农民收入质量及各维度发展不均衡

我国农民收入质量在区域间差异极大，且总体偏低。以 2014 年为例，上海市农民收入质量指数最高，达到了 0.7301，宁夏回族自治区指数最低，仅有 0.3864。农民收入质量指数超过 0.55 的地区仅有上海市、北京市、天津市、浙江省和江苏省，有 11 个地区的指数低于 0.45。农民收入质量的云模型评价同样印证了该结论：我国 31 个省区市中有 22 个地区的农民收入质量在"中等"及以下，收入质量为"好"的地区仅有 5 个。我国农民收入质量反映了农民的收入水平。农民收入质量区域间差异极大，说明了各地区农民收入水平以及其获取收入能力的差异很大；农民收入质量总体偏低，说明了我国农民收入状况亟待改善。

农民收入质量各维度间也存在较大的差异。收入充足性维度分配到的权重较大，说明收入充足性是农民收入质量中最为重要的维度。但是该维度均值仅排在所有维度中的第三位，且该维度标准差数值最大，证明我国各地区农民收入充足性差异极大，中西部地区的农民收入充足性处于较低水平。收入结构性的均值排在所有维度中的第二位，说明收入结构的优化是提升农民收入质量的重要原因之一。收入结构性维度的最小值在所有维度最小值中最大，说明我国农民收入结构起步较好，这为今后收入结构的优化奠定了基础。收入成长性的均值在所有维度中最小，说明我国农民收入的成长性不乐观。收入成长性的标准差在所有维度中同样最小，说明我国各地区农民各收入来源增长率差异较小，是我国农民收入质量区域间差异形成的主要原因之一。收入成本性的均值排在所有维度中的第一位，是因为农民在获取收入过程中支付的成本是衡量收入水平最为重要的因素。收入成本性均值较高，说明了如今我国农民面临的收入成本问题依然处于"可容忍"状态，对农民从事农业生产和非农经营的影响较小。收入知识性的均值排在所有维度中的第四位，同样为重要的收入质量维度。我国各地区农民的受教育年限和技术培训情况差异同样十分明显，西部地区收入知识性极低。因此，收入知识性同样是提升农民收入质量的关键因素。

2. 我国农民收入质量与收入数量存在脱节现象

本研究表明，我国农民收入数量与农民收入质量存在三个方面的差异。首先，统计数据中代表农民收入数量的农民纯收入变动幅度较大，而农民收入质量指数变动较小，这虽然与计算过程中将农民收入质量指数无量纲化有关，但是从侧面证明了我国农民收入数量变化并不能反映真实的收入水平，用农民纯收入估算农民收入水平会高估我国农民收入增长速度。农民收入数量的上升并不是得益于农民收入质量的改善，而是得益于外部环境。其次，我国农民纯收入的变动保持几何增长的态势，增长较为平滑，并不能反映我国农民收入增长过程中出现的问题。我国农民收入质量指数的变动呈现在波动中增长的趋势，并且在一些年份出现了明显的下降。农民收入质量指数的变化可以反映农民收入增长过程中出现的问题，可以将问题细化，追溯该问题出现的根本原因。同理，收入质量指数可以体现收入增长过程中的优势。最后，我国农民收入数量不能体现我国经济增长的态势。国内外研究已有定论，健康的经济体中居民收入应与经济增长保持一致。实践证明，居民收入增长速率一般低于经济增长速率。我国农民纯收入与农民收入质量指数在最近几年的变化趋势不尽相同：纯收入呈现直线上升的趋势，增长速率甚至超越了经济增长速率，而收入质量指数呈现增长速度减缓的趋势。农民收入质量指数的变动与经济增长的变动趋势更加贴近，这也是用农民收入数量估算收入水平会高估的一个间接证据。

此外，我国农民收入质量与收入数量在我国的分布也存在差异。从整体来看，各地区农民收入质量指数的排名与农民纯收入的排名大致相同：东部地区排名普遍靠前，西部地区排名普遍靠后。这说明，收入质量指数以收入数量为基础，与收入质量的核心思想相同。但是从具体分布来看，我国农民纯收入呈现较为清晰的"东高西低"的阶梯状分布，而农民收入质量指数呈现沿海及毗邻地区较高、边境地区较低、西部内陆地区最低的辐射状分布。这种现象的出现有以下三个原因：第一，东部沿海地区农民收入充足性远远高于其他地区；第二，"三北"边境地区和西藏自治区虽然农业生产条件各异，但表现出收入成本性偏高与知识性偏低的共性；第三，西部内陆地区资源禀赋差，开放程度相对于其他地区较低，相较于边境省份，西部内陆地区相关政策扶持力度较小，农民收入的充足性和知识性仍然远落后于全国平均水平。

3. 我国农民收入质量是农民对经济贡献的显著影响因素

我国农民收入质量对农村居民消费有显著影响。农民收入质量指数每增加 1 个单位，农村居民消费增加 1.5104 个单位。我国农村居民消费增长速度的减缓，实质上是我国农民收入质量指数增长速度减缓造成的。在考虑上一期我国农村居民消费的情况下，农民收入质量指数的回归系数大幅度减小，其对我国农村居民消费的影响低于消费惯性的影响。这是我国农村居民消费增长率始终在较低水平波动的根本原因。目前,我国农村居民消费增长的主要动力不是收入水平的增长,而是消费惯性。将农民收入质量的五个维度代替农民收入质量指数纳入模型中,结果显示,收入的充足性、结构性、成长性和知识性均显著影响我国农村居民消费,而收入的成本性不显著。收入成本性不显著的原因主要是收入成本性对消费存在抑制以及客观上生产成本不断增长造成的反作用。其中,收入充足性对消费影响最大,收入的成长性次之,然后是收入的结构性和知识性。但是,在模型中加入上一期我国农村居民消费后,收入成本性对消费的影响最为明显,收入结构性对消费的影响大于收入的充足性。农民收入质量对农村居民消费的滞后影响为两年,两者之间存在协整以及双向影响关系。我国农民收入质量指数增加 1 个单位,下一期我国农村居民消费将增加 0.3058 个单位,但两期后农村居民消费将减少0.2588 个单位。这说明我国农民收入质量对农民消费的影响很可能主要体现在短期环节,以及我国收入分配可能存在“负向涓滴”效应。农民收入质量对农民消费影响的门槛值为 0.4508,在农民收入质量超越门槛值 0.4508 之前和之后,农民收入质量指数对农民消费的影响系数分别为 0.7563 和 1.6622。这说明,当农民收入质量指数达到 0.4508 的临界值时,对当年的农民消费具有突破性的影响。我国农民收入质量对农民消费产生结构性影响的门槛较高,反映了我国农民消费出现突破性增长,成为经济增长的新动力,提高农民自身收入质量是根本。

在投资方面,农民投资会受到上一年的农民收入质量的显著影响。上一期农民收入质量指数每增长 0.1 个单位,农民人均固定资产投资额将增加 489.3 元。现阶段我国农民收入质量指数偏低,提高我国农民收入质量,将有利于推动我国农民投资,进而推动经济增长。在农民收入质量各维度方面,收入充足性和成长性显著为正,它们的提升会促进农民投资。收入结构性显著为负,说明工资性收入与农民投资具有相互替代的关系,但该负向关系并不长久。收入知识性显著为负，说明收入知识性较低的农民更倾向于投资需要资金更多的住宅而不是生产性固定资产。收入的成本性显著为正，是由于收入成本性数据进行过标准化处理，因此收入成本性抑制农民投资，并且在五个维度中对投资的影响最大。贷款利率变量对农民投资起到显著的抑制作用，但系数极小，这可能是由于投资金额中贷款比例较少以及政府对利率的管制。地区变量回归系数为正，说明东部的农民投资额最高，其次为中部，西部农民投资额最低，投资额在统计学上有显著的区别。我国农民收入质量指数对农民投资的影响存在单门槛效应，门槛值为 0.3464。在农民收入质量指数达到门槛值 0.3464 之前，上一期农民收入质量指数对农民投资的影响系数为 0.2750；当农民收入质量指数超越门槛值 0.3464 之后，上一期农民收入质量指数对农民投资的影响系数变为 0.5283。这说明当农民收入质量指数达到 0.3464 的临界值时，对下一年的农民投资具有突破性的影响。信贷是农民收入质量影响农民投资的重要中间变量。信贷配给是农民收入质量影响农民投资的部分中介变量；农民收入质量提升能够有效缓解农民面临的信贷配给问题；农民信贷配给问题的缓解，能够促进农民投资。因此，农民收入质量对信贷具有十分重要的促进作用，信贷对农民投资的影响作用同样较为明显。农民收入质量对农民投资的直接影响较大，通过信贷影响农民投资的间接影响较小，这是信贷在农民投资资金来源中比重较小，以及农民贷款用途主要在生活而不是生产方面所致。

农民收入质量与经济增长的关联性主要体现在短期，其中可能存在"负向涓滴效应"。在长期的经济增长过程中，农民收入质量的贡献率在 33% 到 36%，是经济增长的重要推动力量。

二　研究展望

本书以收入质量作为研究切入点，是对农民消费和投资影响因素进行研究的一种探索与尝试。由于个人能力和水平有限，本书尚存在一些不足之处。首先，样本容量较小。本书选取了 1997 年至 2014 年 31 个省区市的面板数据，共 558 个。1997 年之前的数据或因为国家统计局缺少相应指标，或因为仅存在全国性指标而缺乏地区性指标，不能反映改革开放至今农民收入质量的变化。2014 年之后的数据权威部门还未发布，因此本书研究的样本与本书完成之时具有一定的时间差距。当然，随着数据的逐渐公布，笔者会进行补充。2015 年和 2016 年的经济形势与以往各年不同，因此研究结果可能会有所改变。其次，宏观指标的代表性非常重要，因此在指标的选取过程中需要十分谨慎。由于收入质量最早起源于微观研究，因此指标的选取和宏观有较大不同。本书选择指标遵循了一定的原则，尽量保证宏观指标一样具有代表性。然而，宏观研究的一个劣势在于，微观研究可以通过问卷获得确切数据，而宏观研究必须通过寻找和计算指标获得数据。随着统计方法的进步，或许会出现更为贴切的指标，因此这一点存在潜在的改进空间。本书认为，在后续研究中，可以从以下两个方面进行展望：一是将农民收入质量指数应用于更多领域，例如根据农民收入质量指数进行"精确扶贫"，以及将农民收入质量指数作为农民收入水平的代表指标，探究其与其他宏观现象的关联；二是收入质量的研究对象可以进一步拓展，从农民拓展到城市居民，甚至是全体居民，使收入质量理念被全民统一接受、使用。

参考文献

白暴力，2008，《总消费要求不足的核心机制与解决对策》，《华南师范大学学报》第 5 期。

白菊红、袁飞，2003，《农民收入水平与农村人力资本关系分析》，《农业技术经济》第 1 期。

曹昆，2012，《中国农民收入微观计量分析及与区域经济增长关联研究》，西南交通大学博士学位论文。

曹裕、陈晓红、马跃如，2010，《城市化、城乡收入差距与经济增长——基于我国省级面板数据的实证研究》，《统计研究》第 3 期。

陈昌兵，2008，《收入分配影响经济增长的内在机制》，《当代经济科学》第 6 期。

陈传波，2007，《农户多样化选择行为实证分析》，《农业技术经济》第 1 期。

陈凯，2000，《农户生产力整合：中西部农村经济发展方略》，《经济问题》第 3 期。

陈锡文，2001，《试析新阶段的农业、农村和农民问题》，《宏观经济研究》第 11 期。

陈锡文，2003，《城乡统筹解决三农问题》，《改革与理论》第 3 期。

陈勇兵、蒋灵多、曹亮，2012，《中国农产品出口持续时间及其影响因素分析》，《农业经济问题》第 11 期。

成定平、郭芳，2000，《中国农产品产量与收购价格互动机制的实证分析》，《经济科学》第 3 期。

程开明，2007，《统计数据预处理的理论与方法述评》，《统计信息论坛》第 6 期。

迟福林，2004，《五个统筹：城乡协调发展是关键》，《党政干部文摘》第 4 期。

褚保金、张龙耀、郝彬，2008，《农村信用社扶贫小额贷款的实证分析——以江苏省为例》，《中国农村经济》第 5 期。

崔维军、李博然，2009，《制造业对区域经济增长的贡献：基于江苏省投入产出表的实证分析》，《统计与决策》第 14 期。

戴洁，2003，《限价委托单簿特征影响股票价格变动的实证研究》，《经济科学》第 3 期。

党国英，2002，《以市场化为目标改造农村社会经济制度——当前农村政策的一个评论》，《中国农村观察》第 1 期。

邓锴，2014，《收入质量对中西部农户贷款行为影响研究》，西北农林科技大学博士学位论文。

邓锴、霍婷洁、孔荣，2014，《农民工收入稳定性对中西部农户信贷需求的影响——基于陕西、山西的调研分析》，《财经论丛》第 5 期。

杜旭宇，2003，《农民权益的缺失及其保护》，《农业经济问题》第 10 期。

杜玉红、黄小舟，2006，《财政资金农业支出与农民收入关系研究》，《统计研究》第 9 期。

段玉，2009，《区域旅游业收入与区域经济增长关系的 Granger 检验》，《统计与决策》第 14 期。

樊纲，2003，《"三农"问题的根本出路在于非农产业化》，《农村经济与科技》第 2 期。

范念龙、徐红，2011，《新疆农村居民收入与经济增长关系研究》，《商业经济》第 5 期。

范小建，1999，《关于我国农村合作经济发展有关问题的思考》，

《中国农村经济》第 2 期。

方鸿、曹明华，2006，《西部地区乡镇农村基础设施建设对农业收入水平影响的实证分析》，《山东农业大学学报》（社会科学版）第 2 期。

方金兵、张兵、曹阳，2009，《中国农村金融发展与农民收入增长关系研究》，《江西农业学报》第 1 期。

方松海、王为农、黄汉权，2011，《增加农民收入与扩大农村消费研究》，《管理世界》第 5 期。

高更和、李小建，2006，《产业结构变动对区域经济增长贡献的空间分析——以河南省为例》，《经济地理》第 2 期。

高建军，2007，《建立农民增收的长效机制》，《理论探索》第 2 期。

高梦滔、姚洋，2005，《健康风险冲击对农户收入的影响》，《经济研究》第 12 期。

葛继红，2012，《农民收入与文化消费牵扯：江苏 364 个样本》，《改革》第 3 期。

葛亮、徐邓耀，2007，《区域金融发展与区域经济增长关系的格兰杰检验——基于东北老工业基地的实证研究》，《统计与决策》第 4 期。

官建强、张兵，2008，《农户借贷对其收入影响的实证分析——基于江苏农户调查的经验数据》，《江苏社会科学》第 3 期。

古扎拉蒂，2000，《计量经济学》，林少宫译，中国人民大学出版社。

关浩杰，2011，《中国农民收入变动与经济增长的动态关系——基于 VAR 模型的实证分析》，《首都经济贸易大学学报》第 1 期。

关浩杰，2013，《收入结构视角下我国农民收入问题研究》，首都经贸大学博士学位论文。

管卫华、林振山、顾朝林，2006，《中国区域经济发展差异及其原因的多尺度分析》，《经济研究》第 7 期。

郭芳，2000，《农产品产量波动：灾害所致还是收购价格所致》，《安康师专学报》（社会科学版）第3期。

郭芳，2002，《中国农产品收购价格、农业灾害与农产品产量波动分析》，《西南师范大学学报》（自然科学版）第1期。

郭敏、屈艳芳，2002，《农户投资行为实证研究》，《经济研究》第4期。

郭正模，2001，《农民增收问题：理论分析与政策导向》，《社会科学研究》第5期。

韩长赋，1999，《谈增加农民收入问题》，《农业经济问题》第10期。

韩海燕，2010，《中国城镇居民收入结构、不稳定性与消费问题研究》，西北大学博士学位论文。

韩宁，2010，《低收入农户借贷需求因素分析》，《浙江农业科学》第1期。

何广文，2005，《中国农村金融发展与制度变迁》，中国财政经济出版社。

何其春，2012，《税收、收入不平等和内生经济增长》，《经济研究》第2期。

何先平、陈硕，2009，《中国财政支农政策对农民收入影响的实证研究》，《统计与决策》第1期。

赫尔希曼，1991，《经济发展战略》，曹征海、潘照东译，经济科学出版社。

侯风云，2004，《中国农村人力资本收益率研究》，《经济研究》第12期。

胡鞍钢，2002，《当前我国经济与社会发展形势分析和若干建议》，清华大学出版社。

胡鞍钢，2002，《加入WTO后的中国农业和农民》，《群言》第6期。

胡兵、涂先进、胡宝娣，2014，《转移性收入对农村消费影响的门槛效应研究》，《财贸研究》第1期。

胡愈、王雄，2006，《湖南农民收入与消费结构的灰色关联分析及趋势预测》，《消费经济》第 6 期。

黄季焜、马恒运，2000，《价格差异——我国主要农产品价格国际比较》，《国际贸易》第 10 期。

黄季焜、马恒运，2000，《中国主要农产品生产成本与主要国际竞争者的比较》，《中国农村经济》第 5 期。

黄少安，2005，《中国土地产权制度对农业经济增长的影响——对 1949～1978 年中国大陆农业生产效率的实证分析》，《中国社会科学》第 3 期。

黄秀海，2007，《农产品产量波动对价格影响的实证分析》，《价格月刊》第 9 期。

黄祖辉、王敏、万广华，2003，《我国居民收入不平等问题：基于转移性收入角度的分析》，《管理世界》第 3 期。

霍学喜、屈小博，2005，《西部传统农业区域农户资金借贷、需求与供给分析》，《中国农村经济》第 8 期。

江宗德，2011，《城乡统筹视角下我国农民收入增长问题研究》，西南财经大学博士学位论文。

金沙，2009，《影响农民收入增长因素的实证研究》，《求索》第 3 期。

金振宇，2011，《我国居民的收入分配及其对消费的影响研究》，吉林大学博士学位论文。

孔荣、王欣，2013，《关于农民工收入质量内涵的思考》，《农业经济问题》第 6 期。

孔祥利、张欣丽，2014，《城镇化进程中农民工二元性收入及差距对其消费的影响》，《财政研究》第 12 期。

黎翠梅，2008，《我国区域农村金融非均衡发展状况分析》，《统计与决策》第 20 期。

李道军、胡颖，2004，《农民增收与经济增长之间关系的实证研究》，《新疆农垦经济》第 1 期。

李嘉图，2008，《经济学及赋税之原理》，郭大力、王亚南译，三联书店。

李锐、李宁辉，2004，《农户借贷行为及其福利效果分析》，《经济研究》第 12 期。

李宪印，2011，《城市化、经济增长与城乡收入差距》，《农业技术经济》第 8 期。

李晓楠、李锐、罗邦用，2015，《农业技术培训和非农职业培训对农村居民收入的影响》，《数理统计与管理》第 5 期。

李秀红，2007，《中国西部地区农村居民收入与消费问题研究》，兰州大学博士学位论文。

李颖、陈瑞燕、郭翔宇，2008，《农户借贷行为调查研究》，《乡镇经济》第 9 期。

李跃，2009，《我国农民市场消费分析》，《农业经济问题》第 5 期。

李子奈、叶阿忠，2000，《高等计量经济学》，清华大学出版社。

林少宫等，2003，《微观计量经济学要义——问题与方法探讨》，华中科技大学出版社。

林毅夫，1994，《90 年代中国农村改革的主要问题与展望》，《管理世界》第 3 期。

林毅夫，2003a，《"三农"问题与我国的农村的未来发展》，《农村经济问题》第 1 期。

林毅夫，2003b，《有关当前农村政策的几点意见》，《农业经济问题》第 6 期。

刘爱民、阎丽珍，2002，《中美玉米生产成本及收益比较分析》，《中国农业信息快讯》第 9 期。

刘继兵，2005，《农业剩余劳动力转移、农民收入与农村经济增长——基于湖北省农业剩余劳动力变动的实证分析》，《湖北社会科学》第 10 期。

刘江会、唐东波，2010，《财产性收入差距、市场化程度与经济增长的关系——基于城乡间的比较分析》，《数量经济技术经济研究》第 4 期。

刘金全、张艾莲，2003，《货币政策作用非对称性离散选择模型及其检验》,《南京大学学报》(社会科学版) 第 4 期。

刘进宝、刘洪,2004,《农业技术进步与农民农业收入增长弱相关性分析》,《中国农村经济》 第 9 期。

刘俊杰、张龙耀、王梦珺、许玉韫,2015,《农村土地产权制度改革对农民收入的影响——来自山东枣庄的初步证据》,《农业经济问题》 第 6 期。

刘淑清,2014,《关于提高初次分配中劳动报酬占比的一些思考——以山西省为例》,《经济研究参考》 第 39 期。

刘巍,2003,《"人均受教育年限"三种计算方法的比较》,《北京统计》 第 6 期。

刘艳,1999,《启动新的经济增长点的重要举措——增加农民收入》,《辽宁大学学报》(哲学社会科学版) 第 2 期。

龙翠红,2011,《中国的收入差距、经济增长与教育不平等的相互影响》,《华东师范大学学报》(哲学社会科学版) 第 5 期。

陆万军,2012,《收入分配对经济增长的影响机理与传导机制》,《经济学家》 第 5 期。

陆学艺,1991,《2000 年中国的小康社会》,江西人民出版社。

陆学艺,2000,《走出"城乡分治—国两策"的困境》,《读书》 第 5 期。

吕春芹,2007,《欠发达地区与发达地区农户借贷需求意愿比较研究——以贵州铜仁地区和北京郊区为例》,中国农业大学博士学位论文。

吕炜、储德银,1975,《城乡居民收入差距与经济增长研究》,《经济学动态》2011 年第 12 期。

罗楚亮,2008,《就业稳定性与工资收入差距研究》,《中国人口科学》 第 4 期。

罗剑朝、赵雯,2012,《农户对村镇银行贷款意愿的影响因素实证分析——基于有序 Probit 模型的估计》,《西部金融》 第 2 期。

罗永恒,2012,《中国农产品价格波动对经济增长影响的研究》,湖南农业大学博士学位论文。

马克思，2014，《资本论》，人民出版社。

马小勇，2008，《中国农户收入风险应对机制与消费波动的关系研究》，西北大学博士学位论文。

马晓旭，2015，《文化消费与农民收入关系的理论模型与实证检验》，《统计与决策》第 17 期。

茂路，2014，《收入分配差距研究》，财政部财政科学研究所。

孟令杰，2000，《中国农业产出技术效率动态研究》，《农业技术经济》第 5 期。

潘维，2003，《农民与市场：中国基础政权与乡镇企业》，商务印书馆。

彭海艳，2014，《江西省城乡居民初次分配及转移性收入效应比较》，《华东经济管理》第 8 期。

乔榛、焦方义、李楠，2006，《中国农村经济制度变迁与农业增长——对 1978~2004 年中国农业增长的实证分析》，《经济研究》第 7 期。

秦建国、吕忠伟、秦建群，2011，《我国西部地区农户借贷行为影响因素的实证研究》，《财经论丛》第 5 期。

屈小博、霍学喜，2007，《我国农产品出口结构与竞争力的实证分析》，《国际贸易问题》第 3 期。

饶晓辉、廖进球，2009，《城乡收入差距与经济增长：基于 STR 模型的实证分析》，《经济评论》第 3 期。

任国强，2004，《人力资本对农民非农就业与非农收入的影响研究——基于天津的考察》，《南开经济研究》第 3 期。

任劼、孔荣，2015，《国际原油价格变动对我国农产品价格波动的影响》，《西北农林科技大学学报》（社会科学版）第 1 期。

任劼、孔荣、Calum Turvey，2015，《农户信贷风险配给识别及其影响因素——来自陕西 730 户农户调查数据分析》，《中国农村经济》第 3 期。

尚进、王征兵，2012，《基于选择模型的农村劳动力非农就业影响因素分析——以陕西武功县为例》，《中国农学通报》第

14 期。

沈丽，2007，《区域金融发展与区域经济增长的理论与实证研究》，《生产力研究》第 8 期。

盛洪，2004，《取消农产品价格干预比减税更重要》，《中国经济周刊》第 13 期。

盛来运，2005，《农民收入增长格局的变动趋势分析》，《中国农村经济》第 5 期。

史清华，1999，《农户经济增长与发展研究》，中国农业出版社。

史清华，2000，《农户家庭经济资源利用效率及其配置方向比较——以山西和浙江两省 10 村连续跟踪》，《中国农村经济》第 8 期。

史清华、陈凯，2002，《欠发达地区农民借贷行为的实证分析——山西 745 户农民家庭的借贷行为的调查》，《农业经济问题》第 10 期。

舒尔茨，1991，《经济增长与农业》，郭熙保译，经济学院出版社。

舒尔茨，2009，《改造传统农业》，梁小民译，商务印书馆。

斯密，2002，《国民财富的性质和原因的研究》，郭大力、王亚南译，商务印书馆。

宋莉莉，2011，《我国农民收入增长及差异研究——基于苏、豫、川三省的实证分析》，中国农业科学院。

宋元梁、肖卫东，2005，《中国城镇化发展与农民收入增长关系的动态计量经济分析》，《数量经济技术经济研究》第 9 期。

速水佑次郎、拉坦，2000，《农业发展的国际分析》，郭熙保等译，中国社会科学出版社。

孙凤，2002，《消费者行为数量研究——以中国城镇居民为例》，上海人民出版社。

索洛，1994，《经济增长理论》，宋承先译，上海人民出版社。

唐礼智，2009，《农村非正规金融对农民收入增长影响的实证分析——以福建省泉州市为例》，《农业经济问题》第 4 期。

田新建，2005，《中国粮食生产成本研究》，中国农业大学博士学位论文。

田杨群，2004，《经济增长与收入分配互动研究》，武汉大学博士学位论文。

万广华，1998，《中国农村区域间居民收入差异及其变化的实证分析》，《经济研究》第 5 期。

王春超，2004，《增加农民收入的关键因素及主要对策——以湖北省为例的研究》，《经济科学》第 1 期。

王国华、李克强，2003，《农村公共产品供给与农民收入问题研究》，《财政研究》第 1 期。

王红林、张林秀，2002，《农村可持续发展中公共投资作用研究——以江苏省为例》，《中国软科学》第 10 期。

王纪全、张晓燕、刘全胜，2007，《中国金融资源的地区分布及其对区域经济增长的影响》，《金融研究》第 6 期。

王建洪、冉光和、孟坤，2009，《农户收入结构对农户投资的影响问题研究》，《农业技术经济》第 1 期。

王健宇、徐会奇，2010，《收入不确定性对农民消费的影响研究》，《当代经济科学》第 2 期。

王丽丽、刘书琪、万思博，2014，《基于 VAR 模型的农民收入变动与经济增长关系的实证分析——以齐齐哈尔市为例》，《中国农学通报》第 14 期。

王敏，2011，《中国城乡收入差距对消费需求影响研究》，辽宁大学博士学位论文。

王敏杰、应丽艳，2007，《对农业投资不足成因的分析：基于微观经济学视角》，《辽宁农业职业技术学院学报》第 4 期。

王敏娟，2008，《我国农民收入影响因素浅析——以四川省农民收入为例》，《技术与市场》第 2 期。

王荣、张宏升，1999，《我国农民收入提高途径的重新审视》，《农村经济》第 2 期。

王少平、欧阳志刚，2007，《我国城乡收入差距的度量及其对经济增长的效应》,《经济研究》第 10 期。

王小华、温涛,2015,《城乡居民消费行为及结构演化的差异研究》,《数量经济技术经济研究》第 10 期。

王欣,2013,《农民工收入质量评估研究》,西北农林科技大学博士学位论文。

王欣、孔荣,2013,《影响农民工收入质量的因素研究——基于 10 省份调查数据的实证分析》,《统计与信息论坛》第 4 期。

王秀杰,2002,《农民收入对农民消费及国民经济增长的影响分析》,《首都经济贸易大学学报》第 2 期。

王雅鹏、郭犹焕,2001,《有关农民收入问题的理论浅析》,《南方经济》第 5 期。

王亚娜、查奇芬、宋丽萍,2007,《影响农民收入因素的实证分析》,《安徽农业科学》第 1 期。

韦鸿,2003,《资源数量、制度环境与农民增收问题》,《农业技术经济》第 3 期。

温涛、冉光和、熊德平,2005,《中国金融发展与农民收入增长》,《经济研究》第 9 期。

文贯中,1998,《中国现行土地制度的弊病及其对策》,《科学导报》第 4 期。

吴敬琏,2002,《农村剩余劳动力转移与"三农"问题》,《宏观经济研究》第 6 期。

吴琦磊、邓金堂,2010,《基于 Eviews 的我国农产品产量与相关投入的模型分析与预测检验》,《情报探索》第 5 期。

西斯蒙第,1964,《政治经济学新原理》,何钦译,商务印书馆。

夏龙,2006,《农产品产量与收购价格的相关性检验》,《商业研究》第 3 期。

夏龙、成定平,2005,《农产品产量与收购价格的因果关系检验》,《财贸研究》第 2 期。

肖小虹,2010,《基于农民增收视角的财政农业投入结构效率实证分析》,《统计与决策》第 15 期。

肖艳芬、陈凤波，2005，《农户非农收入的影响因素：对江汉平原5县市的考察》，《人口与经济》第4期。

谢恒，2000，《稳定增加农民收入：中国经济增长的动力源》，《山东社会科学》第6期。

谢太峰、王子博，2009，《区域金融发展与区域经济增长——对北京、上海两地区域金融发展与区域经济增长关系进行比较》，《金融论坛》第3期。

辛翔飞、秦富，2005，《影响农户投资行为因素的实证分析》，《农业经济问题》第10期。

徐祥临，2002，《解决"三农问题"亟待理论创新》，《群言》第6期。

徐贻军、周莹，2009，《农民收入水平与地区经济增长关系比较研究》，《吉首大学学报》（社会科学版）第1期。

徐振斌，2007，《增加农村居民消费拉动经济增长》，《宏观经济管理》第4期。

许崇正、高希武，2005，《农村金融对增加农民收入支持状况的实证分析》，《金融研究》第9期。

杨春玲、周肖肖，2010，《农民农业收入影响因素的实证分析》，《财经论丛》第2期。

杨雪、于令，2009，《投资视角下中国农村居民收入消费结构实证分析》，《农业技术经济》第1期。

杨云善，2011，《农民工资性收入变动趋势分析》，《河南社会科学》第1期。

易福金、顾焜乾，2015，《歧视性新农合报销比例对农村劳动力流动的影响》，《中国农村观察》第3期。

易毅、彭春华、曹前程，2009，《区域经济倒U形态在广东的实证研究》，《企业导报》第5期。

尹文静、王礼力，2010，《我国农村公共投资变动趋势及对经济增长贡献研究》，《统计与决策》第20期。

于淼，2015，《基于收入质量的农户正规信贷约束影响因素研究——来自资金需求与供给层面的分析》，西北农林科技大学硕士学位论文。

于潇、Peter Ho，2014，《村委会行为、村干部特征与农民收入——基于CFPS2010数据的实证分析》，《农业技术经济》第7期。

余明江，2007，《农业结构与农民农业收入关联性的计量分析》，《淮南师范学院学报》第2期。

岳军，2004，《农村公共产品供给与农民收入增长》，《山东社会科学》第1期。

曾学文、张帅，2009，《我国农户借贷需求影响因素及差异性的实证分析》，《统计研究》第11期。

张车伟、王德文，2004，《农民收入问题性质的根本转变——分地区对农民收入结构和增长变化的考察》，《中国农村观察》第1期。

张德然，2003，《统计数据中异常值的检验方法》，《统计研究》第5期。

张凤龙、臧良，2007，《农民收入结构变化研究》，《经济纵横》第14期。

张林秀、徐晓明，1996，《农户生产在不同政策环境下行为研究：农户系统模型的应用》，《农业技术经济》第4期。

张目、贺颖、李伟，2014，《基于正态云模型的战略性新兴产业企业信用评价》，《统计与决策》第12期。

张乃文，2010，《我国农民财产性收入现状及原因探析》，《农业经济》第4期。

张平，1998，《中国农村居民区域间收入不平等与非农就业》，《经济研究》第8期。

张树基，2006，《经济较发达地区农户借贷行为的实证研究》，《浙江金融》第9期。

张晓山，1999，《我国现阶段农民消费行为研究（总报告）》，《经济研究参考》第9期。

张晓山、崔红志，2001，《关键是调整国民收入分配格局——

农民增收问题之我见》,《农业经济问题》第 6 期。

张晓山等,2007,《农民增收问题的理论探索与实证分析》,经济管理出版社。

张英红,2004,《给农民以宪法关怀》,《乡镇论坛》第 2 期。

张占贞、王兆君,2010,《我国农民工资性收入影响因素的实证研究》,《农业技术经济》第 2 期。

周其仁,2004,《产权与制度变迁》,北京大学出版社。

周文兴,2002,《中国城镇居民收入分配与经济增长关系实证分析》,《经济科学》第 1 期。

周小斌、耿洁、李秉全,2004,《影响中国农户借贷需求的因素分析》,《中国农村经济》第 8 期。

周雪松,2011,《农民收入稳定增长长效机制研究》,中国农业科学院博士学位论文。

朱喜安、魏国栋,2015,《熵值法中无量纲化方法优良标准的讨论》,《统计与决策》第 2 期。

Block M. 1988,冯利等,马克思主义与人类学. 北京市:华夏出版社。

Clark J. 2010,《财富的分配》,北京:人民日报出版社。

Johnson D. 2002, Have the Urban-Rural Disparities Increased since 1978 in China?《经济学(季刊)》,(2):553 – 562 [J]。

Keynes J. 2005,《就业、利息和货币通论》,北京市:华夏出版社。

Samuelson P. , Nordhaus W. 2008,《经济学》(第 18 版). 北京:人民邮电出版社.

Adulavidhaya K, etc. 1984, The Comparative Statics of the Behavior of Agricultural Household in Thailand [J]. *Singapore Economic Review*.

Ahn C. , Singh I. , Squire L. A Model of an Agricultural Household in a Multi-crop Economy: The Case of Korea [J]. *Review of Economics & Statistics*, 1981, 63 (4): 520 – 525.

Akram etc. 2008, Agricultural Credit Constraints and Borrowing Behavior of Farmers in Rural Punjab, *Earopean Joumal of Scientific Research*.

Aldor N. 1981, *Essays on Value and Distribution* [M]. Holmes & Meier Publisher Inc.

Alesina, Alberto, Rodrik, Dani. 1991, Distributive Politics and Economic Growth [J]. *Quarterly Journal of Economics*, 1092: 465 – 490.

Ameli N. , Brandt N. 2015, Determinants of Households' Investment in Energy Efficiency and Renewables: Evidence from the OECD Surrey on Household Environmental Behavior and Attitudes [J]. Oecd Economics Department Working Papers, 10 (4).

Balint B. , Wobst P. 2006, Institutional Factors and Market Participation by Individual Farmers: The Case of Romania [J]. *Post Communist Economies*, 81: 101 – 121.

Barnum N. , Squire L. 1979. A Model of an Agricultural Housold Theory and Evidence [M]. Published for the World Bank.

Barro R. 1981, *Money, Expectations, And Business Cycles* [M]. Academic Press.

Bell C. , Srintvasan T. , Vdry C. 1997. Rationing, Spillover and Interlinking in Credit Markets: The Case of Rural Punjab [J]. *Oxford Economic Papers*, 49 (4): 557 – 585.

Binswanger H. , Siller D. 1983, Risk Aversion and Credit Constraints in Farmers' Decision-making: A Reinterpretation [J]. *Journal of Development Studies*.

Bourguignon F. 1993, Growth, Distribution and Human Resources: A Cross-country Analysis [R]. Delta Working Papers.

Bourguignon F. , Morrisson C. 1995, Inequality and Development [M]. Delta Paris .

Brauw. 2002, Three Essays on Migration, Education and Development in Rural China [J]. Research Gate.

Briggeman B. C. , Wilson C. A. 2007, A New US Farm House-
hold Typology: Implications for Agricultural Policy [J]. *Review of Ag-
ricultural Economics*, 294: 765 –782.

Campbell J. , Mankiw N. 1987, Are Output Fluctuations Transto-
ry? [J]. *Social Science Electronic Publishing*, 102 (4): 857 –880.

Carroll C. , Samwick A. A. 1998, How Important Is Precautionary
Saving [J]. *Review of Economics & Statistics*, 803: 410 –419.

Chenery H. , Srinivasan T. N. 1989, *Handbook of Development E-
conomics* [M]. North Holland.

Chenery H. B. , Strout A. M. 1966, Foreign Assistance and Eco-
nomic Development [J]. *American Economic Review*, 564: 679 –733.

Dawe D. 2008, Have Recent Increases in International Cereal
Prices Been Transmitted to Domestic Economies? The Experience in
Seven Large Asian Countries [R]. Working Papers: 115 –129.

Deaton A. 1991. Saving and Liquidity Constraints [J]. *Econo-
metrica*, 59 (5): 1221 –1248.

Delman I. , Morris C. T. 1973, *Economic Growth and Social E-
quality in Developing Countries* [M]. Stanford University Press.

Du Y. , Park A. , Wang S. 2005, Migration and Rural Poverty in
China [J]. *Journal of Comparative Economics*, 334: 688 –709.

Eltis W. 1984, *The Classical Theory of Economic Growth* [M].
Macmillan Press.

Erik M. , Nivelin N. 2014, Subsistence Farming in Central and
Eastern Europe [J]. *Eastern European Economics*, 426: 72 –78.

Esmaeili A. , Abdollahzadeh N. 2009, Oil Exploitation and the
Environmental Kuznets Curve [J]. *Energy Policy*, 1: 371 –374.

Eswaran M. , Kotwal A. 1990. Implications of Gredit Constraints
for Risk Behavior in Less Developed Economics [J]. Oxford Economic
papers 42 (2): 473 –482.

Frey G. , Manera M. 2007, Econometric Models of Asymmetric Price Transmission [J]. *Social Science Electronic Publishing*, 212: 349 –415.

Ghocte P. 1992. Interaction Between the Formal and Informal Finacial Sectors: The Asiam Experience [J]. *World Development*, 20 (6): 859 –872.

Gilbert C. L. 2010, How to Understand High Food Prices [J]. *Journal of Agricultural Economic*, 74: 398 –425.

Giles J. , Park A. , Cai F. 2003, How Has Economic Restructuring Affected China's Urban Workers? [J]. *Social Science Electronic Publishing*, 176: 926 –942.

Hanson K. , Robinson S. , Schluter G. 1993, Sectoral Effects of a World Oil Price Shock: Economywide Linkages to the Agricultural Sector [J]. *Journal of Agriculture and Resources Economics*, 18: 78 –90.

Headey D. , Fan S. 2008, Anatomy Of a Crisis: The Causes and Consequences of Surging Food Prices [J]. *Discussion Papers*, 39: 375 –391.

Heckman J. 2001, Econometrics and empirical economics [J]. *Journal of Econometrics*, 100: 3 –5.

Henry C. W. 1998, Income Inequality, Human Capital Accumulation and Economic Performance [J]. *Economic Journal*, 108: 44 –59.

Iqbal F. 1983, The demands for funds by agricultural households: Evidence from rural India [J]. Journal of Development Studies.

Ivanic M. , Martin W. 2008, Implications of Higher Global Food Prices for Poverty in Low-Income Countries [J]. *Social Science Electronic Publishing*, 39: 405 –416.

Kakwanin, Pernia 2000, What is Pro-poor Growth [J]. *Asian Development Review*, 161: 1 –22.

Kan I. , Kimhi A. , Lerman Z. 2006, Farm Output, Non-Farm Income, And Commercialization In Rural Georgia [J]. *Discussion Pa-*

pers, 3: 276 – 286.

Kazakhstan Energy Monthly Group 2010, Fuel for Agriculture [J]. *Kazakhstan Energy Monthly*, 3: 111 – 125.

Kebede D. , etc. 2016, Determinants of Adoption of Wheat Production Technology Package by Smallholder Farmers: Evidences from Easterm Ethiopia [J]. Research Gate.

Khan A. R. , Riskin C. 2005, China's Household Income and It's Distribution 1995 and 2002 [J]. *China Quarterly*, 6: 14 – 25.

Kochar, Anjni, 1995, Explaining Household Vulnerability to Idiosyncratic Income Shocks [J]. *The Amenican Economist*.

Kuznets S. 1955, Economic Growth and Income Inequality [J]. *American Economic Review*, 451: 1 – 28.

Kuznets S. 1963, Quantitative Aspects of the Economic Growth of Nations: VIII, Distribution of Income by Size [J]. *Economic Development and Cultural Change* (*Part* 2), 112: 1 – 80.

Latowrette, KS. 1958, China and the Cross: A Survey of Missonary History by Columba Cary-Elwes [J]. *Journal of Asian Studies*, 17 (2): 272.

Lerman Z. 2004, Policies and Institutions for Commercialization of Subsistence Farms in Transition Countries [J]. *Journal of Asian Economics*, 153: 461 – 479.

Lewis, Arthur W. 1954, Economic Development with Unlimited Supplies of Labour [J]. *Manchester School of Economic & Social Studies*, 222: 139 – 191.

Li H. , Zahniser S. 2002, The Determinants of Temporary Rural-to-Urban Migration in China [J]. *Urban Studies*, 3912: 2219 – 2235.

Lin Y. 1990, Collectivization and China's Agricultural Crisis in 1959 – 1961 [J]. *Journal of Political Economy*, 986: 1228 – 1252.

Lin Y. 1992, Rural Reforms and Agricultural Growth in China [J]. *American Economic Review*, 821: 34 – 51.

Long M. 1968. Why Peasants Farmers borrow? [J]. *American Journal of Agricultural Economics.*

Mathijs E. , Noev N. , 2004, Subsistence Farming in Central and Eastern Europe: Empirical Evidence from Albania, Bulgaria, Hungary, and Romania [J]. *Eastern European Economics*, 42 (6): 72 – 89.

Mellor, 1990, Poverty and Development: Prospects and Priorities for the 1990s [M]. Palgrave Macmillan UK.

Meyer J. , Cramon-Taubadel S. V. 2004, La Robustesse des Tests de Transmission Asymétrique des Prix en Présence de Changements Structurels [J]. *économie rurale* , 2831: 10 – 26.

Myrdal G. 1957, *Rich Lands and Poor* : *The Road to World Prosperity* [M]. Harper & Brothers.

Prebisch R. 1950, *The Economic Development of Latin America and its Principle Problems* [R]. Economic Bulletin for Latin America.

Ram R. 1988, Economic Development and Income Inequality: Further Evidence on The U-Curve Hypothesis [J]. *World Development*, 1611: 1371 – 1376.

Ranis G. , Fei J. CH. 1961, A Theory of Economic Development [J]. *American Economic Review*, 514: 533 – 565.

Rozell S. 1999, Leaving China's Farms: Survey Results of New Paths and Remaining Hurdles to Rural Migration [J]. *China Quarterly*, 158: 367 – 393.

Sial M. , Carter M. 1996, Financial Market Efficiency in an Agrarian Economy: Microeconometric Analysis of the Pakistani Punjab [J]. *Journal of Development Studies*, 32 (5): 771 – 798.

Singh, Hoshiar. 1985, *Rural development in India* [M]. Sage Publisher.

Solow R. M. 1956, A Contribution to The Theory of Economic Growth [J]. *Quarterly Journal of Economics*, 701: 65 – 94.

Stiglitz J. 1981, Credit Rationing in Markets with Imperfecr Information [J]. The Americon Economist.

Tang CF. , Tar BW. 2015, The Impact of Energy Consumption, Income and Foreign Direct Investment on Carbon Dioxide Emissions in Vietnam. Energy, 79: 447 – 454.

Todaro M. P. 1985, *Economic Development in the Third World* [M]. Longman Press.

Tokgoz S. 2008, Bottlenecks, Drought, and Oil Price Spikes: Impact on US Ethanol and Agricultural Sectors [J]. *Applied Economic Perspectives and Policy*, 4: 673 – 695.

Tokgoz S. 2009, *The Impact of Energy Markets on the EU Agricultural Sector* [R]. Center for Agricultural and Rural Development Iowa State University.

Trostle R. 2008, *Global Agricultural Supply and Demand: Factors Contributing to the Recent Increase in Food Commodity Prices* [R]. USDA.

Turey C. 2010, Risk, Savings and Farm Household Credit Demand Elasticities in Rural China [M]. Social Science Electronic Publishing.

Turvey C. , He, Ma. 2012, Farm Credit and Oredit Demand Elasticities in Shaanxi and Gansu [J]. *China Economis Review*, 23 (4): 1020 – 1035.

Udry C. 1994. Risk and Insurance in a Rural Credit Market: An Empirical Investigation in Northern Nigeria [J]. *The Review of Economic Studies*, 61 (3): 495 – 526.

Urff W. 2007, Biofuels-A new Chance for Agriculture or a Threat to Food Security [J]. *Quarterly Journal of International Agriculture*, 2: 99 – 104.

Uri 1998, Impact of the Price of Energy on the Use of Conservation Tillage in Agriculture in the USA [J]. *Applied Energy*, 4: 225 –

240.

Uri, Roy Boyd 1996, The Impact of Crude Oil Price Fluctuations on Unemployment in the United State [J]. *International Journal of Energy Research*, 11: 1003 – 1014.

Veeck G. , Pannell C. W. 2015, Rural Economic Restructuring and Farm Household Income in Jiangsu, People's Republic of China [J]. *Annals of the Association of American Geographers*, 79 (2): 275 – 292.

Vitanov N. K. , Sakai K. , Jordanov I. P. et al. 2007, Analysis of a Japan Government Intervention on the Domestic Agriculture Market [J]. *Statistical & Theoretical Physics*, 1: 330 – 335.

Walder A. G. 2002, Markets and Income Inequality in Rural China: Political Advantage in an Expanding Economy [J]. *American Sociological Review*, 672: 231 – 253.

Wenner, N. 2003, Agricultural Insurance in Latin America: Where are we? [C]. The International Caference Paving the Way Fonvard for Rural Finance.

Yang J. , Qiu H. , Huang J. et al. 2008, Fighting Global Food Price Rises in the Developing World: The Response of China and Its Effect on Domestic and World Markets [J]. *Agricultural Economics*, 1: 453 – 464.

图书在版编目(CIP)数据

农民收入质量对消费和投资的影响／任劼,孔荣著
. -- 北京:社会科学文献出版社,2017.11
(中国"三农"问题前沿丛书)
ISBN 978 - 7 - 5201 - 1479 - 0

Ⅰ.①农… Ⅱ.①任… ②孔… Ⅲ.①农民收入 - 研
究 - 中国 Ⅳ.①F323.8

中国版本图书馆 CIP 数据核字(2017)第 240137 号

中国"三农"问题前沿丛书
农民收入质量对消费和投资的影响

著　者／任　劼　孔　荣

出 版 人／谢寿光
项目统筹／任晓霞
责任编辑／任晓霞　姜宇航

出　　版／社会科学文献出版社·社会学编辑部（010）59367159
　　　　　地址:北京市北三环中路甲29号院华龙大厦　邮编:100029
　　　　　网址:www.ssap.com.cn
发　　行／市场营销中心（010）59367081　59367018
印　　装／三河市尚艺印装有限公司

规　　格／开　本:787mm×1092mm　1/16
　　　　　印　张:19　字　数:264千字
版　　次／2017 年 11 月第 1 版　2017 年 11 月第 1 次印刷
书　　号／ISBN 978 - 7 - 5201 - 1479 - 0
定　　价／89.00 元

本书如有印装质量问题,请与读者服务中心（010 - 59367028）联系